CHOISIR UNE PSYCHOTHÉRAPIE EFFICACE

JEAN COTTRAUX

CHOISIR UNE PSYCHOTHÉRAPIE EFFICACE

Odile Jacob

15, rue Soufflot, 75005 Paris

www.odilejacob.fr

ISBN 978-2-7381-2602-3

INTRODUCTION

Chacun cherche son psy

Le marché de la psychothérapie sans effets thérapeutiques, tout comme celui des médicaments inefficaces, est devenu fort vaste, dans un monde où le factice concurrence le vrai.

Il est difficile de s'orienter devant l'offre croissante de « produits » nouveaux, tous plus mirobolants et révolutionnaires les uns que les autres. Il existe au moins deux cents formes de psychothérapie, mais seule une poignée d'entre elles ont été réellement évaluées et validées, de manière scientifique : elles appartiennent à seulement cinq courants principaux de psychothérapie. Ce sont les thérapies psychanalytiques, cognitives et comportementales, interpersonnelles, familiales et humanistes. Les indications, la pratique, les limites, et la place de chacune de ces thérapies, sont explicitées de manière concrète, tout au long de ce livre. L'apport des nouvelles technologies, en particulier les thérapies par la réalité virtuelle et les thérapies sur Internet est envisagé en détail. Le point est fait, également, sur le grand retour des thérapies orientales, en particulier la thérapie de pleine conscience (*mindfulness*) et sa combinaison avec les thérapies comportementales et cognitives.

Qu'est-ce qu'une psychothérapie efficace ? C'est une thérapie qui permet des changements positifs dans trois domaines : la souffrance psychique ou physique, la personnalité et la qualité de vie. Mais en plus, les psychothérapies peuvent favoriser le développement personnel car elles intègrent dans leurs buts les valeurs personnelles du patient et sa recherche du bien-être.

Quelle est la place de la psychothérapie dans une société avide de sensations et vide de sens ? Est-elle un remède à la solitude, et le psychothérapeute le seul ami, payé par la Sécurité sociale ? La psychothérapie est-elle l'un des derniers bastions de l'individualisme ou bien une manufacture du conformisme ?

À l'instant du choix d'une psychothérapie, ce livre représente un guide pratique et fondé sur des données scientifiques, pour tous ceux qui cherchent une méthode qui les aide vraiment.

PREMIÈRE PARTIE

UNE PSYCHOTHÉRAPIE : POUR QUOI FAIRE ?

CHAPITRE PREMIER

Recherche de l'aide, désespérément...

Les patients parlent souvent du « parcours du combattant » que représente le choix d'une psychothérapie et d'un psychothérapeute pour eux-mêmes ou pour un proche. Ils parlent aussi du « jeu de la patate chaude » par lequel les spécialistes se renverraient les uns aux autres les patients « difficiles ». Ce décalage entre la demande et l'aide effective vient de l'augmentation croissante des problèmes psychologiques, comme le montrent les enquêtes épidémiologiques (Kessler, 2005) et du fait que ce qui autrefois était subi en silence peut se dire plus ouvertement et sans honte : le stress, l'angoisse, l'anxiété, la dépression, les conflits au sein du couple et au travail sont devenus des modes d'expression acceptables et largement médiatisés.

Les solutions, bonnes ou mauvaises, occupent un espace respectable sur Internet. Par exemple, si l'on tape *depression* en anglais dans un moteur de recherche, Google par exemple, on trouve 71 millions d'entrées ; si l'on tape « dépression » en français, on obtient 360 000 entrées. Malheureusement, les informations fiables des sites institutionnels, comme la Haute Autorité de santé, l'Inserm ou l'INPES, sont souvent noyées dans le cyberflou d'informations à faible valeur scientifique et d'annonces alléchantes de cyberfilous : sectes masquées ou psychothérapeutes autoproclamés.

Bien souvent, les patients en recherche d'une psychothérapie ont essayé, avec plus ou moins de succès, les médicaments psychotropes : antidépresseurs, anxiolytiques, régulateurs d'humeur, neuroleptiques, hypnotiques. Soit ils jugent les résultats insuffisants, soit ils ne veulent pas dépendre à vie d'un médicament, soit encore ils demandent à la psychothérapie la possibilité d'aborder des problèmes intimes restés en souffrance. Ils peuvent aussi ressentir « un je-ne-sais-quoi qui ne va pas », inexplicable par les examens médicaux. En bref, les moments de mal-être sont trop fréquents et le bonheur trop rare. La recherche désespérée d'un psy est celle d'une écoute humaine et compétente, avec l'espérance de solutions pratiques et rapides.

La souffrance psychique

La souffrance psychique est multiforme, mais elle peut se résumer en un nombre limité de maux et se traduire dans une brève anthologie de mots plaintifs. Elle représente la motivation la plus fréquente à entreprendre une psychothérapie. À partir des plaintes le plus souvent entendues, j'ai construit un « inventaire des plaintes » qui représente un premier bilan (tableau 1.1). Bien entendu, c'est la fréquence, la durée, et l'intensité de la plainte qui constitue le véritable problème et justifie l'entreprise psychothérapique.

Tableau 1.1. Évaluer la souffrance psychique par l'inventaire des plaintes.

Inventaire des plaintes	Coter de 1 à 5 1. Jamais 2. Parfois 3. Souvent 4. Très souvent 5. Constamment
1. La tristesse réduit mes activités et je vis sans plaisir	
2. L'anxiété me submerge	
3. Mon travail est stressant et je ne le supporte plus	
4. Je suis incapable de résoudre les problèmes de ma vie	
5. J'ai des conflits avec les autres	
6. Je souffre de souvenirs traumatiques	
7. Je ne peux pas contrôler mon agressivité ou ma colère	
8. Ma sexualité est en panne	
9. Je voudrais être quelqu'un d'autre	
10. Je ne sais pas qui je suis	
11. Ma vie n'a pas de sens	
12. Je souffre de solitude	
13. Je ressens un malaise physique incompréhensible	
14. Je redoute la mort	

Comment interpréter l'inventaire ?
Les propositions qui sont cotées à 4 ou 5 reflètent une perturbation importante, puisque très fréquente, et désignent un domaine de problèmes qui peut être exploré en vue d'un mieux-être. C'est la fixité de la plainte qui la sort de la banalité pour la transformer en problème psychologique.

La demande d'aide psychothérapique et les émotions

L'art du psychothérapeute est de savoir faire face aux émotions, les siennes comme celles du patient qui les lui fait partager. Et c'est aussi l'art de mettre des mots sur la souffrance d'autrui et de donner forme à une demande pour proposer une réponse efficace. Il est possible de répertorier les demandes les plus fréquentes rencontrées en psychothérapie à partir d'émotions trop longtemps ressenties et vécues négativement par le patient et son entourage.

Il existe cinq émotions primaires qui sont communes aux hommes et aux primates. Ce sont des réponses automatiques, « câblées » dans le cerveau et qui fluctuent en fonction des défis de la vie. Elles s'expriment de manière non verbale et verbale, et on peut les observer de l'extérieur et les décoder aisément, car elles s'expriment par les expressions du visage et dans les gestes. Ces émotions sont la peur, la colère, la joie, la tristesse et le dégoût. Devenues ingérables, elles vont motiver la demande de prise en charge. Bien entendu, les fluctuations émotionnelles représentent une adaptation aux changements de l'environnement. Mais les personnes qui demandent des soins ressentent des émotions permanentes, incontrôlables et inopportunes. Elles rendent difficiles le travail et les relations avec les autres et rendent la vie grise.

La peur correspond aux états anxieux, décrits par les classifications psychiatriques et dont voici un panorama.

• Les phobies spécifiques ou simples : la peur du sang et des blessures, celle des animaux domestiques, de situations comme se trouver dans un lieu clos (claustrophobie) ou encore de phénomènes naturels comme le tonnerre et les éclairs.

• Les crises d'angoisse aiguë, les attaques de panique.

• L'agoraphobie, qui correspond à la peur de s'éloigner d'un lieu sécurisant et de faire une attaque de panique loin de tout secours (peur de la peur).

• L'anxiété sociale, qui correspond à l'évitement du contact avec les autres par peur d'être jugé.

• L'anxiété généralisée (trouble anxieux généralisé ou TAG), qui se traduit quotidiennement par une tension physique et des soucis qu'il est impossible de contrôler.

• Le stress post-traumatique, qui provient de la mise en contact inattendue avec une situation qui aurait pu entraîner la mort ou des blessures graves, et dont le souvenir, ancré dans la mémoire autobiographique, revient sous forme de flashback terrifiants à l'état de veille et de cauchemars.

La peur se retrouve aussi chez les personnes présentant un trouble obsessionnel compulsif (TOC), qui pensent avoir mis en danger la vie d'autrui et vérifient qu'il n'en est rien pour satisfaire un schéma personnel de culpabilité et de responsabilité. Mais chez beaucoup de personnes présentant un TOC, l'émotion primaire qui domine est *le dégoût* : devant la saleté, les toilettes publiques, la poussière ou le désordre.

Ainsi, un de mes patients qui, d'emblée, me donna une leçon en critiquant mon « peu d'hygiène » car il était persuadé qu'il y avait de la crotte de chien sur ma moquette, apportée par les patients précédents sans que je m'en rende compte. Il s'attendait, chez un scientifique, à plus de souci de ce problème capital.

La tristesse est le marqueur de la dépression et s'accompagne de la perte de la capacité à ressentir du plaisir, de ruminations d'erreurs passées, d'idées de suicide et d'insomnie, avec perte de l'élan vital et une diminution des activités, le tout pendant une durée d'au moins quinze jours.

La dépression peut aussi s'inverser en son contraire, l'état maniaque. On parle alors de trouble bipolaire : il s'agit de personnes présentant un pôle dépressif et un pôle maniaque. *La joie* et *la colère* sont aussi symptomatiques des états maniaques. Il peut sembler étrange de parler de la joie comme d'une manifestation dont l'excès peut conduire à demander une psychothérapie, mais l'inverse de la dépression, qui est l'exaltation joyeuse maniaque, en est une forme.

J'ai longtemps suivi une patiente déprimée, qui présentait un trouble bipolaire traité par médicament et psychothérapie : la rechute maniaque se traduisait par le port d'une robe rouge digne de la *Traviata* et qui contrastait totalement avec le gris de son tailleur strict habituel. Cette couleur annonçait clairement qu'il fallait changer le traitement pharmacologique et/ou envisager une hospitalisation.

L'état maniaque peut se traduire par une humeur euphorique et grandiose, ou encore par une humeur irritable avec la colère au premier plan, une estime de soi élevée avec parfois des idées de grandeur, et un besoin de sommeil qui est diminué. Le désir de s'exprimer aboutit à un flot ininterrompu de paroles, les idées défilent à toute vitesse, la personne est distraite et agitée, l'activité est augmentée avec parfois une certaine forme de « génie » qui peut aboutir à une réelle créativité. Mais, à côté de cela, il existe des conduites excessives et à risques, sans prise en compte des conséquences : consommation d'alcool, de drogue, conduite dangereuse, sexualité débridée.

Si la dépression d'intensité moyenne peut représenter une bonne indication de psychothérapie, l'état maniaque doit faire l'objet d'une indication de médicament régulateur de l'humeur établie en milieu hospitalier. La psychothérapie est alors envisagée dans un second temps. Il faut savoir négocier ce tournant avec le patient dans son propre intérêt, malgré la colère qui peut en découler du fait qu'il se sent « trop bien » et tout-puissant, et qu'il souhaite faire une psychothérapie pour se sentir encore mieux. En effet, sans cela, il encourt de grands risques, dont le moindre est de flamber tout son argent. Il risque surtout des conflits violents avec les autres et une inversion rapide de son humeur qui peut aboutir à un suicide.

À côté des émotions primaires, on assiste aussi à *la déroute des sentiments* : autrement dit, l'union d'un thème psychologique récurrent et d'émotions variables et complexes qui vont amener le patient à une demande de psychothérapie. Certaines personnes tirent le meilleur parti possible de leurs expériences personnelles, d'autres semblent ne rien apprendre des situations vécues. Ainsi se pose la question : quels sont les processus, profondément ancrés dans la personnalité, qui conduisent à l'échec dans le domaine professionnel et dans la vie privée ?

La répétition des mêmes comportements s'oppose au changement, et les personnes se trouvent captives de scénarios de vie (Cottraux, 2001). Bien souvent même, une personne intelligente met en acte un scénario stupide sans se rendre compte du schéma autodéfaitiste qui guide ses actions.

Par exemple, une femme dépendante peut subir les mauvais traitements d'un compagnon fantasque, en étant persuadée que c'est sa faute et qu'elle n'est pas à la hauteur d'un tel homme qu'elle ne peut quitter car sans lui elle se sent vulnérable. Ce comportement docile renforce l'homme dans ses comportements de prédateur, ce qui augmente à son tour chez elle le sentiment de dépendance sans issue et l'image dépréciée d'elle-même.

Le maintien de ce schéma dysfonctionnel, précocement acquis et caché, vient de ce que les autres renvoient sans cesse à la personne une image défavorable d'elle-même et que cette dernière se blâme de son incapacité à quitter sa geôle. Les marques objectives (les coups et blessures, les humiliations publiques) et l'intervention d'amis peuvent entraîner à la longue une demande de psychothérapie pour soi ou pour l'autre, ou pour le couple.

Le tableau 1.2 représente, en fonction des types de personnalité (*DSM-IV*, 1996), les thèmes centraux des scénarios de vie, les plaintes le plus souvent entendues et les demandes d'aides les plus fréquentes.

***Tableau 1.2.* Que disent les principaux troubles de la personnalité ?**

Personnalité	Thème central du scénario de vie	Plaintes et demande au psychothérapeute
Paranoïaque	Persécution	Tout le monde m'en veux : aidez-moi dans ce combat pour la justice
Schizoïde	Intimité impossible	Je ne peux vivre que solitaire, mais j'en souffre
Schizotypique	Les forces obscures mènent le monde La théorie du complot	Je suis visé(e) par un complot étrange et je vous demande de me croire
Narcissique	Je suis exceptionnel(le) et chacun doit le reconnaître	On ne m'admire plus comme avant : aidez-moi à redevenir ce que je suis vraiment : le (la) meilleur(e)
Antisociale	Violence, transgression des droits des autres	Je ne peux pas me contrôler, un jour cela finira mal
Borderline	On ne peut pas m'aimer	Je suis toujours abandonné(e) et je me sens vide de tout, déprimé(e) et en colère
Histrionique (anciennement appelée hystérique)	Je dois séduire sans cesse pour exister dans le regard des autres	Rassurez-moi sur mon pouvoir de séduction
Évitante	Les autres risquent de me critiquer pour mes maladresses	Qui me donnera assez d'estime de moi pour que j'ose agir en public ?

Personnalité	Thème central du scénario de vie	Plaintes et demande au psychothérapeute
Obsessionnelle compulsive	Devoir, obéissance et conformisme	À force de vivre pour les autres, j'ai oublié d'avoir du plaisir : est-ce possible de vivre enfin pour moi ?
Dépendante	Je suis faible, sans valeur et vulnérable	Aidez-moi, vous qui êtes fort

Certaines personnes demandent tout autant de changer leur manière d'être que de continuer comme avant. C'est donc au psychothérapeute et au patient de faire évoluer ensemble cette demande en clarifiant les buts et les limites de la prise en charge.

Certaines demandes sont irrecevables. Ainsi, un patient présentant un trouble de personnalité grave, proche de la psychose, qui était venu dans l'espoir que je satisferais ses désirs masochistes en le flagellant avec une cravache d'or comme dans les romans qu'il affectionnait. Une autre patiente soignée pour un état psychotique dans un dispensaire vint me voir en déclarant : « Il paraît que vous êtes un sale con et je pense qu'il serait très thérapeutique pour moi de pouvoir venir vous le dire à l'occasion de plusieurs séances, car j'en ai assez des psychothérapies et des médicaments du dispensaire. »
Dans ces deux cas, je me contentai de faire comprendre aux patients qu'accéder à leur demande aggraverait leur état, que tout fantasme n'est pas bon à réaliser et que, dans leur propre intérêt, ils devaient suivre des soins adaptés à leur état.

Stress, pression sociale et solitude

Le stress est une réponse générale de l'organisme aux contraintes exercées sur lui par l'environnement. Il représente l'état d'un organisme dont le bien-être est menacé et qui n'a pas de réponse immédiate et adaptée permettant la réduction de cette menace. Sa prolongation peut conduire à l'anxiété, puis à la dépression. La dépression et l'inhibition de l'action représentent une forme d'adaptation à une situation de contrainte contre laquelle il est vain de lutter : ce phénomène baptisé « impuissance apprise » ou désespoir appris a donné lieu à de nombreux travaux (Seligman, 1975). On distingue trois types de stress :

— *Le stress biologique*, qui correspond à un ensemble de phénomènes hormonaux, neurologiques et tissulaires qui peuvent déclencher ou créer des maladies physiques, en particulier cardio-vasculaires.

— *Le stress psychologique*, qui est le sentiment chez un sujet qu'il ne dispose pas de moyens pour faire face aux contraintes de l'environnement.

— *Le stress social ou systémique*, qui provient de la rupture d'une unité sociale comme le couple ou la famille, ou d'une organisation sociale.

Des facteurs génétiques et l'histoire individuelle vont moduler les processus d'ajustement au stress. La meilleure stratégie d'adaptation n'est pas de diminuer les émotions par la relaxation, les médicaments, l'alcool ou les drogues : c'est de faire face à la difficulté et de résoudre le problème. Le psychothérapeute apparaît dans ce cas comme une aide à la résolution de problèmes. Examinons quelques cas de figures souvent rencontrés.

Le stress peut résulter du chômage, mais il peut être aussi une conséquence du travail sous pression. Les psys de toutes tendances sont présents dans les entreprises qui redoutent suicides et procès, et mettent en place des programmes de détection et de gestion du stress. Ils peuvent apporter leur aide à la résolution des conflits et prodiguer un soutien psychologique. Mais la psychologisation généralisée des problèmes liés au travail peut susciter des réserves.

Une patiente que j'avais traitée pour des problèmes d'anxiété généralisée vingt ans auparavant est venue me revoir car elle avait des conflits d'une grande banalité au travail et voulait apprendre à modifier certains traits de sa personnalité pour ne pas perdre son emploi. « Autrefois quand j'avais des difficultés relationnelles au travail, je partais le samedi et retrouvais un travail le lundi, maintenant je dois faire avec... »
De toute évidence, nous avons atteint les limites de ce que, en Mai 68, on appelait la « flichiatrie ». Il est demandé au psy d'utiliser ses compétences pour formater une personne en niant ce qu'elle est. Cette démarche est très proche de la création de l'image positive d'un politicien par les spécialistes du marketing politique. Le thérapeute devrait apprendre à la patiente comment projeter une image qui est celle que les autres souhaitent. À l'instar de Mme Ponza dans la pièce de Luigi Pirandello *À chacun sa vérité*, il lui faudrait arriver voilée de noir et s'exclamer : « Je suis celle qu'on me croit. » Dans un tel cas, il était cependant difficile de ne rien faire au vu des conséquences. Une thérapie brève a permis d'estomper les traits trop saillants de personnalité tout en respectant l'originalité de la patiente, qui après tout, et c'est son droit, n'avait pas fondamentalement envie de changer.

Un degré encore plus élevé de difficultés au travail se retrouve dans le *harcèlement moral*. Il se traduit par un ensemble de comportements et d'attitudes hostiles dont plusieurs au moins sont exprimées de manière indirecte, très fréquemment, pendant une longue durée, par un individu ou par un groupe ayant pour cible une personne qui est en position hiérarchique inférieure à la leur. Des humiliations quotidiennes ont pour effet de dénigrer la personne, de l'isoler, de la faire douter de sa propre valeur et de ses perceptions. Le harceleur est souvent une personnalité narcissique qui compense son sentiment d'infériorité en maltraitant psychologiquement une personne anxieuse qui présente des tendances dépressives. Cependant, le harcèlement moral est moins fréquent qu'on le croit. Sur 153 dossiers d'une consultation de psychologie du travail effectuée au CHU de Bordeaux, donc en toute indépendance par rapport au milieu professionnel, il fut retrouvé seulement 8,5 % de cas de harcèlement moral, contre 40 % de conflits de pouvoir banals, 30 % de personnes fragiles, 30 % d'erreurs dans la gestion des relations humaines et 4,5 % de plaintes « stratégiques » pour régler des conflits (Gréard *et al.*, 2004).

La pression de conformité peut se nicher, aussi, au creux de l'intime, dans la *vie sexuelle.* Il est parfois facile de rejeter cette pression, par exemple dans le cas où une famille a pour requête le changement d'orientation sexuelle d'un adolescent exclusivement homosexuel – qui, lui, ne demande rien. La réponse à cette demande peut se traduire par une thérapie familiale brève destinée à faire accepter un fait de nature.

L'obligation de performance sexuelle peut représenter un fardeau qu'on demande au psychothérapeute d'alléger. Cependant, malgré l'évolution des mœurs, la vraie misère sexuelle existe toujours, elle est simplement devenue de plus en plus solitaire et toujours plus informatisée. Le grand succès de sa représentation grise et mélancolique par Michel Houellebecq, dans deux excellents romans, *Extension du domaine de la lutte* et *Les Particules élémentaires,* sonne le glas du glamour d'une époque. Au cours des dernières vingt années, j'ai observé une diminution de la demande pour les dysfonctions sexuelles « mécaniques », comme l'impuissance, l'anorgasmie ou le vaginisme. Beaucoup de problèmes sexuels sont probablement résolus par le changement de partenaire. Toutefois, d'autres demandes plus pressantes sont apparues, concernant la mésentente et l'instabilité du couple, le divorce, la solitude, la violence dans le couple, les problèmes liés au sida et à la perte du désir.

Concluons ces réflexions sur le stress par l'étude de celui des professions de santé qui ne sont pas épargnées par le stress social, bien au contraire. Les professionnels de santé et les cadres qui servent d'intermédiaire entre le haut et le bas de l'échelle sociale souffrent fréquemment d'une forme particulière de stress : le *burn-out*. Il se définit par un épuisement émotionnel, une déshumanisation des autres qui se traduit un comportement cynique et un sentiment de faible réussite personnelle. Le burn-out a été corrélé à une augmentation du risque de troubles anxieux, de dépression et de suicide. Il a pour conséquence une dégradation des relations avec les autres, une moindre empathie et un risque accru d'erreurs professionnelles. Selon des études effectuées dans plusieurs pays, il atteint de 20 à 30 % des médecins (Grassi et Magnani, 2000). Ces résultats impliquent la supervision et la mise en place d'interventions psychologiques spécifiques. Heureusement, le burn-out diminue avec l'âge, car chaque professionnel développe ses propres stratégies d'adaptation au stress.

Demande de psychothérapie et motivation au changement

Il n'y a pas de changement sans motivation, c'est-à-dire sans l'espérance d'un résultat ou sans l'attente d'une quelconque efficacité de la thérapie qui va être entreprise. Il apparaît donc vain de vouloir changer ceux qui viennent en thérapie simplement pour être pris en charge. Il est cependant naturel et sain pour un individu de résister à un changement trop rapide. Le changement dépend du périmètre de sécurité de chacun. Entrer dans la zone de sécurité active des réactions d'autoprotection, et la psychothérapie, même souhaitée, peut s'accompagner de la peur de l'inconnu : un nouveau soi qui vivra autrement. Les vieilles habitudes, comme toujours, se battent pour ne pas disparaître. La seule manière de sortir du dilemme « changer tout en restant le même » est de laisser la décision et le choix du rythme au patient.

Toute forme de psychothérapie peut appliquer le modèle du changement de Prochaska et Di Clemente (1986), bien que celui-ci ait été créé pour motiver les personnes souffrant de dépendance aux drogues, à l'alcool ou au tabac, à arrêter leur consommation (Miller et Rollnick, 2006). Cette thérapie motivationnelle cherche à promouvoir une attitude positive : s'attendre à être capable d'agir et à ce que l'action apporte un résultat favorable. Le sentiment d'efficacité personnelle perçue est relié à l'optimisme et représente un facteur de résilience et de bonne santé (Bandura, 2007). Le modèle du changement de Prochaska et Di Clemente se fonde sur l'analyse et le renforcement des attentes positives de changement du patient. Freeman et Nolan (2001) ont appliqué ce modèle à la psychothérapie cognitive. En faisant la synthèse de ces travaux, il est possible de décrire dix phases dans le processus de changement par la psychothérapie (*cf.* figure 1.1) :

1. *Anticontemplation* : le sujet est contre l'idée même de psychothérapie.

2. *Non-contemplation* : il ne l'envisage pas comme une solution pour lui.

3. *Précontemplation* : il considère les raisons, la possibilité et les conséquences de la psychothérapie, et les changements

qu'elle peut induire. À ce stade, les processus de changement résultent de motivations externes : symptômes d'anxiété, de dépression, de stress, etc., phases de la vie, risque de perdre son statut social.

4. *Contemplation* : il envisage une thérapie dans les six mois, car des changements sont nécessaires. À ce stade, il admet qu'il a un problème et qu'il va étudier les possibilités et le coût (psychologique et financier) du changement. Il se prépare. Les processus de changement à ce stade sont l'observation des autres, la recherche d'information, la prise de conscience, la confrontation par les autres à son problème.

5. *Planification de l'action* : décision de rendez-vous avec un thérapeute.

6. *Action* : entrée en psychothérapie, travail sur soi, modification progressive des comportements, des émotions et des attitudes dysfonctionnelles.

7. *Maintenance* : maintien et optimisation du changement.

8. *Prédéfaillance* : apparaissent des pensées négatives vis-à-vis de la psychothérapie et la nostalgie des vieux comportements.

9. *Défaillance* : diminution des acquis.

10. *Rechute* : retour à l'état initial et sortie du cycle du changement. À ce point, le patient arrête la thérapie. Cependant, il a la possibilité de revenir dans le cycle comme précontemplateur et refaire plus ou moins vite le parcours vers l'action psychothérapique.

La tâche du psychothérapeute est d'aider l'individu à passer d'un stade à l'autre du cycle aussi rapidement que possible. Mais il responsabilise le patient en lui disant que lui seul est l'agent du changement : « Même si je voulais vous changer, je ne le pourrais pas, car le changement est *votre décision personnelle.* » Le patient et le thérapeute doivent collaborer pour repérer les prédéfaillances, de manière à maintenir les gains de la thérapie, et envisager les avantages et les inconvénients de

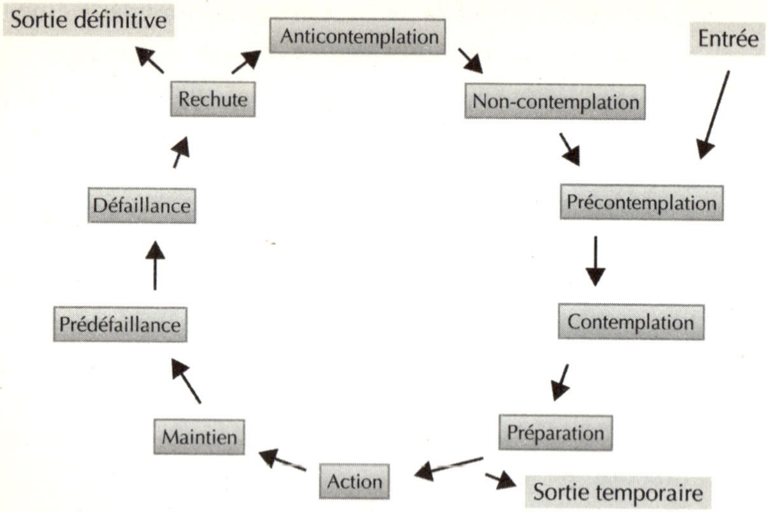

Figure 1.1. **Psychothérapie et cycle motivationnel.**

continuer ou de s'arrêter. Il faut donc mettre au jour et modifier les pensées négatives sur la thérapie, et mettre en balance tous les éléments en faveur d'une décision ou d'une autre.

Ce cycle motivationnel est présenté ci-dessous (tableau 1.3) sous la forme d'un questionnaire destiné à évaluer le niveau de motivation d'une personne face à la psychothérapie, en fonction du moment. Il constitue un guide pour répondre à la question : « Vis-à-vis d'une prise en charge psychothérapique, où vous situez-vous à présent ? »

Tableau 1.3. Où en êtes-vous de votre motivation à suivre une psychothérapie ?

Inventaire de motivation Les stades	Les attentes	Oui	Non
Anticontemplation	La psychothérapie ne sert à rien		
Non-contemplation	La psychothérapie est utile mais pas pour moi		
Précontemplation	Peut-être un jour je ferai une psychothérapie		
Contemplation	Je vais entreprendre une psychothérapie dans les six mois		
Préparation	J'ai pris un rendez-vous avec un psychothérapeute		
Action	Je suis une psychothérapie et commence à changer		
Maintien	J'ai beaucoup gagné à suivre cette psychothérapie, il faut maintenir ces acquis		
Prédéfaillance	J'ai des doutes sur l'utilité de poursuivre cette psychothérapie		
Défaillance	J'ai perdu une partie de mes acquis		
Rechute	Mes troubles sont revenus comme avant		

Ce qu'est la psychothérapie… et ce qu'elle n'est pas

La psychothérapie consiste en la mise en œuvre d'interventions psychologiques dont le but est de soulager une souffrance émotionnelle exprimée par un patient, un couple, une famille ou un groupe. Ces interventions se déroulent dans le cadre d'un contrat explicite de soins. Il s'agit donc d'un « traitement » (thérapie) qui est mis en place par un professionnel de santé, responsable de l'utilisation judicieuse de méthodes auxquelles il a été formé.

Ceci distingue donc la psychothérapie d'autres types d'interventions qui parfois s'en rapprochent, mais diffèrent dans leurs buts.

LE DÉVELOPPEMENT PERSONNEL

Le développement personnel correspond à des méthodes de changement qui proposent une démarche de connaissance de soi, cherchent à mettre au jour les talents cachés et la créativité, travaillent à la réalisation des aspirations, favorisent la quête du bonheur et celle de la sagesse. *La psychothérapie* correspond à des méthodes de changement qui cherchent à diminuer la souffrance psychique et les perturbations de la personnalité. Elle aide à résoudre les problèmes personnels et interpersonnels qui résultent de troubles dûment répertoriés dans les classifications psychiatriques et psychologiques. Elle se fonde donc sur la psychopathologie, la psychologie et les neurosciences.

Bien entendu, développement personnel et psychothérapie ont des points communs : ils accroissent tous deux la connaissance de soi, doivent tenir compte des valeurs du patient et l'aider à modifier certains traits de sa personnalité. Bien souvent, une psychothérapie se termine par un travail sur les valeurs personnelles, le style de vie et la recherche du bien-être. En revanche, les méthodes de développement personnel sont rarement à même de résoudre des troubles psychologiques ou psychiatriques importants. Et certaines méthodes dont on pensait qu'elles étaient des psychothérapies se révèlent, après étude scientifique, simplement des instruments de développement personnel, car leur effet thérapeutique est faible en dépit de leur attractivité. La figure 1.2 présente les recoupements et les différences entre développement personnel et psychothérapies.

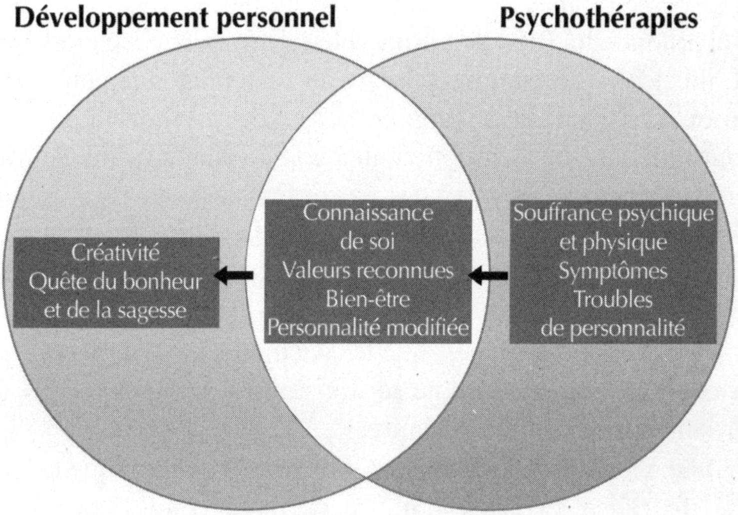

***Figure 1.2.* Domaines communs et domaines spécifiques du développement personnel et des psychothérapies.**

LA DIRECTION DE CONSCIENCE

La direction de conscience et la guidance spirituelle, proposées par les diverses religions, si elles peuvent avoir des effets bénéfiques sur la souffrance humaine, ne sont pas à proprement parler des psychothérapies. Elles passent par l'adhésion à une espérance, qui s'accompagne d'un soutien social communautaire. Le chapitre 10 (p. 275) de cet ouvrage analysera les relations historiques entre psychothérapie et religion.

LE COACHING

Le coaching (ou mentorat) peut aussi avoir des effets psychothérapiques. La France compterait, environ, trois mille coachs en activité. Tout le monde peut s'autoproclamer coach, mais des diplômes sont délivrés par des sociétés de formation professionnelle. Rien de critiquable s'il s'agit de coaching sportif, musical, d'aide au rangement, au relooking, à la communication politique ou à l'apprentissage de solutions pratiques pour améliorer la vie quotidienne, voire d'aide au suivi de traitements prescrits et surveillés par des professionnels de santé. Mais l'offre tous azimuts demeure insistante sur Internet. Les organismes formateurs reconnaissent un certain nombre de risques à cette pratique encore peu organisée.

Le premier risque est que le coach, détenteur *a priori* d'un savoir-faire et de raison, ne se transforme en « gourou » et ne devienne un mentor autoritaire.

Le deuxième est que la dépendance s'installe et que le coaché n'idéalise le coach qui tire parti de cette situation de « transfert positif » pour promouvoir un tutorat au long cours.

Le troisième est que le coaching ne devienne une thérapie qui ne dit pas son nom, menée par une personne qui n'a de formation ni en psychopathologie ni dans la pratique d'une forme ou d'une autre de psychothérapie.

De plus, les psychothérapeutes autoproclamés, qui ne seront pas retenus par les commissions régionales qui attribuent désormais le titre, risquent de se prévaloir de celui de coach pour proposer des psychothérapies camouflées. Devant ces possibles dérives, les associations de coachs proposent des chartes déontologiques. Une charte de la fédération à laquelle le coach adhère doit être remise lors de chaque contrat, dont les limites dans le temps sont précisées. *Il est conseillé à chaque personne coachée de réclamer cette charte.*

LES SECTES

Les sectes recrutent des personnes en souffrance psychique pour les rendre captives d'une chaîne d'exploitation à vie. La phase initiale passe par une attaque systématique des méthodes de soins, qu'elles soient pharmacologiques ou psychothérapiques. L'invalidation des professionnels de santé et du soutien familial et social est le premier pas d'une stratégie parfaitement au point.

Lors du congrès de l'Association européenne de thérapie comportementale et cognitive qui s'est tenu à la faculté de médecine de Paris, en 1990, l'Église de scientologie a organisé une manifestation rue des Saints-Pères pour protester contre les électrochocs et la psychopharmacologie, alors qu'il n'en était nullement question dans ce congrès qui faisait le bilan de méthodes psychothérapiques nouvelles : une concurrence redoutable, car des traitements psychologiques enfin efficaces signifiaient moins de souffrance et moins de futurs adeptes.

La prise en main sectaire implique la séparation de l'individu de son milieu naturel pour l'enrôler dans un groupe qui va l'exploiter ou le transformer en exploiteur de la misère émotionnelle des autres s'il gravit les échelons de la hiérarchie.

L'organisation pyramidale d'une secte repose sur la souffrance et la recherche désespérée d'une aide. Cette aide chaleureuse, qui utilise parfois des méthodes psychothérapiques éprouvées, et le soutien du groupe seront tout d'abord apportés, comme l'a montré une enquête courageuse réalisée par une journaliste qui s'est fait passer pour une recrue souffrant de souvenirs traumatiques (Rollé, 2010). Mais, rapidement, une fois la dépendance installée, le vrai visage de la secte apparaît, à travers des exigences financières de plus en plus élevées. La confusion entre recherche d'aide et enrôlement sectaire peut avoir des effets catastrophiques, en particulier des suicides de personnes exploitées financièrement et qui sont « au bout du rouleau », ou bien des pactes de suicide fondés sur l'illusion d'une vie glorieuse dans l'au-delà. Ce fut le cas de l'Ordre du Temple solaire qui organisa, dans le Vercors en 1995, le suicide collectif de seize adeptes. La confusion entre psychothérapie et enrôlement sectaire était d'autant plus facile à faire, à cette époque, qu'il n'y avait, en France, aucun statut légal de la psychothérapie. Il apparut, rétrospectivement, que certaines des personnes immolées lors de ce massacre souffraient de dépression.

Comment se protéger des sectes ?

Les sectes se présentent souvent sous de « faux nez » sur Internet dans des sites destinés à promouvoir le bien-être, des approches psychologiques nouvelles ou le développement personnel. Il n'est pas rare qu'elles usurpent l'identité de sites d'associations d'authentiques psychothérapeutes qui n'ont pas eu la prudence de protéger leur appellation. Il est donc prudent, en cas de doute, d'avoir recours à un site qui tient à jour un inventaire de l'activité sectaire que l'on pourrait confondre avec la psychothérapie, comme Psyvigilance[1]. Il faut aussi savoir que les associations de psychothérapeutes authentiques ont pignon sur rue sur Internet et proposent des listes de praticiens reconnus. Leur recension sera faite au cours de cet ouvrage.

---

1. http://www.psyvig.com/.

La psychothérapie et les psychothérapeutes selon la loi

Ces dérives ont conduit à la promulgation d'une loi le 20 mai 2010. Elle définit les conditions de l'exercice de la psychothérapie, après de longs débats qui ont débuté en 2003, à partir du scandale de l'Ordre du Temple solaire en 1995. Un long baroud d'honneur contre cette loi fut mené par une partie des psychanalystes d'obédience lacanienne, en particulier l'École de la cause freudienne, et certains psychothérapeutes autoproclamés qui souhaitaient le maintien d'une absence de législation. Leur lobbying, très actif jusqu'au cœur de l'État, explique la stratégie de l'escargot qu'adopta cette réforme pourtant bien nécessaire.

La loi Accoyer a affirmé l'obligation pour les psychothérapeutes de connaître la psychopathologie, mais n'oblige pas le psychothérapeute à se former à une méthode spécifique de psychothérapie validée scientifiquement. Le *titre de psychothérapeute* est décerné par les commissions régionales à ceux qui en font la demande : il est donc le résultat d'une démarche volontaire chez les psychiatres, les médecins, les psychologues, les psychanalystes inscrits sur des listes de sociétés reconnues et les autres professionnels de santé. Pour chacune des catégories est précisée la formation requise en psychopathologie. Les psychiatres, qui sont forcément docteurs en médecine, n'ont eux aucun complément de formation à effectuer – ce qui est sans doute injuste pour les psychologues cliniciens qui eux doivent suivre 190 heures de cours et deux mois de stage.

Le tableau ci-dessous (tableau 1.4) récapitule, dans la loi, les démarches que doit entreprendre chaque catégorie professionnelle pour valider sa formation en psychopathologie.

***Tableau 1.4.* Nombre d'heures de formation en psychopathologie clinique exigées des candidats au titre de psychothérapeute.**

THÈME de formation	PSYCHIATRES Dispense totale	MÉDECINS non psychiatres	PSYCHOLOGUES cliniciens	PSYCHOLOGUES non cliniciens	PSYCHANALYSTES régulièrement enregistrés dans leurs annuaires	PROFESSIONNELS n'appartenant à aucune des catégories précédentes
Développement, fonctionnement et processus psychiques	0 h	0 h	0 h	0 h	0 h	100 h
Critères de discernement des grandes pathologies psychiatriques	0 h	0 h	50 h	100 h	100 h	100 h
Théories se rapportant à la psychopathologie	0 h	100 h	50 h	100 h	50 h	100 h
Principales approches utilisées en psychothérapie	0 h	100 h	50 h	100 h	50 h	100 h
Stage	0 mois	2 mois	2 mois	5 mois	2 mois	5 mois

Les Agences régionales de santé (ARS) doivent déterminer les structures privées ou publiques habilitées à prodiguer cette formation en psychopathologie. Devenir psychothérapeute est une démarche qui n'est pas liée automatiquement à la profession. Ainsi, un médecin, un psychologue ou un psychanalyste peut ne pas souhaiter exercer en tant que psychothérapeute. En revanche, un infirmier peut demander à l'être en faisant état d'une validation des acquis de l'expérience et d'une formation en faculté de psychologie, ou de toute autre formation acceptée par l'État, équivalente à un master de psychopathologie. Cependant, les psychothérapeutes qui n'entrent dans aucune des catégories citées, mais qui pratiquent depuis au moins cinq ans en date du 20 mai 2010, peuvent être reconnus par les commissions régionales : c'est la loi dite du « grand-père » qui tient compte des situations acquises (articles 16 et 17 du décret du 20 mai 2010).

Pour le psychothérapeute, la formation à la psychopathologie est un point de départ car elle permet de reconnaître le trouble et, aussi, d'établir avec les patients des hypothèses sur la conduite de la psychothérapie. Cependant, la mise en œuvre d'une psychothérapie, quelle qu'elle soit, passe par une formation à une forme de psychothérapie. La loi est muette à ce sujet et laisse donc libre chaque psychothérapeute de choisir le type de psychothérapie qu'il souhaite exercer.

Malgré ses limitations, la loi Accoyer ouvre la voie à un remboursement des actes des psychothérapeutes par la Sécurité sociale en fonction du temps passé avec les patients, ce qui est le cas dans des pays comme la Suisse ou la Belgique. Elle représente un progrès, car elle met fin à l'usage charlatanesque du titre de psychothérapeute et instaure la transparence dans une profession jusqu'alors particulièrement opaque.

On peut donc conseiller aux personnes qui entreprennent une psychothérapie de demander à leur psychothérapeute s'il a bien obtenu l'agrément d'une commission régionale ou de consulter le registre national mis en place à partir des listes établies par les Agences régionales de santé, et qui seront publiées progressivement, à partir de 2011.

Qu'est-ce que la psychopathologie ?

Elle peut se définir comme l'étude scientifique des troubles psychologiques et de leurs causes. Les descriptions de troubles psychiques ont évolué lors des deux derniers siècles pour aboutir à un système de classification qui est celui actuel du *Manuel statistique de diagnostic IV* (*DSM-IV*, 1996) établi par l'Association psychiatrique américaine et celui de la *Classification internationale des maladies* (*CIM-10*) qui a été mise au point par l'Organisation mondiale de la santé (OMS, 1990).

Le *DSM-IV* présente l'intérêt d'avoir cinq axes de classification :

1. Les syndromes cliniques : dépression, phobies, obsessions-compulsions, etc.
2. Les troubles de personnalité.
3. Les maladies physiques.
4. Les problèmes psychosociaux et environnementaux vécus par le patient.
5. Le niveau d'adaptation de 0 à 100 du patient.

Le *DSM*, malgré l'absence de référence théorique, propose, implicitement, un modèle bio-psycho-social qui considère que les troubles psychologiques ont une triple origine.

• *Une origine biologique* : ce sont principalement des facteurs génétiques, en particulier ceux qui sont liés au tempérament inné qui va servir de socle à la personnalité. Un facteur de tempérament particulièrement étudié est le neuroticisme ou névrosisme caractérisé par des émotions négatives, le pessimisme et la sensibilité au stress.

Cependant, les données actuelles de la génétique montrent que l'héritabilité ne représente que 40 % de l'origine des troubles psychiatriques, le reste étant explicable par des processus sociaux, interpersonnels, par le développement psychologique individuel ou par des événements qui surviennent dans la vie de chacun (Uhl et Grow, 2004 ; Hariri et Holmes, 2006). Autrement dit, un trait de tempérament peut rester latent si la vie se déroule sans trop d'aléas. L'association de la très grande fréquence du trait de neuroticisme et de la déstabilisation induite par la crise dans la société représente une des explications de la montée du stress, de l'anxiété et de la dépression et donc de la demande de psychothérapie.

• *Une origine psychologique* : celle-ci est reliée au développement psychologique depuis l'enfance et aux événements de vie personnels. C'est à ce niveau que l'on va retrouver les perturbations de l'attachement mère-enfant (Bowlby, 1988). Si la mère reconnaît le besoin de protection de l'enfant, tout en respectant aussi son besoin d'indépendance, il se reconnaîtra comme valable et compétent. Si, en revanche, s'établit un attachement insécurisé ou désorganisé, les relations précoces perturbées seront souvent à l'origine des troubles de personnalité graves (personnalité *borderline* ou « limite ») ou de dépression. De même, en cas de carences affectives ou de maltraitance, aiguë ou subtile. On y retrouvera aussi des troubles des apprentissages aussi bien émotionnels, comportementaux et cognitifs qui diminuent les compétences et l'estime de soi.

• *Une origine sociale* : les troubles psychiques sont souvent en sommeil, mais peuvent être révélés par la pression sociale liée au travail et par l'instabilité de la société.

Troubles psychiques et société

Une étude épidémiologique effectuée aux États-Unis (Kessler, 2005), fondée sur la classification du *DSM-IV*, montre que 46 % de la population générale présente, au cours de la vie, un trouble psychique plus ou moins important. Sur un an,

22,5 % de la population générale présente un trouble psychiatrique sévère qui justifie un traitement. Toutefois, seuls 41 % de ces personnes vont se soigner : les patients les moins traités sont âgés, pauvres, sans assurance-maladie, appartiennent à des minorités ethniques ou vivent dans des zones rurales. Cette étude montre aussi qu'aux États-Unis, pays riche disposant de nombreux psychiatres et psychothérapeutes et d'une recherche de pointe, il existe une aggravation récente de la fréquence des troubles psychiatriques. L'interprétation de ces chiffres suggère que seuls les plus riches se soignent, mais aussi que la déstabilisation issue de la crise économique aurait des effets sur le taux de troubles psychologiques.

Une étude épidémiologique française (Cohidon, 2009) va dans le même sens. Elle a démontré que le taux de troubles psychopathologiques graves – dépression, alcoolisme, troubles anxieux, toxicomanie, troubles psychotiques – doublait chez les chômeurs et qu'il était le plus élevé chez les 18-29 ans et le plus bas chez les retraités.

La surconsommation française de médicaments à visée psychiatrique est bien connue. Elle s'explique par le lobbying de l'industrie pharmaceutique, mais aussi par une société où l'excès de consommation est une règle de vie pour la partie la plus favorisée de la population. Elle provient également du fait que les approches psychothérapiques efficaces sont encore peu développées dans notre pays et que celles-ci ne sont remboursées que si elles sont exercées par un psychiatre, ce qui en rend l'accès difficile. La situation est tout autre dans les pays où la profession de psychologue est plus développée et où les psychothérapies sont disponibles et remboursées. Comme le montre le tableau suivant, la France est largement en tête du palmarès et représente une terre bénie pour l'industrie pharmaceutique.

En Angleterre, sous l'impulsion de l'économiste lord Layard, le gouvernement a mis en place un programme de six ans pour

***Tableau 1.5.* Prévalence annuelle de l'usage des psychotropes (étude ESEMeD).**

	France (n = 2 894)	Europe (6 pays)* (n = 21 425)
% de sujets ayant pris au moins une fois dans l'année un...		
anxiolytique	18,6	10,2
antidépresseur	6,0	4,3
antipsychotique	0,8	1,0
stabilisateur de l'humeur	0,4	0,2
psychotrope	21,4	12,4

* Pays étudiés : Allemagne, Belgique, Espagne, France, Hollande, Italie.
Source : Gasquet *et al.*, *L'Encéphale*, 2005

promouvoir les psychothérapies, en considérant qu'elles sont aussi efficaces à court terme que les médicaments et souvent plus efficaces à long terme, sans entraîner de dépendance (Rachman et Wilson, 2008). La généralisation de psychothérapies fondées sur des preuves d'efficacité justifie la formation de 3 600 psychologues supplémentaires. Cette politique ne provient pas d'une pure bonté d'âme, mais s'appuie sur la démonstration économique que l'absentéisme, les effets familiaux délétères et les coûts de santé seront mieux gérés par les psychothérapies efficaces que par la prise de médicaments à vie.

Conclusion

Les interventions psychothérapiques ont pour fonction de lutter contre la démoralisation, l'angoisse, le stress, les comportements d'échec, mais aussi de développer le mieux-être par des actions qui redonnent un sens à la vie. L'accessibilité de la psychothérapie dépend pour une bonne part du statut social et les restrictions budgétaires contingentent les soins nécessaires à ceux qui en ont le plus besoin. C'est dire aussi qu'il faut, dans la jungle des psychothérapies, distinguer celles qui ont une efficacité supérieure à celle de simples placebos et éliminer celles qui représentent un danger. C'est à cet examen que nous allons nous livrer au chapitre suivant.

CHAPITRE 2

Évaluer l'efficacité des psychothérapies

La psychothérapie est un art personnel, qui se fonde sur une science. Elle formule des principes généraux, des hypothèses de travail et des pratiques qui peuvent être définis et évalués. À son meilleur, elle témoigne de la créativité qui résulte de la relation entre un patient et un thérapeute qui serait un ingénieur quelque peu artiste.

Mais d'où vient la psychothérapie ? En Europe, à partir du XVIIIe siècle, elle se différencie progressivement de l'astrologie, de la confession et de la guidance spirituelle pour se fonder sur des principes issus des « neurosciences » de cette époque. Ce sont des neurologues qui, de Reil à Charcot, Janet et Freud, vont établir ses bases en se réclamant de l'esprit des Lumières et pour certains, d'un athéisme radical. Il faut rappeler que Freud avait travaillé longuement dans le laboratoire du physiologiste Ernst Wilhelm von Brücke, qu'il dut quitter pour la pratique privée, faute de poste disponible, et que toute sa vie il caressa l'idée de fonder sa fluctuante doctrine sur la physiologie du système nerveux.

On doit le terme de psychothérapie à Johann Christian Reil (1759-1813), un célèbre anatomiste et neurologue allemand, qui publia, en 1808, un ouvrage intitulé *Rhapsodies sur l'utilisation de la thérapeutique psychique dans les troubles de l'esprit*. Il fut le créateur d'une psychothérapie rationnelle qui suivait un principe simple : « Les sentiments et les idées sont les moyens adéquats de corriger les troubles du cerveau et de lui rendre sa vitalité. » Reil inventa aussi le terme de psychiatrie et décrivit un lobe du cerveau (l'insula de Reil) et un faisceau sensitif dans le tronc cérébral (le ruban de Reil).

Bien que certains le nient, parce qu'ils redoutent les conclusions d'une approche scientifique, la psychothérapie est évaluable, comme toutes les autres branches de la thérapeutique, mais avec des méthodes qui tiennent compte de sa spécificité.

Il n'est pas possible de parler de science sans définir un phénomène sur lequel chacun peut se mettre d'accord, l'établissement de mesures fiables et la possibilité d'émettre des hypothèses testables. Pour évaluer une forme de psychothérapie il faut donc au minimum un manuel pratique de référence, une méthode pour l'apprendre, un domaine spécifique d'application (un ou plusieurs troubles psychopathologiques) et un ensemble d'hypothèses sur les effets attendus de l'intervention psychothérapique. Ces hypothèses représentent des prédictions qui permettent de juger si les résultats obtenus sont finalement à la hauteur des attentes, lors de l'analyse des mesures effectuées avant et après intervention.

L'évaluation des psychothérapies : une origine française

L'évaluation scientifique des psychothérapies remonte à la fin du XVIIIe siècle et débute par l'histoire haute en couleur du magnétisme animal de Franz Anton Mesmer, dont on trouve un plaisant écho dans le roman d'Alexandre Dumas, *Le Collier de la reine*. Les travaux des historiens (Darnton, 1968) mettent en évidence l'importance objective de cet épisode, qui vit le début de l'approche scientifique des psychothérapies.

MESMER, L'HYPNOSE ET LES DÉBUTS DE L'ÉVALUATION DES PSYCHOTHÉRAPIES

Franz Anton Mesmer (1734-1815) était un médecin viennois, à la fois versé dans l'astrologie et féru de l'étude du magnétisme. Le sujet de sa thèse de médecine portait sur l'influence des planètes sur le corps humain. Il fut expulsé de Vienne pour charlatanisme après la rechute de la fille d'un conseiller d'État qu'il avait temporairement guérie d'une cécité hystérique : il s'est avéré que cette jeune musicienne aurait préféré garder son symptôme, car il lui permettait de toucher une pension.

Il émigra à Paris où il obtint un immense succès en développant un système psychothérapique qui lui survécut pendant presque un siècle et que l'on considère comme l'ancêtre de l'hypnose, de la psychanalyse et de toutes les formes de psychothérapie. Mesmer (1779) effectuait des cures spectaculaires de troubles psychologiques et physiques, dus, selon lui, à un blocage des fluides magnétiques dans le corps. Pour les débloquer, on magnétisait les patients en groupe : ils tenaient une corde reliée à des baquets d'eau où se trouvaient des morceaux de fer aimantés selon une procédure secrète. Pour compléter ce dispositif, on jouait la musique de Mozart, un de ses amis viennois, dont il avait sponsorisé l'opéra *Bastien, Bastienne*.

Mesmer apparaissait splendidement habillé et demandait à ses patients de suivre du regard une baguette qu'il tenait dans sa main. Dans une telle atmosphère, ces derniers entraient en transe et convulsaient. À la suite de quoi beaucoup se trouvaient soulagés de leurs maux et Mesmer pouvait faire état de résultats positifs. Il faut reconnaître que le mesmérisme était sans doute moins dangereux que la médecine traditionnelle de l'époque, dont les pratiques douloureuses dépêchaient les patients dans l'autre monde par des saignées et des purgations, ou provoquaient la chute des cheveux et des dents dans des bains de mercure destinés à faire suer la vérole.

Mesmer possédait un entregent remarquable et sut se glisser dans l'intimité de la famille royale. Il devint ainsi une célébrité fréquentée par toutes les classes de la société.

Il fonda la Société de l'harmonie pour assurer sa fortune par la propagation de ses idées. L'efficacité de sa méthode était partout proclamée : « Il y a une seule maladie, un seul traitement et une seule guérison. » Les disciples de Mesmer recevaient un diplôme et s'engageaient à ne pas révéler le secret de la magnétisation de l'eau. Bien que les droits d'initiation fussent élevés – 100 louis d'or –, il comptait quatre cent trente disciples à Paris et de nombreuses succursales ouvrirent leurs portes en province. Progressivement, la Société de l'harmonie devint un cercle philosophique qui participa aux mouvements d'idées qui précédèrent la Révolution française, sous la forme de publications qui critiquaient la monarchie.

En 1784, Louis XVI, inquiet de l'intérêt de Marie-Antoinette pour cet activiste viennois, désigna une première commission d'étude composée, entre autres, d'Antoine Lavoisier, éminent chimiste, de Joseph Guillotin, inventeur de la guillotine, et de Benjamin Franklin, inventeur du paratonnerre. Une seconde commission qui était issue de la faculté de médecine devait confirmer ou infirmer la première.

La commission réalisa une première scientifique : une étude en double aveugle. Certains baquets d'eau étaient magnétisés selon le procédé de Mesmer, d'autres pas. Les expérimentateurs ont alors suggéré des croyances aux sujets qui participaient à l'expérience. Que l'eau fût magnétisée ou pas, l'état de ceux à qui l'on dit qu'elle ne l'était pas ne s'améliorait pas, et l'état de ceux à qui l'on avait affirmé qu'elle l'était s'améliorait. Bien entendu, ceux qui exprimaient ces suggestions ne savaient pas ce qu'il en était. La commission aboutit à la conclusion logique qu'il s'agissait d'un simple effet des suggestions implantées par les expérimentateurs. Une reproduction de cette étude fut réalisée en 1784 par la commission de la faculté de médecine. Les conclusions furent sans équivoque : « Ayant démontré par des expériences décisives que l'imagination sans magnétisme produit les convulsions et que le magnétisme sans imagination ne produit rien, concluons d'une voix unanime que rien ne prouve l'existence du fluide magnétique animal, que ce fluide sans existence est par conséquent sans utilité. »

« Sans existence », certes, « mais sans utilité » : ce n'était pas l'avis des patients dont l'état s'était amélioré. Mesmer affirma que la magnétisation de l'eau n'avait pas été conduite dans les règles, et sa méthode lui survécut. En effet, il conserva de nombreux partisans prestigieux, en particulier le marquis de La Fayette, la reine Marie-Antoinette et Wolfgang Amadeus Mozart. La Fayette propagea le mesmérisme en Amérique, à travers son réseau d'amitiés maçonniques, et en particulier auprès de George Washington. Au XIXe siècle, de nombreux esprits éminents croyaient au magnétisme animal et aux fluides : Victor Hugo, Alexandre Dumas, Honoré de Balzac, Edgar Allan Poe, Alphonse de Lamartine, Guy de Maupassant et Henri Bergson le présentent tous dans leurs écrits comme une certitude scientifique. Pour certains, il s'agissait d'une forme de spiritualité qui permet de communiquer avec les défunts et Victor Hugo espérait ainsi communiquer avec sa fille décédée, Léopoldine. Commencé comme une aventure scientifique sur les ailes de la découverte de l'électricité et du magnétisme, le mesmérisme se termina par le fluide des spirites et les tables tournantes.

Le coup de grâce fut porté, à la fin du XIXe siècle, par les travaux sur l'hypnotisme effectués par Jean-Martin Charcot (1825-1893) à la Salpêtrière. Ce dernier s'efforça de démontrer que l'hypnose était un état psychologique en relation avec l'hystérie masculine ou féminine, dont on pouvait décrire les stades avec une grande minutie. Hippolyte Bernheim (1840-1919), de la faculté de médecine de Nancy, mit fin à cette théorie en démontrant qu'en état de transe le sujet se conforme aux attentes de l'hypnotiseur et fabrique tous les symptômes neurologiques que Charcot pouvait désirer. Il s'agit d'un simple effet de suggestion que l'on peut retrouver dans l'effet placebo que tout médecin utilise en positivant ses prescriptions : « Vous allez guérir grâce à cette méthode ou à ce médicament. » Bernheim fut sans doute le premier en France à utiliser le terme de psychothérapie avant de sombrer dans un oubli injuste.

Néanmoins, Mesmer et son mouvement ont eu des conséquences importantes, car ils ont inventé les caractéristiques des psychothérapies modernes :

1. L'induction d'attentes de guérison par une théorie crédible.

2. La mise en place d'un dispositif qui sert de cadre à la psychothérapie, autrement dit un protocole que le psychothérapeute doit respecter scrupuleusement.

3. La création de sociétés ou d'associations professionnelles destinées à promouvoir une pratique psychothérapique rentable pour ses adhérents et d'en faire constamment la publicité – ce qui induit des attentes d'efficacité chez le patient.

4. L'examen scientifique de la théorie et du dispositif de Mesmer a permis de mettre au jour l'effet placebo et de paver la voie pour la recherche sur les psychothérapies qui ne prendra véritablement son essor que dans les années 1950-1960.

Prolifération des psychothérapies et tiers payant

L'évaluation des psychothérapies a, depuis lors, donné lieu à des milliers de publications et une bonne centaine d'ouvrages à l'étranger, où les recherches systématiques ont commencé dès la fin des années 1950. Ces recherches ont pris un nouvel essor dès 1977, après le premier choc pétrolier. La progression des coûts de santé avait amené plusieurs pays à se poser la question du remboursement des psychothérapies par le tiers payant, en fonction d'un rapport coût/efficacité favorable. À partir des années 1960, on assiste à une multiplication des psychothérapies et des psychothérapeutes, qui va de pair avec le développement de la société de consommation et de sa critique par la contre-culture américaine. C'est à ce moment que le nombre des « marques » de psychothérapies va exploser et se fondre dans le mouvement de développement du potentiel humain. Nombre d'entre elles se rattachent au courant humaniste ou s'intitulent globalement « nouvelles thérapies ». En témoigne une liste des psychothérapies qui ne prétend pas à l'exhaustivité et qui a été dressée à partir de diverses sources et que le lecteur trouvera en annexe de cet ouvrage : elle recense plus 220 « marques » de psychothérapies, mais elle n'est pas limitative (*cf.* annexe 1). Il faut donc faire le tri entre le bon grain et l'ivraie.

Mesurer l'effet des psychothérapies sur la souffrance psychologique

Freud, en 1938, dans son ouvrage *Analyse terminée et analyse interminable*, propose des critères d'évaluation et ne manque pas de considérer la disparition des symptômes comme un critère de guérison (*cf.* chapitre 3 sur la psychanalyse, p. 89). Nous disposons à l'heure actuelle d'instruments bien validés.

• Il existe aujourd'hui de nombreuses échelles d'évaluation des symptômes, des comportements et des processus psychothérapiques qui ont reçu une validation et rendent possible l'étude de problèmes psychopathologiques variés (Bouvard et Cottraux, 2010). Ces échelles de symptômes ou d'attitudes psychologiques doivent être complétées par des questionnaires de personnalité. Il est conseillé d'évaluer systématiquement la qualité de vie et le bien-être, et de ne pas se limiter à la réduction des symptômes habituels de dépression, d'anxiété ou de stress.

• Il est aussi nécessaire de disposer de mesures subjectives des symptômes et de la personnalité, remplies par le patient, que de mesures objectives remplies par un évaluateur indépendant. Les tests comportementaux *in vivo* permettent une mesure directe des performances d'un sujet phobique ou obsessionnel, et peuvent différer notablement des échelles d'évaluation subjectives.

• Chaque étude doit établir au préalable un critère de réponse pour définir ce qu'elle entend par amélioration ou guérison. Ce peut être d'obtenir le retour d'une échelle de dépression en dessous du score pathologique fixé par l'étalonnage de cette échelle. Une des manières simples de résoudre le problème est d'utiliser une échelle intitulée « Impression clinique globale » et de la faire remplir à la fois par le patient et par l'évaluateur en fixant un degré d'amélioration – par exemple « beaucoup mieux » – concordant chez le patient et l'évaluateur.

• Avec l'avènement des méthodes de neuro-imagerie cérébrale, il est devenu possible d'étudier les effets des psychothérapies sur le fonctionnement cérébral. Le premier travail de ce type est dû à Baxter (1992). Il a montré le parallélisme d'action de la TCC et de la fluoxétine sur des structures cérébrales impliquées dans le contrôle des plans d'action et qui pourraient être la base biologique des obsessions-compulsions. Seuls six troubles ont été explorés : le trouble obsessionnel compulsif, les attaques de panique, l'anxiété sociale, les phobies spécifiques, la dépression et le trouble de personnalité borderline (Cottraux, 2009). Les travaux sur les répondeurs aux traitements pharmacologiques et psychothérapiques suggèrent que les processus neuronaux impliqués dans les changements favorables sont quasi identiques.

MÉTHODOLOGIE DE L'ÉVALUATION DES PSYCHOTHÉRAPIES

Toute psychothérapie qui prétend avoir une efficacité spécifique doit faire la preuve qu'elle est supérieure soit au passage du temps, c'est-à-dire aux processus de guérison spontanée, soit à un traitement placebo, soit à une psychothérapie dont l'efficacité est déjà prouvée dans le traitement d'un trouble spécifique et bien défini. Développer un programme de recherche, c'est prendre le risque de voir ses croyances contredites : c'est pourquoi la recherche est soigneusement évitée par certains courants de psychothérapie qui ont peur de perdre leur réputation de toute-puissance, chèrement acquise dans l'opinion.

On dispose actuellement de plusieurs méthodes qui permettent de démontrer l'efficacité ou non des psychothérapies.

1. *Les études de cas individuels* : ce sont de simples récits de cas, sans mesures, qui permettent d'évaluer le changement. Elles ne présentent qu'un intérêt limité mais elles permettent de générer des idées nouvelles et de préparer le terrain pour l'innovation psychothérapique.

2. *Les études de cas individuels et de séries de cas identiques traités de la même manière* : les cas sont évalués avant et après traitement et après un suivi plus ou moins long.

3. *Les protocoles de cas individuels,* selon lesquels il est possible par des mesures répétées d'évaluer et de comparer les changements par rapport à l'état initial. Ou encore de comparer des phases de traitement et de non-traitement.

4. *Les protocoles contrôlés et les études comparatives* : c'est le noyau dur de la recherche. En général, on compare une thérapie que l'on pense active à un placebo, après avoir attribué au hasard des patients à chacun des deux groupes. Ce qui pose le problème du placebo de psychothérapie.

L'EFFET PLACEBO ET LE PLACEBO DE PSYCHOTHÉRAPIE

On appelle *placebo* (« je plairai » en latin) toute médication qui est prescrite plus pour plaire au patient que pour lui être utile. L'effet placebo a son opposé, l'effet *nocebo* (« je nuirai ») : dans ce cas, la méthode inactive chimiquement se traduit par des effets négatifs.

La mesure de l'effet placebo est représentée par la différence positive entre le résultat thérapeutique observé lors de l'administration d'un traitement et l'effet thérapeutique prévisible en fonction des données scientifiques sur ce même traitement. Cette différence est habituellement de l'ordre de 30 % et peut atteindre 60 %. L'effet placebo varie beaucoup selon les troubles : il est très élevé dans les attaques de panique (30 à 60 %), mais nettement plus faible dans le traitement des troubles obsessionnels compulsifs et peut descendre jusqu'à 5 % (Expert Consensus Panel, 1997). Dans la recherche sur les psychothérapies, on entend par placebo une méthode psychologique sans action spécifique sur le trouble étudié que l'on va comparer à la méthode psychothérapique nouvelle que l'on souhaite étudier.

L'effet placebo trouve une inscription dans le système nerveux. Une étude réalisée à l'aide d'une caméra à positons a comparé l'effet placebo avec celui des antidépresseurs. La caméra à positons mesurait le métabolisme du glucose chez des hommes qui avaient été hospitalisés pour un trouble dépressif et qui recevaient soit un placebo, soit de la fluoxétine, selon un protocole de six semaines en double aveugle. Une des conclusions était qu'il y avait des modifications du métabolisme du glucose dans les mêmes régions cérébrales, aussi bien chez les patients dont l'état s'améliorait avec le placebo que chez ceux dont l'état s'améliorait avec la fluoxétine (Mayberg, 2002).

Plusieurs solutions sont considérées comme assurant un contrôle imparfait, mais néanmoins suffisant. Il est possible de comparer la thérapie que l'on cherche à valider à différents groupes dits groupes contrôles : les patients sont répartis au hasard entre les deux groupes, et sont d'accord avec cette procédure d'attribution des traitements par un consentement informé signé.

• Le contrôle par une pseudo-thérapie présentée comme étant une vraie thérapie : par exemple, des cours et une information sur le trouble à l'étude, assortis de conseils très généraux peuvent représenter un placebo crédible.

• La comparaison avec une simple thérapie de soutien avec la thérapie étudiée : c'est-à-dire une thérapie d'écoute, et de soutien moral qui redonne de l'espoir et de la confiance en soi mais n'applique pas de technique spécifique. Ceci permet de tester l'effet d'une simple augmentation des attentes positives.

• La comparaison d'une thérapie de référence déjà validée avec la thérapie étudiée. Il est recommandé, par les puristes de la méthodologie, d'ajouter un troisième groupe qui est une simple liste d'attente avant une prise en charge, de manière à évaluer les effets du passage du temps par rapport à ceux des deux psychothérapies à l'étude.

• Le groupe « attention placebo », avec un contact minimal avec un thérapeute : par exemple, une demi-heure tous les quinze jours durant trois à six mois, avant une prise en charge réelle. L'effet placebo se mesure alors par le taux de sujets améliorés.

• La liste d'attente durant plusieurs mois avec un simple contact téléphonique mesure l'effet du passage du temps. Les patients seront pris en charge avec la nouvelle thérapie et l'effet d'attente peut en soi être positif. C'est ce que représente la figure 2.1.

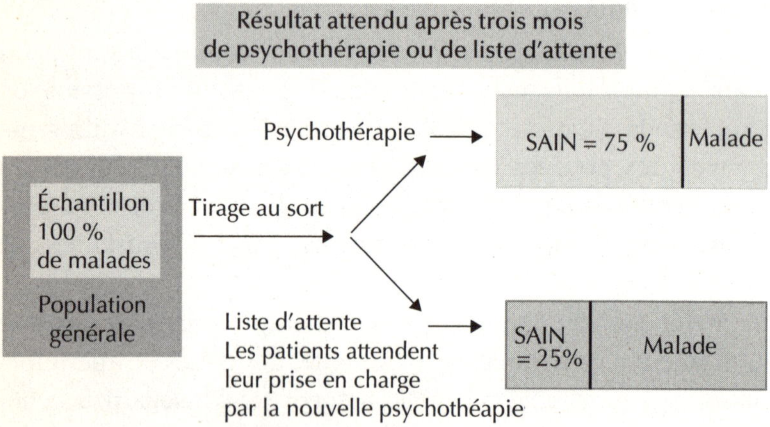

Figure 2.1. **Essai randomisé pour étudier une nouvelle psychothérapie (randomisation = tirage au sort ; *at random* signifie « au hasard » en anglais).**

LA MÉTA-ANALYSE

La méta-analyse a pour but de tirer des conclusions de l'accumulation des études contrôlées dans la littérature scientifique. Devant la nécessité de rendre compte des effets des psychothérapies aux instances officielles et aux compagnies d'assurances, Smith et Glass (1977) ont développé une formule statistique pour rendre compte de l'effet d'études contrôlées multiples : la méta-analyse. Cette méthode inventée pour les psychothérapies a été ensuite appliquée à l'étude de l'ensemble des résultats obtenus par la recherche médicale en thérapeutique. Elle consiste à regrouper toutes les études disponibles, y compris celles qui ne sont pas publiées et dorment dans des tiroirs, à coder les résultats et à calculer la taille de l'effet thérapeutique (*effect size*). Celle-ci est calculée pour un ou plusieurs critères donnés que l'on étudie en fin de traitement. Il s'agit en général du score d'une échelle d'évaluation. La taille d'effet reflète la différence entre les deux groupes en fin de traitement et au suivi, et le gain éventuel du groupe traité par rapport au groupe contrôle. Plusieurs formules de calcul sont possibles (Inserm, 2004). Pour simplifier, on peut se reporter au tableau suivant, qui donne les valeurs des tailles d'effet qui seront utilisées dans ce livre.

Tableau 2.1.

Taille d'effet
• Exprime le gain du sujet moyen qui a reçu le traitement à l'étude, par rapport au sujet moyen du groupe de comparaison
• La taille d'effet est – Petite de .20 à < .50 – Moyenne de .50 à .80 – Grande > .80

Méta-analyse et médecine fondée sur des preuves

La médecine fondée sur des preuves constitue l'usage consciencieux, explicite et judicieux de ce qui est le mieux prouvé pour prendre des décisions en ce qui concerne les soins de chaque malade. Pour établir les preuves d'efficacité, la règle d'or est d'analyser la littérature scientifique selon des niveaux de preuve. Une des méthodes qui a émergé, devant la multiplication des études contrôlées, est la méta-analyse, qui permet de vérifier si les différents travaux scientifiques publiés sont convergents.

Pour une forme de psychothérapie dans une indication donnée, une méta-analyse bien conduite, et positive par rapport à des conditions placebo ou au passage du temps, représente le niveau de preuve le plus élevé de son bénéfice pour le patient. Inversement, une méta-analyse qui trouve un effet équivalent aux conditions placebo ou au passage du temps permet de conclure que la méthode testée est à ranger dans la catégorie du placebo. Une méta-analyse qui montre la supériorité d'un traitement nouveau par rapport à un autre déjà connu rend obsolète le traitement de référence : place à la nouveauté. L'équivalence du nouveau traitement et du traitement de référence permet de dire que le traitement nouveau est valide et enrichit l'arsenal thérapeutique. Il faut alors se préoccuper de savoir si les deux traitements n'ont pas les mêmes principes et si chacun possède des indications particulières pour certains patients. Enfin, un traitement qui a de moins bons résultats que les conditions placebo, ou que le passage du temps, doit être éliminé, car il est dangereux.

Une « thérapie » dangereuse : le débriefing après un épisode traumatique

La doctrine de « débriefing » obligatoire a été longtemps vantée en France. Il s'agit d'une intervention qui prend place dans les deux ou trois jours suivant un événement traumatique (accident, violences, viol, catastrophes naturelles) susceptible de provoquer un état de stress post-traumatique chronique qui, un mois après l'événement se caractérise par des flash-back et des cauchemars où le traumatisme est revécu avec angoisse. Le débriefing est une intervention brève, de trois à six heures en général, et consiste à faciliter l'expression des sentiments et des émotions. Il a été mis au point en 1983 par Mitchell, officier de pompiers américain, qui a proposé un protocole de groupe, en sept phases, d'inspiration militaire – d'où le terme de « débriefing » : 1. Introduction ; 2. Les faits ; 3. Pensées et impressions ; 4. Réactiver les réactions émotionnelles ; 5. Normalisation ; 6. Planifier le futur ; 7. Désengagement.

Une politique de « débriefing » systématique a été menée en Angleterre. Une méta-analyse célèbre due à Simon Wessely (1998), confirmée par la suite (Rose *et al.* 2002), a montré que le stress post-traumatique chronique est plus fréquent chez les personnes qui avaient été « débriefées » que chez celles qui ne l'avaient pas été. Au moment du 11 septembre 2001, l'Association psychologique américaine a conseillé au gouvernement de ne pas faire de débriefing, d'apporter un simple soutien psychologique et/ou médicamenteux et de n'envisager des traitements plus actifs comme les méthodes d'exposition et EMDR qu'après au moins quinze jours. En effet, le débriefing avait pour effet, chez certains sujets particulièrement anxieux, de fixer le traumatisme dans la mémoire autobiographique par sa répétition immédiate.

Bien entendu, il a fallu presque six ans pour que les tenants français du débriefing se rendent à l'évidence que les résultats obtenus en Angleterre étaient valables pour notre pays.

Les effets de l'alliance thérapeutique sur les résultats des psychothérapies

Un certain nombre d'attitudes et de comportements du thérapeute vis-à-vis du patient sont considérés comme ayant un effet positif. La force de persuasion, la possibilité de créer une atmosphère amicale, l'action antidémoralisatrice, la chaleur, l'empathie, l'authenticité des sentiments et la considération positive inconditionnelle du patient ont été invoquées.

Il faut leur ajouter la compétence, le statut socioprofessionnel, la crédibilité, le décor et la notoriété. Toutefois, les travaux sur ces facteurs ne se sont pas révélés concluants (Roth et Fonagy, 2005). On leur préfère actuellement l'étude de l'alliance thérapeutique qui renvoie à l'interaction de deux personnes.

L'alliance thérapeutique est en général facile à nouer avec les patients anxieux qui se trouvent sécurisés. Cependant, elle est plus délicate avec les patients déprimés, car le thérapeute risque d'être contaminé par le pessimisme du patient. Elle se révèle particulièrement difficile à établir avec les patients souffrant de troubles de la personnalité, dont les humeurs sont changeantes et qui entrent souvent en conflit avec le psychothérapeute. Dans ce dernier cas, la relation est au centre de la psychothérapie et ses variations subtiles, tout au long du processus psychothérapique, sont à prendre en compte. Le repérage et le maniement adéquat de l'alliance font donc partie de la supervision des psychothérapeutes (Cungi, 2006).

Le concept d'alliance thérapeutique est dû à Freud (1913) qui le définissait ainsi : « Compréhension sympathique, affection et amitié sont les véhicules de la psychanalyse. » En psychanalyse et en thérapie analytique, l'alliance thérapeutique réfère aux aspects les plus rationnels de la relation thérapeutique. Elle contraste avec le transfert qui correspond aux sentiments irrationnels que projette l'analysant sur l'analyste. Un psychanalyste américain, Ralph Greenson (1969), distinguait dans les relations entre analyste et analysant trois niveaux :

1. la réalité de la personne de l'analyste ;

2. l'alliance thérapeutique, qui représente une relation positive de collaboration pour que le travail psychothérapique se déroule bien (*working alliance* ou « alliance de travail ») ;

3. le transfert dans la psychanalyse se manifeste sur le mode de l'irrationnel. En effet, le transfert, dans la situation analytique où le patient est allongé sur un divan sans voir l'analyste, aboutit à une triple régression : une régression du présent vers le passé, du conscient vers l'inconscient, et de la pensée logique vers la pensée magique et irrationnelle. L'autonomie diminue et le patient devient dépendant du psychanalyste.

Greenson, qui fut l'analyste à la fois inefficace et peu orthodoxe de Marilyn Monroe, aurait mieux fait de s'inspirer de sa propre théorie dans la conduite de cette cure difficile. Il est certain, maintenant, qu'il a transgressé la plupart des règles professionnelles en mélangeant sa réalité personnelle et ses désirs, l'alliance thérapeutique et le transfert dévorant de sa séduisante patiente, qui vivait parfois chez lui (Schneider, 2006). De telles situations à risques justifient que le psychothérapeute ait l'humilité d'avoir recours à un superviseur qui lui permette de reprendre la distance nécessaire.

Luborsky *et al.* (1985) ont réalisé une étude comparant la thérapie cognitive associée au conseil (de simples conseils psychologiques de gestion de soi donnés par un conseiller professionnel, comme il en existe dans les pays anglo-saxons), la thérapie analytique associée au conseil et le conseil seul chez des toxicomanes sevrés. La thérapie cognitive et la thérapie analytique étaient égales entre elles et supérieures au conseil seul. Les qualités du thérapeute n'étaient pas corrélées aux résultats. Deux facteurs prédisaient une réussite en thérapie cognitive ou en thérapie analytique : l'alliance thérapeutique et la pureté technique, c'est-à-dire le fait de suivre consciencieusement le manuel. Cette étude démontre donc que *le facteur technique joue aussi un rôle significatif.*

Luborsky (1996) a également développé une échelle de mesure de l'alliance thérapeutique qui a été utilisée dans quelques publications pour évaluer l'impact de ce facteur sur les diverses formes de psychothérapie. Une méta-analyse portant sur 24 études a montré qu'une alliance thérapeutique positive prédisait des résultats thérapeutiques favorables (Horvath et Simons, 1991), mais que cette corrélation demeurait modeste. Une revue plus récente des résultats a abouti à la conclusion que l'alliance est un facteur de modération à prendre en compte, tout comme le facteur technique pour expliquer les résultats (Roth et Fonagy, 2005).

Le problème de l'alliance thérapeutique a été reformulé par Alford et Beck (1997). Ils ont défini la relation thérapeutique, en thérapie cognitive, comme une relation de collaboration empirique qui serait comparable à celle de deux savants travaillant ensemble sur un problème, formulant des hypothèses et cherchant à les tester et à créer de nouveaux apprentissages. Le changement doit se généraliser dans d'autres contextes que la psychothérapie et il convient d'en laisser la responsabilité au patient. La relation de collaboration est une condition nécessaire mais non suffisante : il s'y ajoute le facteur technique, autrement dit le savoir-faire du psychothérapeute.

Pour tester cette hypothèse, j'ai construit une échelle de relation thérapeutique (ERT) qui permet au patient d'évaluer le thérapeute et au thérapeute d'évaluer le patient en six points (Cottraux *et al.*, 1995). Dans une étude contrôlée (Cottraux *et al.*, 2009), qui comparait la thérapie cognitive à la thérapie de soutien de Carl Rogers dans le traitement de la personnalité borderline, la thérapie cognitive a obtenu de meilleurs résultats pendant les deux ans qui ont suivi le début des traitements. La seule différence qui a été notée sur l'échelle de relation thérapeutique est que les psychothérapeutes avaient une vision plus positive des patients en thérapie cognitive qu'en thérapie de soutien. Ces résultats confirment une étude précédente qui comparait la thérapie des schémas à la thérapie psychanalytique, dans le trouble de personnalité borderline (Giesen-Bloo, 2005 ; Spinhoven, 2007). À trois ans de suivi, la thérapie cognitive, au cours de laquelle l'alliance thérapeutique était meilleure, a obtenu de meilleurs résultats que la thérapie psychanalytique.

Il y a donc eu une interaction entre une méthode psychothérapique spécifique et l'alliance thérapeutique qui s'influencent l'une l'autre par l'intermédiaire d'une collaboration qui facilite le travail. C'est ce que représente le diagramme suivant.

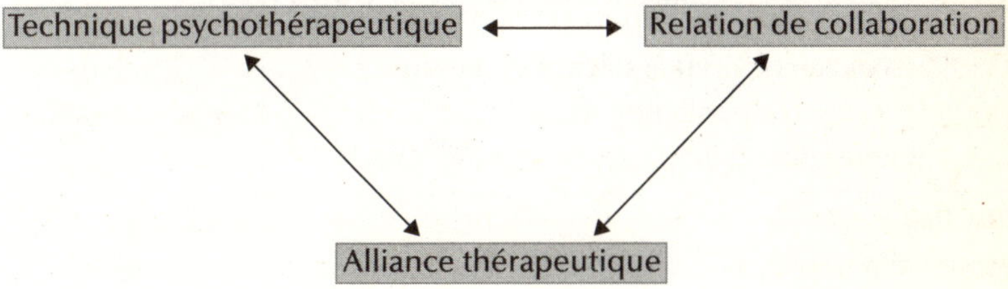

Figure 2.2. **Alliance thérapeutique et technique psychothérapeutique.**

Principaux résultats des psychothérapies fondées sur des preuves d'efficacité

Une hirondelle ne fait pas le printemps : il ne suffit pas d'une seule étude positive pour valider une psychothérapie et la considérer définitivement comme efficace. Aux États-Unis, des critères assez larges sont utilisés : ce sont ceux de Chambless et Hollon (1998), selon lesquels deux études contrôlées conduites par des équipes indépendantes sont nécessaires et aucune étude contredisant ces deux essais ne doit être avérée. Les deux essais doivent avoir un nombre de sujets importants et la thérapie doit être appliquée selon un manuel. Si l'on dispose d'une seule étude contrôlée positive non contredite, on peut toutefois parler de « traitement potentiellement efficace ».

Les critères utilisés en Europe et en particulier en France sont plus draconiens. Il est possible d'appliquer aux psychothérapies, pour faire la synthèse de celles qui ont été contrôlées, les grades de l'Agence nationale d'accréditation et d'évaluation en santé (ANAES, 2001) qui définissent le niveau des preuves qui permettent de recommander un traitement dans une indication particulière.

***Tableau 2.2.* Niveau de preuve scientifique et grades des recommandations d'après l'ANAES (2001).**

Niveau de preuve scientifique fourni par la littérature (études des résultats des psychothérapies)	Grade des recommandations
Niveau 1 Essais comparatifs avec tirage au sort des traitements Avec de nombreux sujets (forte puissance statistique) Méta-analyse d'essais comparatifs randomisés Analyse de décision fondée sur des études bien menées	**A – Preuve scientifique établie**
Niveau 2 Essais comparatifs randomisés de faible puissance statistique Études comparatives sans tirage au sort bien menées Études de cohorte	**B – Présomption scientifique**
Niveau 3 Études cas/témoins : comparaison rétrospective non contrôlée de cas traités à des témoins non traités	**C – Faible niveau de preuve**
Niveau 4 Études comparatives comportant des biais importants Études rétrospectives Séries de cas	

Pour présenter cette synthèse, je prendrai appui sur le rapport collaboratif de l'Inserm évaluant trois thérapies (2004) : c'est le premier rapport sur les psychothérapies qui ait été demandé par un gouvernement français depuis le rapport ordonné par Louis XVI sur le magnétisme animal de Mesmer, en 1784.

Il a été rédigé de manière contradictoire par huit experts, de diverses opinions, après examen des données durant un an et demi. Il avait été initié en 2002 à la demande de deux associations de patients, l'UAFAM et la FNAPSY, ainsi que par la Direction générale de la santé à l'instigation du ministre de la Santé d'alors, Bernard Kouchner. Le tableau suivant résume l'information fondée sur les preuves d'efficacité des trois formes de psychothérapies étudiées : la thérapie psychanalytique, la thérapie cognitive et comportementale (TCC) et la thérapie familiale, chez l'adulte. Seize syndromes ont été envisagés chez l'adulte : schizophrénie chronique, schizophrénie en phase aiguë, dépression hospitalisée, dépression moyenne, trouble bipolaire, trouble panique, stress post-traumatique, trouble anxieux généralisé, phobie spécifique, phobie sociale, agoraphobie, trouble obsessionnel compulsif, boulimie, anorexie mentale, troubles de personnalité et la dépendance à l'alcool.

Certains de ces troubles ont été étudiés aussi chez l'enfant ; il s'y ajoutait l'autisme infantile, l'hyperactivité et les troubles des conduites.

***Tableau 2.3.* Niveaux d'efficacité de trois approches de psychothérapie chez l'adulte (Inserm, 2004).**

	Efficacité établie (1) ou présomption d'efficacité (2)
Schizophrénie (phase aiguë) avec médicaments	Thérapie psychoéducative familiale sur taux de rechute à 2 ans (1) Approche TCC (2)
Schizophrénie (stabilisée suivie en ambulatoire) avec médicaments	Approche psychoéducative familiale (1) Approche TCC (acquisition d'habiletés sociales, gestion des émotions) (1)
Dépression hospitalisée sous antidépresseurs	Approche TCC (1)
Trouble bipolaire avec médicaments	Approche psychoéducative familiale (conjugale) et approche TCC (2)
Dépression moyenne	Approche TCC (1)
Trouble panique	Approche TCC (1) Approche psychodynamique brève avec antidépresseurs (2)
Stress post-traumatique	Approche TCC (dont EMDR) (1) Approche psychodynamique brève (2)
Troubles anxieux (TAG, TOC, phobies)	Approche TCC (1)
Boulimie	Approche TCC (1)
Anorexie	Thérapies familiales chez les patients jeunes (2) ; approche TCC pour la prévention des rechutes (2)
Troubles de la personnalité	Approche psychodynamique (1) Approche TCC (1)
Alcoolodépendance	Thérapie familiale et approche TCC dans le maintien de l'abstinence (1)

TCC : Thérapie cognitivo-comportementale ; EMDR : *Eye movement desensitization and reprocessing*

Une confirmation de ce rapport peut être trouvée dans différents rapports de la Haute Autorité de santé (HAS, autrefois ANAES), les autres rapports de l'Inserm ou les recommandations publiées périodiquement par l'American Psychiatric Association (APA). Une autre source de données scientifiquement solides est l'Organisation Cochrane, qui est une banque de données en ligne sur l'évaluation des pratiques thérapeutiques. D'autres données fiables sont dans les rapports du Department of Health, du NICE (National Institute for Clinical Excellence) ou du Health Technology Assessment (HTA), facilement consultables sur Internet.

Thérapies et troubles chez l'adulte

Les TCC ont une efficacité prouvée (grade A) pour la grande majorité : 13 troubles sur 16.

Les thérapies familiales ont une efficacité prouvée dans 3 troubles sur 16 : schizophrénie chronique, schizophrénie en phase aiguë, alcoolisme.

Les thérapies psychanalytiques ont une efficacité prouvée (grade A) dans 1 trouble sur 16 : les troubles de la personnalité.

De plus les thérapies familiales efficaces dans les études contrôlées sont comportementales et psycho-éducatives, ce qui porte le bilan réel des TCC à 15/16 syndromes où leur efficacité est prouvée. Le seul où elles n'obtiennent qu'un grade B (présomption d'efficacité) est l'anorexie mentale.

Thérapies et troubles chez l'enfant

Chez l'enfant, les TCC ont une efficacité prouvée dans la dépression, les divers troubles anxieux, l'autisme infantile, les troubles des conduites et l'hyperactivité. La thérapie familiale présente une efficacité prouvée dans l'autisme infantile, les troubles des conduites, l'hyperactivité.

Sur les 1 000 études examinées, on ne retrouve aucune substitution de symptôme après une TCC, ce que confirme par ailleurs un travail plus récent (Tryon, 2008).

Un autre problème méthodologique résidait en ce que l'allégeance d'un chercheur pouvait influencer les résultats et que ce biais pourrait avoir participé à la suprématie des TCC dans les études et les méta-analyses qui ont suivi. Tolin (2010) a repris 26 études comparatives et recalculé le possible effet de ce biais. Les résultats sont sans équivoques : même en étudiant la corrélation de ce biais avec les résultats, la supériorité de la TCC persiste dans la dépression et les troubles anxieux par rapport aux autres méthodes de psychothérapie, ce qui confirme des travaux plus anciens (Roth et Fonagy, 2005).

Le rapport Inserm de 2004 et la guerre des psys

Apporter des preuves d'efficacité ou d'inefficacité d'une forme ou d'une autre de thérapie ne va pas sans susciter des résistances farouches. C'est ce que l'on a observé, en France, après la publication du rapport Inserm. Certains psychanalystes ont cru bon de déclencher une polémique très violente dont l'absence d'arguments scientifiques était comblée par des invectives. Tout d'abord retiré du site du ministère de la Santé sous la pression d'un lobby d'analystes lacaniens, le rapport fut maintenu sur le site de l'Inserm et devint un best-seller dans la catégorie pourtant peu médiatique de rapport d'experts. L'opinion scientifique internationale a considéré ce débat bien français comme un *psychoflap*, selon la très prestigieuse revue *Science* (Holden, 2005). Mais ce battement des ailes du coq gaulois avait eu des effets systémiques.

Six ans plus tard, les travaux les plus récents confirment ce qu'affirmait le rapport Inserm. La campagne arrogante qu'il a dû subir a incité un groupe non conformiste à publier, en 2005, du *Livre noir de la psychanalyse* qui remit en lumière les falsifications de Freud et de la psychanalyse. Cet ouvrage fut traduit en italien, en grec, en chinois et en espagnol : cette dernière version provoqua en Argentine, un des bastions de la psychanalyse, une polémique encore plus vive. J'ai été un des coauteurs du rapport Inserm et du *Livre noir de la psychanalyse* avec délectation, mais aussi avec stupéfaction devant la vague de conservatisme inquiet que ces deux livres ont suscitée dans notre pays.

L'influence du *Livre noir* conduisit Michel Onfray à écrire *Le Crépuscule d'une idole,* déconstruction philosophique du mythe freudien, qui reprenait le même argumentaire, en y ajoutant des documents sur la pensée politique de Freud. Ces deux livres ont sorti le débat scientifique du conflit feutré d'experts et l'ont porté devant l'opinion publique. Leur succès représente un sévère retour de bâton pour ceux qui avaient déclenché la polémique.

Au-delà du rapport Inserm : les TCC consolident leur position

Depuis, 2004, les confirmations des conclusions en faveur des TCC de ce rapport ont été publiées avec des nuances (Beck, 2005 ; Butler *et al.*, 2006 ; Epp *et al.*, 2009) et surtout un élargissement de leurs indications.

Les troubles bipolaires traités par des régulateurs bénéficient des thérapies cognitives (Lam *et al.*, 2005). Les thérapies cognitives préviennent la récidive des tentatives de suicide (Brown *et al.*, 2005). Une méta-analyse a confirmé l'efficacité de la TCC dans les phobies simples (Wolitzky-Taylor *et al.*, 2007) et une autre dans le stress post-traumatique (Bradley *et al.*, 2005). La TCC représente aussi une indication pour les abus de substance (APA, 2006). Des travaux plus récents suggèrent une efficacité dans l'obésité de l'enfant (West *et al.*, 2010).

L'efficacité des TCC dans les troubles de personnalité, en particulier le trouble de personnalité borderline, a été confirmée par une longue série d'études convergentes : Svartberg *et al.*, 2004 ; Blum *et al.*, 2008 ; Linehan *et al.*, 2006 ; Emmelkamp *et al.*, 2006 ; Clarkin *et al.*, 2007 ; McMain *et al.*, 2009 ; Davidson *et al.*, 2006 ; Cottraux *et al.*, 2009. La thérapie des schémas de Young (2005) s'est révélée supérieure à la thérapie psychanalytique (Giesen-Bloo *et al.*, 2006) dans le trouble de personnalité borderline.

En revanche, il n'existe qu'une seule étude comparative clairement positive et avec un long suivi de la thérapie psychanalytique dans la personnalité borderline. Elle apparaît meilleure que le traitement habituel à un suivi de huit ans (Bateman et Fonagy, 2008). De plus, lors d'une autre étude, elle s'est révélée inférieure à l'approche structurée de gestion qui s'inspirait manifestement des techniques de TCC (Bateman et Fonagy, 2009).

La TCC apparaît donc à ce jour comme la méthode la mieux validée dans le traitement des troubles de la personnalité. Ses résultats sont transposables du domaine de la recherche à celui de la pratique quotidienne, comme l'ont montré plusieurs études comparatives (Shadish *et al.*, 1997 ; Shadish *et al.*, 2000 ; Gabbard *et al.*, 1997 ; Stewart et Chambless, 2009). Une recherche réussie n'est jamais que la pratique quotidienne future et l'on doit aménager le terrain de la pratique quotidienne pour qu'elle puisse y faire son entrée.

Conclusion

Tout traitement pharmacologique doit passer l'épreuve des études contrôlées avant d'être mis sur le marché. Pourtant, ce n'est pas le cas des psychothérapies, alors que les risques d'effets négatifs, comme l'aggravation des symptômes ou le suicide, sont tout aussi importants. De nombreux travaux permettent actuellement d'avoir une idée précise des résultats et des processus de changements en psychothérapie et définissent des indications tout aussi bien délimitées que celles des médicaments. Le lecteur trouvera à la fin de cet ouvrage (p. 310) un tableau récapitulatif qui permet le choix d'une thérapie, aussi bien pour les adultes que l'enfant, selon ses preuves d'efficacité.

DEUXIÈME PARTIE

LES CINQ COURANTS PRINCIPAUX DE PSYCHOTHÉRAPIE

CHAPITRE 3

La psychanalyse et les thérapies psychodynamiques

La psychanalyse est-elle une psychothérapie, une philosophie, une religion ou une simple mystification idéologique qui, après un trop long règne dans les médias, l'université et la culture occidentale, s'en va vers son déclin ? Quelles sont les relations de la psychanalyse avec les psychothérapies psychanalytiques, appelées aux États-Unis thérapies psychodynamiques ? Pour examiner ces deux points, il est nécessaire de scinder ce chapitre en deux parties, l'une qui traite de la psychanalyse, l'autre qui envisage les thérapies psychodynamiques.

Rappelons que le rapport Inserm (2004) sur l'efficacité des psychothérapies n'avait étudié que les thérapies psychodynamiques (psychanalytiques) et non pas la psychanalyse pour ne pas réveiller les conflits d'écoles. Les chemins de la guerre des psys étaient pavés de bonnes intentions.

La psychanalyse

Héraut de son propre héroïsme, Freud a soigneusement organisé sa propre mythologie. Il a détruit à plusieurs reprises une grande partie de sa correspondance pour brouiller les pistes, tant il pressentait qu'il deviendrait un grand homme ; les archives Sigmund-Freud, à la Bibliothèque du Congrès de Washington, détiennent des documents classifiés auxquels le public n'a toujours pas accès.

La vie de Freud (1856-1939) peut se résumer à celle d'un héros autoproclamé, qui s'est si bien légitimé qu'il est devenu l'objet d'un véritable culte de la personnalité. Cependant, toute gloire a son revers : cette adulation universelle a intéressé les historiens qui, à la suite du travail initial d'Henri Ellenberger dans *La Découverte de l'inconscient* (1970), ont déconstruit le mythe.

LES ORIGINES DE LA PSYCHANALYSE : COMMENT SE FABRIQUE UN MYTHE

Il suffit de comparer le mythe freudien aux travaux historiques pour se faire une idée de l'illusion partagée que la psychanalyse a représentée pendant un siècle.

Le mythe freudien : ce que dit la légende

Il n'est pas de héros sans initiation ni mission et leçons apprises d'un grand maître. Freud effectue un séjour de six mois à Paris en 1885 dans le service du professeur Jean-Martin Charcot (1825-1893), spécialiste mondial de neurologie et de psychiatrie, à l'hôpital de la Salpêtrière. Au détour d'une conversation, il entend Charcot affirmer que le secret de l'hystérie est *toujours* un problème sexuel.

De retour à Vienne, il forge à lui tout seul un instrument entièrement nouveau, la *psychanalyse*, qu'il devra imposer à un *establishment* médical obtus et totalement résistant à cette idée révolutionnaire : nous possédons un inconscient qui est le repaire de pulsions à la fois sexuelles et meurtrières. Nous désirons tous notre mère et, pour prendre sa place, nous sommes tous enclins à tuer notre père, comme Œdipe et comme les hommes de hordes primitives qui dévoraient leur père après l'avoir évincé. Cette vérité fondamentale se transmet à travers les générations par un processus mystérieux, probablement génétique, mais elle est refoulée dans l'inconscient : c'est le refoulement originel sur lequel s'établiraient tous les autres.

Cette découverte sans précédent place Freud au niveau des grands scientifiques, Darwin ou Galilée pour le moins, ou des grands explorateurs comme Christophe Colomb. Après une longue résistance, le monde entier, d'abord incrédule, reconnaît le génie de Freud, attesté par des guérisons quasi miraculeuses de patients grâce à la psychanalyse : allongé sur un divan, le patient remonte le fil de ses associations d'idées pour rechercher sa vérité à travers l'histoire de ses traumatismes qui renvoient tous au complexe d'Œdipe.

La découverte freudienne se fonde sur une autoanalyse sans faille de son fondateur et une vie sexuelle exemplaire, toute de retenue. Il a sublimé ses propres désirs sexuels dans la recherche scientifique sur l'inconscient et n'en tira que de piètres bénéfices matériels, car sa mission était d'apporter au monde une vérité que ce dernier ne voulait pas entendre. En cela, il est un grand humaniste qui a libéré le monde du poids de sa culpabilité sexuelle, tout en édifiant un monument de la pensée universelle.

Les faits et les secrets de famille révélés

Freud n'est pas le premier à avoir étudié l'inconscient. Il oublie systématiquement de citer ses prédécesseurs et ne le fera que très tardivement, sous la pression de critiques très vives. Une longue lignée de philosophes et de psychologues avait proposé une théorie de l'inconscient avant lui, à commencer par Platon, et de nombreux auteurs le feront après lui et d'une manière différente.

Le prédécesseur immédiat de Freud dans la description des phénomènes inconscients est un élève de Charcot, Pierre Janet (1859-1947), qui publie en 1889 un livre sur l'automatisme psychologique dans lequel il propose une méthode, l'« analyse psychologique », qui remonte le fil des souvenirs par un historique précis dans le dessein de modifier les effets subconscients des traumatismes psychiques, sexuels ou autres. La dissociation mentale qu'ils provoquent les transforme en « idées fixes » subconscientes. Charcot lui-même avait élaboré un modèle du fonctionnement inconscient à partir de 1880 : pour preuve un dessin, qui a été retrouvé récemment dans ses papiers, représente une topologie du préconscient, de l'inconscient et des idées fixes (Bouchara et coll., 2010).

Or la première publication de Freud sur l'inconscient d'hystériques date de 1895 : ce sont les études écrites en collaboration avec Joseph Breuer. Il ne reconnaîtra l'antériorité de Janet qu'en 1920. Et lorsque Janet voudra lui rendre visite à Vienne en 1937, Freud, souffrant, le fera éconduire par son employée de maison.

Un auteur allemand, von Hartmann, élève du philosophe Schopenhauer, avait publié en 1868 un ouvrage intitulé *La Philosophie de l'inconscient*, best-seller traduit en français et en anglais, et qui eut neuf éditions en allemand. L'étude des associations d'idées qui conduisent à des pensées sous-jacentes et illogiques est due au psychologue et statisticien anglais, Francis Galton, au milieu du XIXe siècle. Par ailleurs, la notion de pulsion de mort, ou *thanatos*, que Freud oppose à l'*éros* ou pulsion de vie, dérive de la philosophie de Schopenhauer qui l'avait lui-même emprunté la tradition orientale.

Freud, loin d'être un savant maudit, bénéficia toute sa vie de soutiens officiels qui lui permirent de mener une carrière à la fois de consultant privé, largement payé par ses analysants, et d'universitaire qui dut sa nomination à l'influence d'un réseau amical, en dépit de l'antisémitisme viennois. La psychanalyse ne fut guère combattue, même si sa théorie soulevait des réserves et sa pratique semblait peu efficace aux psychiatres de son temps. Les cercles médicaux lui reprochaient son manque d'originalité par rapport aux travaux de Charcot, de Janet ou de Moritz Benedikt, grand neurologue viennois, qui décrivit le premier l'agoraphobie et le rôle des secrets de famille dans l'hystérie (Ellenberger, 1995).

De plus, les historiens ont démenti la légende d'un Freud chaste et sublimant sa libido dans la recherche sur l'inconscient. Il est désormais avéré, à partir de témoignages et de relevés d'un registre d'hôtel suisse, qu'il entretenait une liaison avec sa belle-sœur Minna (Gauthier, 2007). Celle-ci vivait sous son toit et partageait ses travaux, alors que la femme de Freud, Martha, peu portée sur la sexualité, trouvait ceux-ci choquants. Ce ménage à trois n'a rien d'exceptionnel et n'offusquera que les tartufes, mais il représente, sans doute, une des sources de la triangulation œdipienne, qui est le concept central de la psychanalyse. Freud, athée et très phallocrate, interdisait à sa femme Martha la pratique du judaïsme à domicile. Elle reprit ces pratiques religieuses après la mort de son époux.

Sur le plan politique, Freud se situait nettement à droite – en témoigne *Pourquoi la guerre* (1933), qui reprend sa correspondance avec Albert Einstein. Après une critique virulente de l'Union soviétique et un éloge des rois qui ont fait la France, qui semble tout droit issu de *L'Action française*, Freud nous assène cette profonde vérité : « Il faudrait consacrer davantage de soins qu'on ne l'a fait jusqu'ici pour éduquer une couche supérieure d'hommes pensant de façon autonome, inaccessibles à l'intimidation et luttant pour la vérité, auxquels reviendrait la direction des masses non autonomes. [...] Aujourd'hui déjà, les races non cultivées et les couches attardées de la population se multiplient davantage que celles hautement cultivées. » Ce passage aurait tout aussi bien pu être écrit par le prix Nobel de médecine Alexis Carrel (1873-1944), qui fut un ardent « collabo » et l'auteur de *L'Homme, cet inconnu* (1935), ouvrage eugénique, qui préconisait l'élimination des populations inutiles d'Europe et proposait qu'un consistoire de savants conseille les dictateurs. Voyons ce qu'écrit Alexis Carrel trois ans après Freud : « Pour la perpétuation d'une élite, l'eugénisme est indispensable. Il est évident qu'une race doit reproduire ses meilleurs éléments. Cependant, dans les nations les plus civilisées, la reproduction diminue et donne des individus inférieurs. »

Ce dangereux rapprochement n'est pas un accident dans la pensée freudienne. Sa vision élitiste du monde s'exprime dans deux autres ouvrages : « Le prix que nous payons pour l'avancée de la civilisation est la perte du bonheur qui résulte de l'augmentation du sens de la culpabilité » (*Malaise dans la civilisation*, 1929-1930). « Ce n'est que grâce à l'influence de personnes qu'ils reconnaissent comme leurs guides que les hommes se laissent inciter aux labeurs et aux renoncements sur lesquels repose la civilisation » (*L'Avenir d'une illusion*, 1927). Rappelons que le mot guide se traduit en allemand par *Führer*.

Freud dédicaça flatteusement un de ses livres à Mussolini et, bien que les nazis aient brûlé ses ouvrages, il se servit de son élève anglais Ernest Jones pour essayer de maintenir une psychanalyse aryanisée en Allemagne sous la férule du neveu d'Hermann Göring. Il s'est donc comporté en P-DG désireux, avant tout, de sauver sa multinationale et en partisan des régimes autoritaires au nom de la supériorité des grands hommes.

Se croyant à l'abri des persécutions, il ne quitta Vienne pour Londres, en 1938, que sous la pression de la princesse Marie Bonaparte, une de ses patientes qui devint psychanalyste. Cette femme énergique et politiquement lucide versa une rançon aux autorités nazies pour lui permettre de quitter le Reich. Mussolini et l'ambassadeur américain William Bullitt étaient intervenus, aussi, en sa faveur auprès du Führer. Freud, au moment de son départ, fut contraint de signer un papier affirmant qu'il avait toujours été bien traité. Il paraîtrait qu'il aurait eu le courage d'ajouter, non sans humour : « Je recommande la Gestapo à tout le monde. » Il fut accueilli à Londres avec tous les honneurs et filmé pour la postérité. Salvador Dali, en visite, dessina de lui un portrait crépusculaire. Il fut euthanasié en 1939 afin d'abréger des souffrances dues à un cancer en phase terminale. Les sœurs de Freud disparurent dans les camps de la mort.

Freud a réellement mené une vie de héros et a conquis la gloire : on ne peut que saluer sa performance médiatique. Sa liaison avec sa belle-sœur Minna ajoute une touche de romantisme – bien que l'on soit plus près de *La Dame de chez Maxim's* de Feydeau que de *Tristan et Isolde*. Il n'était pas possible d'écrire des volumes sur la sexualité sans des expériences satisfaisantes dans ce domaine : voici enfin clarifiées les véritables sources de la théorie de la libido. Elle se fonde, comme on pouvait le pressentir, sur une ferme et longue transgression. Ses errements politiques peuvent être mis sur le compte de l'âge et d'une époque particulièrement troublée, qu'il est trop facile de juger après coup. Mais il faut bien aborder sans indulgence ce qui fait problème : sa grandiose mauvaise foi scientifique.

Lorsque Sigmund fraude

La théorie et la pratique psychanalytiques se fondent sur des cas dont les comptes rendus ont été falsifiés, comme le montrent de nombreux travaux historiques et cliniques (Ellenberger, 1970 ; Van Rillaer, 1980 ; Cottraux, 2004 ; Borch-Jacobsen *et al.*, 2005 ; Onfray, 2010).

Une étude rétrospective portant sur 43 cas suivis par Freud (Lynn, 1998) a montré que, lors des psychanalyses, il faisait très souvent le contraire de ce qu'il recommandait. Il utilisait beaucoup la suggestion directe et la discussion en imposant son point de vue et en recommandant des choix de vie à ses patients – en particulier la continence sexuelle et de ne pas se marier en cours de psychanalyse. De plus, 72 % de ses analysants faisaient partie de son cercle relationnel proche : il psychanalysa, entre autres, sa propre fille, Anna, qui devint analyste à son tour et consacra sa vie à la défense et à l'illustration de l'œuvre paternelle. Une telle pratique est plus proche du fonctionnement d'un parti politique que de la neutralité analytique requise.

Il y a beaucoup plus grave. Freud n'a pas hésité à inventer 18 cas d'hystérie traités par sa méthode. Or aucun de ses cas célèbres n'atteste le succès de la psychanalyse, bien au contraire. Ces échecs ont été camouflés pour préserver la « découverte » jugée capitale du rôle de la sexualité infantile dans les névroses, la « pierre angulaire de la psychanalyse » selon Freud. Le cas plus emblématique reste celui de « l'homme aux loups », publié dans *Cinq psychanalyses* (1909), un riche aristocrate russe qui présente la particularité d'avoir été suivi par des cliniciens qui ont documenté son évolution durant plus de soixante ans.

Freud rattacha la symptomatologie obsessionnelle de l'homme aux loups à des expériences sexuelles infantiles transposées dans ses rêves : celui-ci aurait assisté au coït de ses parents et transposé cette scène dans un rêve où des loups sur un arbre le regardent avec des yeux brillants. Après une analyse de quatre ans et demi, Freud considéra que son patient était guéri. Cependant, celui-ci rechuta plusieurs années plus tard, sous la forme de troubles délirants qu'une deuxième psychanalyste, Ruth Mack Brunswick, diagnostiqua comme une forme hypocondriaque de paranoïa que Freud n'avait pas prise en compte. Une fois de plus, on considéra qu'il était guéri (Gardiner, 1972).

Pourtant, durant le reste de sa vie, qui s'acheva à Vienne en 1979 à l'âge de 92 ans dans un hôpital psychiatrique, l'homme aux loups souffrit de troubles graves et fut suivi par divers psychiatres et par une dizaine de psychanalystes. Il vivait grâce à une pension des archives Sigmund-Freud, qu'il dépensait avec des prostituées. Bien qu'il conservât une grande affection pour Freud, il demeurait très sceptique quant à la façon dont ce dernier avait conduit son analyse. Dans une interview qu'il a accordée à une journaliste, Karin Obholzer (1981), il mettait en doute l'interprétation qui renvoyait systématiquement toute sa pathologie à l'observation supposée du coït « a tergo », à la manière des loups, de ses parents : la fameuse scène primitive, qui serait, selon Freud, un des fantasmes centraux de l'humanité. De plus, il n'a jamais parlé à Freud de loups : les animaux qu'il voyait dans son rêve étaient des chiens huskies. Ayant fait remarquer cette erreur à Freud, il dut subir la colère du maître, irrité par tant de résistance.

Lorsqu'il était suivi par Freud, il ne délirait pas. Le délire apparut ensuite et peut représenter une substitution de symptômes : les troubles obsessionnels initiaux se seraient transformés en psychose sous l'effet d'une psychanalyse qui lui a imposé des interprétations et pourrait l'avoir fragilisé. Alternativement, il était sans doute psychotique dès le départ et Freud ne s'en serait pas rendu compte : une telle erreur peut arriver à tout clinicien, mais il faut dans ce cas savoir changer de stratégie thérapeutique. Le témoignage de l'homme aux loups, qui a consulté le célèbre psychiatre Kraepelin, lequel a diagnostiqué une psychose maniaco-dépressive, plaide en faveur de l'erreur diagnostique. À la fin de sa vie, l'homme aux loups considérait que Kraepelin était le seul à avoir compris son problème.

Quoi qu'il en soit, aucune théorie scientifique valide ne peut se construire sur un échec aussi flagrant. Ce cas célèbre ressemble plus à un roman qu'à une observation scientifique rigoureuse : c'est d'ailleurs la raison pour laquelle il continue d'exercer une fascination sur les lecteurs de Freud, qui s'immergent dans le cas comme dans *Le Chien des Baskerville* de Conan Doyle. L'homme aux loups a d'ailleurs affirmé que Freud lui avait fait part de son admiration pour les enquêtes de Sherlock Holmes...

L'Église freudienne triomphante et ses contestataires

Après la mort de Freud, la psychanalyse a pris le pouvoir dans la plupart des pays occidentaux et est devenue une idéologie dominatrice, surtout en France. Son aura était telle que la psychologie, la psychiatrie et l'ensemble des sciences humaines devaient lui rendre des comptes, alors qu'elle n'en rendait à personne. En réalité, la psychanalyse a occupé le terrain laissé vacant par le catholicisme en déclin. La transition s'est d'autant mieux faite que l'échec des mouvements de 1968 dans le monde a laissé en déshérence l'espoir d'une nouvelle société. La psychanalyse est alors devenue la nouvelle espérance d'une génération qui se repliait sur elle-même, et dont Jacques Lacan a été le prophète. Il a annoncé clairement la couleur, et ce n'était pas celle du drapeau rouge : dans *Le Triomphe de la religion* (2005), il ne se prive pas de taxer Freud de « matérialiste grossier ». Mélangeant Freud et saint Augustin, il a élaboré une théorie catholique de la psychanalyse, selon laquelle le nom du père renvoyait au complexe d'Œdipe et à l'angoisse de castration, tout en reprenant la théorie sexiste de Freud selon laquelle la femme était un homme châtré.

Sa prophétie s'est traduite par la prise en main d'une bonne partie des chaires de psychologie et de psychiatrie par la psychanalyse triomphante, qu'elle fût classique ou lacanienne, ce qui a entraîné un retard considérable dans la recherche française et une inadéquation des soins avec l'état des connaissances scientifiques. Cela est encore sensible dans la pédopsychiatrie : les parents d'enfants autistes ont dû mener un véritable combat politique pour que les méthodes cognitives et comportementales, dont l'efficacité est reconnue à l'étranger depuis les années 1980, puissent s'établir dans notre pays, sous la forme d'écoles spécialisées en 2007.

Malheur à ceux qui ne partageaient pas la foi psychanalytique ! Toute critique, même modérée, était vécue comme une atteinte à la vérité révélée par les saintes écritures freudiennes. Les mécréants devaient être persuadés par la douceur, en espérant que les écailles leur tombent, enfin, des yeux. Mais il était légitime de les invectiver dans les médias pour que la honte les ramène au bercail de la vraie foi, comme en témoigne la violente campagne de presse menée contre le rapport Inserm sur l'évaluation des psychothérapies en 2004.

Tout comme l'Église, la psychanalyse possède sa congrégation pour la propagation de sa foi, ses onctueux jésuites et ses mères supérieures revêches qui crachent l'anathème. L'exclusion des hérétiques et la chasse aux sorcières ont toujours été des pratiques habituelles des sociétés de psychanalyse. Ainsi trois de ses déviants notables ont fait école, après une rupture éclatante : Reich, Jung et Adler.

Le freudo-marxisme de Wilhelm Reich

Wilhelm Reich (1897-1957), dont les opinions politiques s'opposaient à celles du maître, penchait fortement à gauche puisqu'il voulut fonder une école freudo-marxiste et conjuguer la libération sexuelle avec celle du prolétariat. Nous le retrouverons un peu plus loin au chapitre sur les thérapies humanistes avec une théorie pour le moins étrange sur la bioénergie et la fonction de l'orgasme.

La psychologie analytique jungienne

Jung (1875-1961), tout d'abord dauphin de Freud, devint son ennemi. Il rompt avec ce dernier en 1913, après avoir proposé une théorie de l'inconscient divisé en deux : l'inconscient individuel, qui correspond à l'histoire personnelle, et l'inconscient collectif, qui serait un « inconscient commun à tous les humains et la condensation moyenne de l'histoire ». Comme Adler, Jung se démarque de la théorie freudienne de l'origine sexuelle des névroses. Il ne peut donc être qu'hérétique. Bien que la pensée de Jung soit parfois contradictoire, sa théorie des archétypes correspond à une tentative originale de formalisation des récits des patients. Il fait tourner le récit en thérapie autour de grands symboles de l'humanité qu'il appelle « archétypes ». Le terme d'archétype vient de saint Augustin : « Une empreinte archaïque contenant des motifs mythologiques. » Dans le langage courant, on parle d'archétype pour désigner une représentation collective qui sert de modèle ou de référence.

Selon Jung (1964), le rêve est en relation avec ces archétypes situés dans l'inconscient collectif. Ces images universelles correspondraient à la structure du cerveau. Dans sa théorie, les archétypes sont des symboles qui représentent le moi : l'ombre, l'âme féminine, l'âme masculine, le vieux sage, l'enfant, l'esprit. En somme, les archétypes jungiens représentent une collection d'images qui se situent hors du temps. Ils n'ont donc que des rapports lointains avec la vie personnelle. Les archétypes sont analogues aux instincts et aux formes fixes d'action innées (*fixed action patterns*) décrites par les éthologistes. Ils donnent aussi à l'instinct une forme humaine et culturelle. On voit pourtant mal comment la culture pourrait passer dans le génome puisqu'il n'existe pas d'hérédité des caractères acquis.

À la fin de sa vie, Jung croyait que les niveaux les plus profonds de l'inconscient permettaient de réaliser des phénomènes comme la voyance. Ces deux contresens scientifiques l'ont discrédité et sa théorie fut considérée comme une version parapsychologique du freudisme.

En pratique, la psychanalyse jungienne utilise les images mentales et leurs associations pour relier l'inconscient personnel et l'inconscient collectif à la conscience, de manière à faciliter un processus d'acceptation de soi. La collusion de Jung avec le nazisme le marginalisa, après la Seconde Guerre mondiale.

Adler et le complexe d'infériorité

Alfred Adler (1870-1937), après sa rupture avec Freud, a développé un modèle de psychothérapie pratique et destinée aux personnes qui n'avaient pas les moyens de suivre la coûteuse psychanalyse freudienne. C'était en effet un psychiatre des faubourgs de Vienne, en contact direct avec la misère quotidienne. Il mourut à Aberdeen où il s'était rendu pour donner une conférence. Freud, qui détestait ceux qui avaient quitté les rangs de ses flatteurs, eut cette oraison funèbre peu compassionnelle : « Ce n'est pas mal, pour quelqu'un qui est né dans les faubourgs de Vienne, de mourir à Aberdeen. »

Dans son ouvrage de 1929, *La Science de la vie*, Adler a mis au jour la notion de schéma d'aperception pour rendre compte de la vision personnelle que chacun a du monde et de lui-même. Il décrit aussi ce que l'on appelle aujourd'hui les « stratégies dysfonctionnelles d'adaptation ». Il reste célèbre pour sa description de la surcompensation narcissique qui résulte d'un sentiment d'infériorité. Il propose une thérapie directive qui se fonde sur la modification du style de vie, la recherche de nouveaux buts existentiels et l'augmentation de l'estime de soi. Il est reconnu aujourd'hui comme l'un des précurseurs de la thérapie cognitive (Sperry, 1997).

La forte structuration économique de l'Église freudienne lui permettait d'expédier sans risque les trublions vers les ténèbres extérieures. Une étude économique, effectuée en France en 1975, par des psychanalystes (Compagnon et Schneider, 1975), a montré que les frais de l'analyse didactique, si elle durait cinq ans, n'étaient remboursés qu'après cinq ans de pratique analytique – le tout payé en liquide sans contrôle fiscal. L'âge venant, l'ambition du jeune analyste sera de devenir analyste didacticien et de lui-même former d'autres psychanalystes. Ce système est donc une pyramide dont la base est formée par les jeunes aspirants analystes. Il est des plus rentables pour ceux qui se trouvent au sommet de la pyramide. Comme la psychanalyse didactique ne sera jamais remboursée que par une adhésion à vie au système, il faut donc pérenniser une image triomphaliste de la psychanalyse pour recruter de nouveaux adeptes et de nouveaux patients. Un tel système suffit à remplir toute une vie d'analyste avec un nombre limité de patients, puisque, à raison de trois ou quatre séances par semaine pendant cinq ans, on ne peut suivre qu'une quinzaine de patients à la fois.

Toutes proportions gardées, cette pyramide n'est pas sans évoquer ce qui se passe dans des sectes comme l'Église de scientologie, où après avoir longuement payé de coûteuses auditions, la personne qui est devenue un « clair » peut prétendre s'enrichir par l'application de la méthode à d'autres et faire partie du gratin de la secte, après en avoir gravi les sept degrés. Remarquons aussi que les adeptes qui se rebellent contre la scientologie sont taxés d'être des « suppresseurs », anglicisme qui traduit en français signifie des « refoulés ». On peut donc suspecter Ron Hubbard de s'être inspiré, jusque dans son vocabulaire, de la pyramide psychanalytique pour organiser la sienne. On trouvait le même type d'organisation dans la première société de psychothérapie fondée par Mesmer, la Société de l'harmonie, dont les droits d'entrée étaient élevés (*cf.* chapitre 2, p. 41).

Ces pratiques relèvent de la psychologie de l'engagement. L'un de ses grands principes (Joulé et Beauvois, 1987), qu'il s'agisse de marketing, de religion ou d'enrôlement politique, est de fonctionner par petits pas successifs qui amènent le sujet à investir financièrement dans un projet qui devient peu à peu le sien : les dépenses engagées et l'espoir d'un gain final important assurent un volontariat sans retour.

Par ailleurs, à côté de cette motivation financière qui est au premier plan chez certains, il peut exister une réelle dépendance psychologique créée par la méthode elle-même. Je me demande, en tant qu'ancien analysant (quatre ans et demi d'analyse classique) et après avoir vécu dix ans dans le milieu analytique, si le transfert permanent, à partir de l'expérience émotionnelle du divan, n'est pas un phénomène extrêmement fréquent. Après la dépendance à son propre analyste, le transfert, jamais liquidé, entraîne une adhésion à vie à l'institution psychanalytique et à la personne de Freud qui deviennent des figures vénérées au-delà de toute raison. Ce qu'aurait inventé Freud avec le « divan » ne serait finalement qu'une des nombreuses méthodes de régression intellectuelle destinées à recruter des adhérents. Freud avait coutume de donner à ses patients en fin d'analyse une reproduction du tableau d'Ingres *Œdipe et le Sphinx* (Wittels, 1929). Cette image pieuse leur rappelait ce qu'ils avaient vécu au cours de leur analyse et leur suggérait de maintenir leur vie sur le chemin de la vérité et dans l'imitation de saint Freud. Ainsi, la névrose de départ était remplacée par une névrose de transfert qui servirait de base à la formation du mouvement analytique mondial.

Néanmoins, les esprits les plus rebelles ou les plus scientifiques ont été capables de sortir de la régression transférentielle pour faire autre chose que de célébrer inlassablement les rites freudiens. Ce fut le cas des fondateurs de la TCC et de la thérapie humaniste qui avaient presque tous reçu une formation psychanalytique. Jean Piaget (1896-1980), le père de la psychologie cognitive du développement, a suivi aussi une expérience psychanalytique qui ne l'a pas convaincu. De même, la théorie éthologique de l'attachement provient d'un psychanalyste diabolisé par Anna Freud, John Bowlby (1988). La psychanalyse triomphante a donc sélectionné ses propres fossoyeurs : des personnes non soumises à l'autorité, antidogmatiques et bien décidées à refonder la psychothérapie, ailleurs et sur d'autres principes. Les empires s'écroulent toujours de l'intérieur.

Ainsi, la psychanalyse s'est, peu à peu et avec superbe, coupée de la psychologie scientifique et des neurosciences cognitives. Et les tentatives récentes de raccommodage par la supposée « neuropsychanalyse » ne changeront rien à cette dérive des continents : ni les uns ni les autres n'ont envie de s'asseoir entre deux chaises (Blass et Carmeli, 2007). Elle a, de ce fait, perdu de son influence dans beaucoup de pays, qu'il s'agisse des États-Unis ou de pays européens comme la Hollande, où elle est enseignée au chapitre historique.

LA THÉORIE

La thèse psychanalytique est bien connue : chacun de nous possède un inconscient où gisent des désirs refoulés. Ces désirs sont reliés aux instincts biologiques primaires, principalement sexuels, que la censure (le surmoi) maintient hors de la conscience. Le conflit entre ces désirs (le ça) et cette censure produit les symptômes d'anxiété, de dépression ou des troubles physiques qui envahissent le moi du patient.

L'origine des troubles psychiques est, possiblement, le refoulement de traumatismes psychiques. La séduction précoce d'un enfant par un adulte explique, selon Freud, certaines névroses. Toutefois, cette théorie a été remplacée sans arguments solides par une autre : ce sont les enfants qui désirent les adultes et fantasment à leur sujet. Cette théorie fait du complexe d'Œdipe une phase obligatoire du développement psychologique et affectif. Une enquête à partir des archives Sigmund-Freud (Masson, 1984) a montré que cette théorie résultait de l'échec du traitement d'Emma Eckstein, qui se plaignait d'avoir été séduite par un adulte dans son enfance, successivement par la psychanalyse et par une opération du nez effectuée par Wilhelm Fliess, ami et correspondant de Freud. Cette intervention se fondait sur la correspondance symbolique entre le nez et les organes sexuels. Selon Fliess, les dysménorrhées, la fatigue et les troubles de la marche de cette patiente étaient liés à la masturbation, et l'opération de son nez devait résoudre le problème en modifiant ses réflexes. L'intervention effectuée par Fliess tourna à la catastrophe, car il avait oublié une compresse dans les fosses nasales et la patiente dut être réopérée par un chirurgien compétent. Face à ces échecs successifs, Freud aboutit à la conclusion qu'Emma Eckstein lui avait menti et qu'il n'y avait pas eu de séduction réelle, mais un simple fantasme « œdipien ».

La correspondance de Freud et de Fliess fut publiée, mais expurgée par sa fille Anna des lettres qui racontaient en détail le cas d'Emma Eckstein. Masson, le psychanalyste qui avait mis au jour et publié cette histoire, fut licencié des archives Sigmund-Freud dont il avait la charge. Les conclusions de Masson se fondent sur des documents solides et prennent tout leur sens au regard des données actuelles de l'épidémiologie qui démontrent que les abus sexuels par des adultes, la violence et la négligence familiale peuvent conduire à des troubles de personnalité graves à l'âge adulte (Zanarini, 1999).

LA PRATIQUE

L'analyste énonce, lors de la toute première séance, la règle fondamentale : « Dire tout ce qui passe par l'esprit. » Cette règle, bien entendu, sera transgressée, et la résistance à tout dire va être l'objet de l'analyse. Le psychanalyste se contente d'interpréter les associations d'idées que verbalise le patient, allongé sur un divan, sans le voir. Par cette attitude, il facilite le retour vers le passé du patient, qui va vivre une triple régression : une régression temporelle, de l'adulte vers l'enfant ; une régression topique, de la conscience vers l'inconscient ; et une régression formelle, de la pensée logique vers la pensée irrationnelle. Le patient retraversera les stades successifs du développement psychologique et affectif : le stade oral, le stade anal, le stade phallique et le stade génital. Cette triple régression va faciliter le transfert qui consiste à déplacer sur l'analyste des émotions et des désirs infantiles. Les désirs infantiles ne sont qu'une variation sur le thème du souhait d'avoir des relations sexuelles avec le parent de sexe opposé. Les rêves sont la voie royale qui permet d'avoir accès aux désirs inconscients. La fonction du rêve est de protéger le sommeil, en permettant de réaliser des désirs que nul n'accepterait d'avoir à l'état de veille.

L'analyste est le miroir d'une aliénation fondamentale qui oblige tout être humain à parcourir à nouveau le chemin d'Œdipe, en repartant du stade où il s'est fixé : oral, anal, phallique. Cette fixation entraîne un déficit dans le fonctionnement affectif et des perturbations dans les relations avec les autres.

Le processus analytique est long, car le désir œdipien demeure insatiable. Le transfert possède un prix émotionnel : la dépression qui résulte de l'abandon de l'idéal de la toute-puissance infantile – être plus fort que son père et coucher avec sa mère. Les analyses durent en général plus de trois ans et peuvent quelquefois, sous formes de « tranches » successives avec différents analystes, devenir l'affaire de toute une vie.

LES RÉSULTATS

Le but de la psychanalyse est-il l'amélioration du fonctionnement de l'individu ou d'un ensemble de symptômes anxieux ou dépressifs ou psychotiques, ou simplement une enquête d'une durée indéfinie qui permettrait éventuellement à l'individu d'atteindre une certaine vérité sur lui-même ?

Freud, dans *Analyse terminée et analyse interminable* (1938), a proposé des critères pour juger de la réussite d'une psychanalyse. Il aborde le problème de la fin de la psychanalyse et propose d'abord une réponse tautologique : « Une analyse se termine quand l'analyste et le patient cessent de se rencontrer l'un l'autre pour des séances. » Mais il ajoute que deux conditions doivent être remplies « approximativement » :

1. Le patient ne doit plus souffrir de ses symptômes et il doit avoir dominé ses anxiétés et ses inhibitions.

2. L'analyste doit juger que suffisamment de matériel refoulé a été rendu conscient pour que ce qui n'était pas intelligible ait été expliqué et que suffisamment de résistances ont été vaincues, qu'il n'y a pas de besoin de redouter une répétition des processus pathologiques en cause. Si une difficulté extérieure ne permet pas d'atteindre ces buts, il vaut mieux parler d'une psychanalyse incomplète que d'une psychanalyse non terminée.

Mais le but le plus ambitieux de l'analyse serait que l'analyste ait eu une *influence* si profonde sur le patient qu'il n'y a pas de changement supplémentaire à attendre si l'analyse devait être continuée.

Enfin, il propose un but encore plus ambitieux et encore plus mal défini : il serait possible d'atteindre un niveau de *normalité psychique absolue*, qui resterait stable, comme si l'on avait réussi à résoudre chacun des refoulements du patient et à remplir tous les trous de sa mémoire.

Freud parle d'*influence* comme s'il était un directeur d'inconscient qui conduit le patient vers le ressouvenir, sur un mode autoritaire. Notons aussi qu'il reste médecin et ne fait pas fi de la réduction des symptômes, puisque c'est son premier critère. S'il ne prenait pas la guérison des symptômes comme critère, les divans seraient désertés. D'où les effets d'annonce du marketing freudien : « La psychanalyse lave plus blanc vos symptômes alors que les autres méthodes psychothérapiques se contentent de les déplacer. » Or cet argument contre les médicaments, l'hypnose, les thérapies familiales et les TCC n'a aucun fondement scientifique, comme on l'a vu au chapitre 2 (p. 41).

Après Freud, des critères encore plus flous que la résolution du complexe d'Œdipe seront proposés : l'élaboration des positions dépressive et schizoparanoïde (Melanie Klein, 1978), la découverte du vrai soi « psychotique » protégé par le faux soi névrotique et suradapté (Winnicott, 1974), la chute de l'« objet a » à l'horizon du signifiant (Lacan, 1966).

Certains psychanalystes postmodernes ont considéré que la « cure » était simplement une construction à deux personnes, l'analyste et l'analysant. Dans cette perspective, c'est un événement unique qui n'a de valeur et de sens que pour ses protagonistes : ce serait donc une forme d'art. D'autres psychanalystes soutiennent que la psychanalyse a pour objectif de prendre soin de la souffrance psychique, et en cela ils rejoignent l'ensemble des psychothérapeutes. Pourtant, d'autres n'hésitent pas à dire que le patient qui guérit ses symptômes fuit dans la guérison et qu'il justifierait encore plus d'analyse à un coût encore plus élevé. Cette théorie, digne du malade imaginaire de Molière, revient à dire qu'il vaut mieux souffrir selon les règles de la psychanalyse qu'aller mieux contre elles.

Il est évident qu'avec de telles divergences il est difficile de fixer des buts et d'évaluer si une psychanalyse les a atteints. Néanmoins, en 1920, à Berlin, sous l'impulsion d'Otto Fenichel, certains psychanalystes avaient entrepris, malgré le scepticisme de Freud (1917), des travaux systématiques, destinés à préciser la technique psychanalytique. Knight (1941) a effectué une étude rétrospective chez 952 patients traités par psychanalyse aux instituts de Berlin, de Londres, à la Menninger Clinic de Topeka et à Chicago, à laquelle il ajouta un travail de Kessele et Hyman. Il prit en compte les 592 patients qui avaient suivi au moins six mois d'analyse et proposa les critères d'évaluation suivants :

- l'amélioration des symptômes ;
- une productivité accrue ;
- une adaptation meilleure ;
- un meilleur plaisir sexuel ;
- une capacité accrue à faire face aux conflits psychologiques ordinaires et à les résoudre ;
- une amélioration des relations interpersonnelles.

Knight aboutit à la conclusion que 55,9 % des sujets ainsi traités avaient été guéris ou grandement améliorés : les résultats étaient meilleurs dans les névroses que dans les états psychotiques ou les addictions. Cependant, Knight lui-même considérait les 460 patients qui avaient arrêté leur analyse au cours des six premiers mois comme des échecs : ce qui correspondait à l'interprétation habituelle aujourd'hui des « perdus de vue ». En les incluant en tant que tels, on aboutit à un taux de résultats positifs de 30 %. Autrement dit, l'étude de Knight montrait un taux d'amélioration comparable à celui de l'effet placebo sur l'ensemble des 952 patients entrés en analyse pour des troubles divers.

Plus récemment, un rapport a été demandé par le président de l'Association psychanalytique internationale, dont l'auteur principal est un psychanalyste, Peter Fonagy (2002). Cette revue générale très bien documentée est disponible sur Internet. À partir de l'ensemble des données publiées concernant la psychanalyse et les thérapies analytiques, elle aboutit à une conclusion simple, que voici.

Conclusion du rapport de l'Association psychanalytique internationale (Fonagy et coll., 2002)

« Il n'y a pas d'étude qui permette de conclure sans équivoque que la psychanalyse soit efficace par rapport à un placebo actif ou à une autre forme de traitement. Il n'y a pas de méthodes disponibles qui pourraient, d'une manière incontestable, indiquer l'existence d'un processus psychanalytique.
La plupart des études ont des limitations majeures qui pourraient conduire ceux qui critiquent la discipline à ne pas prendre en compte leurs résultats. D'autres études ont des limitations si graves que même un évaluateur qui a de la sympathie pour la psychanalyse pourrait être enclin à ne pas tenir compte de leurs résultats. »

LES INDICATIONS

La psychanalyse s'est longtemps présentée comme une panacée qui pouvait aborder tous les problèmes psychologiques et psychiatriques. Cette omnipotence rappelle Mesmer qui déclarait : « Il y a un seul traitement et une seule maladie. » Pour Freud, il y a une seule maladie, les avatars du complexe d'Œdipe, et un seul traitement, la psychanalyse.

Pourtant, sa cacophonie théorique aboutit à une grande confusion quant aux indications précises de la cure. La psychanalyse, tout comme *Ainsi parlait Zarathoustra* de Nietzsche, est « pour tous et pour personne ». Avec cette différence que le divan est moins plaisant et coûte nettement plus cher que le livre de Nietzsche, que Freud a abondamment pillé sans le citer, comme à l'accoutumée.

Est-elle simplement un des remèdes à la solitude ? C'est ce qui m'apparut au cours d'une réunion dans un café philosophique, organisée par un ami psychanalyste, et dont le titre courageux était : « La psychanalyse est-elle une imposture ? »

Une participante affirma qu'elle suivait une psychanalyse depuis quinze ans pour agoraphobie et qu'elle ne voyait pas de fin à sa relation avec son psychanalyste qu'elle aimait beaucoup. Elle n'envisageait pas non plus de faire une thérapie plus pragmatique qui la guérisse de son agoraphobie.

La psychanalyse ne guérit pas : elle sauve les âmes solitaires de la perdition. La guérison est d'autant moins un but que les psychanalystes ne sont pas d'accord sur ce qu'elle est. Elle sera donnée « de surcroît » à l'ouvrier méritant de la première ou de la onzième heure, lorsqu'il franchira définitivement la porte étroite du cabinet de l'analyste. Une telle ascèse n'est pas quantifiable et encore moins reproductible. Elle se rapproche de l'examen de conscience janséniste : il existe toujours une forte densité d'analystes à Genève, à l'ombre de Calvin et des banques. Comme le dit un personnage dans le film de Joseph L. Mankiewicz, *La Comtesse aux pieds nus* : « Il était si riche que seul un psychanalyste affamé aurait pu le plaindre. »

Avec un tel horizon spirituel et temporel, la psychanalyse assure sa survie tant qu'il y aura des hommes qui paieront pour perpétuer sa conquête de l'inutile. Elle n'est pas critiquable, à condition que cette visée philosophique soit clairement énoncée lors des premières séances et qu'elle se présente comme une forme de développement personnel. À chacun sa voie vers la transcendance.

POINTS FORTS ET POINTS FAIBLES

Devant les déconvenues des travaux expérimentaux, les psychanalystes se sont repliés sur leur système de croyances en diabolisant ceux qui le critiquent : elle est devenue une religion.

Le point fort : une religion sans dieu

La psychanalyse prétend ne pas avoir de comptes à rendre à ceux qui ne participent pas à son monde, dont le ticket d'entrée est une expérience initiatique validée par une société de psychanalyse. Or cette expérience initiatique implique une adhésion préalable à la prophétie freudienne. Ce système représente une force, car il ne recrute que de vrais croyants, c'est-à-dire des personnes imperméables aux faits. Pour preuve : elle ne persiste fortement que dans des pays de tradition catholique comme l'Argentine, le Brésil ou la France, où l'on entre en psychanalyse comme en religion – et pas n'importe laquelle. À mes débuts en TCC, un collègue analyste me dit paternellement et en public lors d'un congrès : « Je ne comprends pas bien pourquoi vous faites des thérapies protestantes dans un pays catholique. » « Sur la voie des TCC, vous risquez de vous perdre », m'a dit un jour un autre analyste, bien intentionné à mon égard. Un autre affirme partout ces derniers temps : « La psychanalyse ne guérit pas, elle sauve. » Mais de quoi ? ai-je demandé lors d'un débat télévisé aux tenants de cette nouvelle croyance. De l'enfer, peut-être ? Ma question est restée sans réponse.

Le point faible : une pseudoscience

Comme l'avait remarqué il y a longtemps le philosophe des sciences viennois Karl Popper (1963), les énoncés théoriques de la psychanalyse ne peuvent pas représenter une théorie scientifique, car aucune expérience ne peut les mettre en défaut ou les confirmer. Or une théorie qui n'est pas en position d'être contredite n'est pas scientifique. Cette notion s'appelle la *falsifiabilité*. Un des mécanismes de défense de la psychanalyse est de dire que tous ceux qui la critiquent ont des résistances inconscientes à sa vérité et que, s'ils étaient analysés suffisamment longtemps, ils la reconnaîtraient. Et comme cette vérité dépend de l'influence d'un psychanalyste convaincu sur un analysant qui a toujours tort, Freud a toujours raison et les psychanalystes peuvent continuer de répéter en chœur : « L'expérience psychanalytique nous apprend que... » Il n'y a pas d'évaluation indépendante possible et les quelques tentatives d'objectivation des théories psychanalytiques n'ont pas donné de résultats probants (Fisher et Greenberg, 1996 ; Eysenck, 1973).

LA FORMATION DES PSYCHANALYSTES

Il existe plusieurs courants de la psychanalyse. Le courant orthodoxe est représenté par l'Association psychanalytique internationale (API), fondée par Freud en 1912 et qu'il a lui-même désignée comme légataire de son œuvre. Les critères de formation des psychanalystes y sont draconiens : elle dure dix années et inclut la supervision des premiers cas. L'API publie une liste officielle de psychanalystes. Actuellement, elle comprend environ 10 000 membres : un tiers en Amérique du Nord, un tiers en Europe et un tiers en Amérique du Sud. L'API est principalement représentée en France par la Société psychanalytique de Paris (SPP) et l'Association psychanalytique de France (APF), qui, à elles deux, regroupent environ 1 500 membres.

L'École freudienne de Paris, fondée par Jacques Lacan en 1963, a éclaté en de nombreux sous-groupes peu avant sa mort, en 1981. Il avait fondé sa propre école en France, après avoir rompu avec l'API. En réalité, sa pratique personnelle de la psychanalyse aboutissait à des séances de plus en plus courtes, laissées à la discrétion du psychanalyste qui percevait les mêmes honoraires quel que soit le temps octroyé au patient. Une autre raison de ce conflit était les divergences sur la formation du psychanalyste. En effet, Lacan proposait un système peu clair nommé la « passe », où l'analyste s'autorisait

« de lui-même » et présentait sa candidature avec l'aide d'un « passeur ». Le juge final n'était autre que Lacan lui-même. Actuellement, le courant lacanien est surtout vivace en France et en Argentine. Il existe une Association mondiale de psychanalyse d'orientation lacanienne depuis 1992, qui comprend environ 1 000 membres.

OÙ S'ADRESSER ?

Cette liste des principales sociétés de psychanalyse, présentées par ordre historique de création, n'est pas limitative. Nous y avons ajouté la société jungienne de psychologie analytique, bien qu'elle se tienne à l'écart du courant principal.

Association psychanalytique internationale
http://www.ipa.org.uk/fre/association-psychanalytique-internationale/

Société psychanalytique de Paris
187, rue Saint-Jacques
75005 Paris
http://www.spp.asso.fr/

Association psychanalytique de France (APF)
24, place Dauphine
75001 Paris
http://www.associationpsychanalytiquedefrance.org/

École de la cause freudienne (ECF) fondée par Jacques Lacan (ou Troisième Groupe)
1, rue Huysmans, 75006 Paris
http://www.causefreudienne.net/

Le Quatrième Groupe
http://www.quatrieme-groupe.org/institution

Le Coût freudien
33, avenue Daumesnil
75012 Paris

Société jungienne de psychologie analytique
http://www.cgjungfrance.com

Les psychothérapies psychodynamiques (ou psychanalytiques)

À ses débuts, la psychanalyse était beaucoup plus active qu'elle ne l'est de nos jours. L'abandon définitif de ce premier modèle, dans les années 1920, en faveur d'analyses interminables et le maquillage des échecs a conduit la psychanalyse dans une impasse. Ces erreurs et falsifications ont favorisé le développement des thérapies comportementales et cognitives. Devant l'émergence de cette concurrence d'abord sous-estimée, les psychanalystes ont développé des psychothérapies psychanalytiques brèves : les psychothérapies d'inspiration psychanalytiques (PIP) ou d'orientation psychanalytique (POP). Elles sont souvent dénommées *psychothérapies psychodynamiques* par les auteurs américains qui veulent ainsi se démarquer de l'orthodoxie et échapper au débat critique qui a eu lieu aux États-Unis sur la personnalité de Freud et la valeur scientifique de son œuvre – les fameuses « guerres freudiennes » des années 1980-1990.

LES ORIGINES, OU COMMENT REVENIR AU PRAGMATISME

La façon de concevoir la psychanalyse dans les années 1910-1920 était loin du cahier des charges idéal de la psychanalyse actuelle. La durée de la cure était brève, souvent de six mois à un an, et se bornait à une dizaine de séances pour bien des cas célèbres.

La version active de la psychanalyse freudienne

La technique était plus active qu'aujourd'hui et mêlait souvent fantasme et réalité : injonctions, prohibitions, un terme pouvait être fixé au traitement et annoncé au patient. Cette stratégie était destinée à ce qu'il aborde enfin les problèmes cachés, au lieu d'éviter de les verbaliser et de continuer à en souffrir : Freud l'utilisa dans la psychanalyse de « l'homme aux rats » (*Cinq psychanalyses*, 1909). Les analysants étaient parfois invités à dîner chez Freud pour dénouer le transfert. Le maître n'hésitait pas à récompenser les associations libres intéressantes par des bonbons. Il prit en charge le compositeur Gustave Mahler au cours de quelques promenades, pendant lesquelles il lui donna des conseils de bon sens pour améliorer sa relation de couple.

Freud a également recommandé l'exposition aux *stimuli* anxiogènes chez les agoraphobes dans un article de 1919, « Progrès en psychothérapie psychanalytique » (Freud, 1919), où il reconnaît qu'il est impossible de guérir une agoraphobie si, en fin d'analyse, on n'incite pas la patiente à aller dans les rues pour affronter l'angoisse jusqu'à ce que celle-ci disparaisse. Cette pratique n'avait rien de révolutionnaire, elle avait déjà été décrite dès 1873 par un médecin lyonnais nommé Perroud et reprise par de nombreux auteurs dont Janet dans *Les Médications psychologiques* (1919).

Freud sans divan

Un musicien célèbre, le chef d'orchestre Bruno Walter, a été traité par Freud. À la suite d'une cabale antisémite dont il faisait l'objet, il souffrait d'une crampe qui l'empêchait de lever le bras droit pour diriger son orchestre et de jouer du piano. Freud lui conseilla un voyage en Italie destiné à l'éloigner de la source de son anxiété. Ce séjour n'eut pas les résultats escomptés, d'autant qu'un tremblement de terre eut lieu.
Par la suite, à l'occasion de six séances, il lui conseilla de recommencer à diriger de manière progressive, tout en se concentrant sur la musique et non sur son bras et sans se soucier du résultat. Cette méthode d'exposition avec diversion d'attention et concentration sur le « flux » créatif s'avéra efficace. Là non plus, rien de novateur. Cette méthode avait été décrite par Pierre Janet dans *Les Médications psychologiques* (1919).
Bruno Walter dirigea des orchestres, sans difficulté, jusqu'à 80 ans passés (ce qu'attestent de nombreux films) et se déclara très satisfait du fait que Freud l'ait traité de manière pragmatique, alors qu'il s'attendait à un long périple sur le divan vers ses souvenirs d'enfance (Poulain-Colombier et Christophe, 2007).
Ainsi, lorsque Freud cesse d'imposer le modèle de la psychanalyse à ses patients, il apparaît efficace, mais il n'en tire aucune leçon pratique. Avec un tel cas, je lui accorde sans hésiter l'examen de première année du diplôme de thérapie comportementale et cognitive, avec la note maximale ! Toutefois, au vu des critères actuels, il lui faudrait ajouter sept autres cas plus complexes pour valider complètement son diplôme.

En clinicien pragmatique qui devait avoir quelques résultats pour conserver sa clientèle, Freud n'a jamais renoncé à l'hypnose. Dans son *Introduction à la psychanalyse* (1917), il affirme : « Nous devons nous rendre compte que si nous avons, dans notre technique, abandonné l'hypnose, ce fut pour découvrir à nouveau la suggestion sous la forme de transfert. »

Et en 1919, dans *Progrès en thérapie psychanalytique*, il continue : « L'application de notre thérapie à de nombreux malades nous obligera largement à allier l'or pur de l'analyse au cuivre de la suggestion et l'influence hypnotique pourrait même y retrouver une place, comme cela est le cas pour les névroses de guerre. » Aux riches la psychanalyse, aux pauvres la suggestion directe.

Il va encore plus loin dans *Ma vie et la psychanalyse* (1925) où il écrit : « Il est tout à fait exact que la psychanalyse travaille aussi au moyen de la suggestion, comme d'autres méthodes psychothérapeutiques. » On ne saurait mieux dire que la psychanalyse n'a rien inventé et que le divan a simplement remplacé le baquet de Mesmer.

Autrement dit, Freud comblait les déficits de sa théorie par l'emprunt de méthodes hypnotiques ou d'interventions comportementales issues des travaux de son rival Janet. Il n'hésitait pas non plus à combiner la psychanalyse avec la cocaïne.

Mais, au final, la théorie freudienne se montra plus têtue que les faits. Un de ses élèves, Sandor Ferenczi (1873-1933), qui devint en 1919 le premier professeur de psychanalyse au monde, à l'Université de Budapest, souhaitait une psychanalyse plus active. Mais il fut rejeté en 1920 par Freud au nom du sophisme suivant : les échecs sont dus à ce que nous ne faisons pas assez de psychanalyse ; donc allongeons la durée de la psychanalyse pour l'approfondir. Cette reprise en main permit à Freud de rester le « Parrain » de l'organisation psychanalytique mondiale, mais elle fut fatale à la psychanalyse en tant que traitement.

Cependant, les psychothérapies psychanalytiques modernes, malgré le dédain des puristes, ont repris le flambeau tombé des mains de Ferenczi pour proposer des psychothérapies plus actives : ce fut le cas, en particulier d'un de ses élèves, Michael Balint (1896-1970).

LA THÉORIE

Les principes sont identiques, à quelques modifications près, à ceux de la psychanalyse. Néanmoins, la thérapie est beaucoup moins centrée sur l'ici et maintenant.

Les patients cherchent à obtenir des gratifications selon des modalités analogues à celles qu'ils ont utilisées dans le passé : leurs problèmes actuels viennent du fait que leurs relations avec les autres sont immatures, archaïques, inappropriées et masochistes.

La tâche du thérapeute est de proposer une « expérience émotionnelle correctrice » (Strupp, 1982) qui répare les conditions initiales d'apprentissage défectueuses. Celles-ci ont conduit à des comportements qui se traduisent par une recherche régressive de sources de gratification. Il faut aider le sujet à trouver une issue plus satisfaisante à ses besoins affectifs en l'adaptant à la réalité actuelle.

Il faut donc instaurer un cadre thérapeutique qui ressemble aux conditions d'apprentissage, mais en diffère considérablement. Le thérapeute doit par conséquent encourager le développement d'une relation transférentielle positive et réparatrice.

Le thérapeute doit apporter du soutien et montrer de l'empathie, mais il doit aussi aider le patient à identifier ses comportements inadaptés et à en comprendre l'inutilité.

Dans ce dessein, le thérapeute doit jouer le rôle d'un « bon objet » pour provoquer chez le patient une modification favorable de l'estime de soi.

LA PRATIQUE

Les interventions au niveau de la réalité sont nombreuses. Le thérapeute parle plus, offre un soutien et propose des directions au patient. La durée de la thérapie est d'environ vingt à quarante séances d'une heure. *Elle a lieu en général en face à face.* Le thérapeute adopte une attitude active : au lieu de l'attention flottante requise dans la psychanalyse, son attention est focalisée ; il propose au patient de se centrer sur le *conflit central* qui est à l'origine de ses difficultés actuelles. Une fois cette cible d'intervention bien définie, la thérapie doit maintenir un cap et négliger tout ce qui n'a pas à voir ce conflit.

C'est donc, selon l'expression du psychanalyste Michael Balint, une « thérapie focale » (Balint *et al.*, 1972). Balint a même essayé de formaliser le contenu de la thérapie en structurant la séance par une fiche que devait remplir le thérapeute après chaque séance. En voici le contenu.

A. Attentes initiales.

B. Atmosphère de l'entretien et changements d'atmosphère : contributions du patient et du thérapeute à ces changements.

C. Tendances et thèmes principaux de l'entretien.

D. Interventions psychothérapiques effectuées.

E. Interventions psychothérapiques pensées, mais non effectuées.

F. Sur quelle zone problématique se focalisaient les interventions du psychothérapeute ?

G. Résultats de la séance.

H. Pensées après coup.

Ce qui reste freudien ici, c'est la recommandation d'interpréter le transfert et d'entreprendre un programme destiné à accroître l'*insight*, autrement dit la prise de conscience. Pour ce faire, le psychothérapeute doit clarifier la nature des défenses, de l'anxiété et des pulsions dans trois domaines principaux : présent, passé et relation transférentielle. Le thérapeute aide le patient à établir des liens entre les trois domaines. Il est nécessaire d'interpréter de manière active et dès la première séance les aspects négatifs du transfert, en particulier la haine et l'agressivité à l'égard du thérapeute.

LES RÉSULTATS

Les thérapies psychanalytiques brèves ont été testées dans certaines indications, lors d'essais contrôlés peu nombreux (94 au total, Gerber, 2011), et surtout de basse qualité méthodologique : par exemple, pas de tirage au sort des patients ou un tirage au sort non caché (Gibbons *et al.*, 2008). En outre, il existe plusieurs types de psychothérapie psychodynamique et toutes n'ont pas de manuel de référence, ce qui rend particulièrement difficile l'interprétation des effets thérapeutiques.

Un premier examen des résultats des essais contrôlés montre surtout des lacunes importantes. Il n'existe aucune étude valide dans des domaines comme les phobies spécifiques (ou simples), les phobies sociales, les toxicomanies, l'autisme infantile, l'anxiété et la dépression de l'enfant. Freud a construit sa théorie en partie sur le cas de « l'homme aux rats » (*Cinq psychanalyses*, 1909) qui souffrait d'obsessions-compulsions, mais le résultat des thérapies analytiques dans ce trouble est négatif (Maina *et al.*, 2010). Les résultats des travaux sur la schizophrénie sont entièrement négatifs et suggèrent même qu'il est dangereux d'utiliser la thérapie psychanalytique seule dans cette indication ; ses résultats sont même très inférieurs à ceux obtenus par les médicaments (May *et al.*, 1976).

En revanche, il existe une étude portant sur le stress post-traumatique et dans laquelle la thérapie analytique fait jeu égal avec la thérapie comportementale et l'hypnose, qui toutes trois s'avèrent meilleures qu'une liste d'attente (Brom, 1989), ce qui pourrait suggérer des processus communs d'action des trois formes de psychothérapie. Malheureusement, cette étude, déjà ancienne, porte sur nombre restreint de patients, et son suivi de trois mois seulement s'avère un peu court pour entériner des résultats. Par ailleurs, elle n'a jamais été reproduite. Avec beaucoup de mansuétude, le rapport Inserm (2004) accorde un grade B (présomption d'efficacité) à la thérapie psychanalytique – à laquelle on devrait ajouter l'hypnose – dans cette indication.

Les travaux plus récents sont de meilleure qualité. Il existe une étude positive pour les attaques de panique où le bénéfice de la thérapie psychodynamique est supérieur à celui la relaxation (Milrod, 2007), et une étude positive pour l'anxiété généralisée où la thérapie psychodynamique présente des résultats comparables à ceux de la TCC sur l'anxiété, mais inférieurs sur les mesures de dépression et des traits anxieux de personnalité (Leichsenring, 2009). Ces études n'ont pas été reproduites pour l'instant par des équipes indépendantes, mais ouvrent néanmoins une nouvelle voie intéressante. Il a été possible de montrer par l'IRM fonctionnelle que la thérapie psychanalytique des attaques de panique entraînait des modifications des circuits comparables à ceux produits par la TCC : la diminution de l'activité des régions rationnelles du cerveau (région préfrontale) et l'hyperactivité des régions émotionnelles du cerveau (amygdale et hippocampe) se normalisaient après traitement (Beutel, 2010). On peut donc, pour l'instant, attribuer à la thérapie psychodynamique un grade B : présomption d'efficacité dans les attaques de panique et l'anxiété généralisée.

Le rapport Inserm (2004) avait abouti à la conclusion que le niveau des preuves d'efficacité de la psychothérapie analytique était faible dans le traitement de la dépression, sauf si elle était associée aux antidépresseurs : dans ce cas, elle recevait un grade B (présomption d'efficacité). Plus récemment, une méta-analyse (Driessen *et al.*, 2010) portant sur 24 études a montré que la thérapie psychanalytique était meilleure que les conditions contrôles en fin de traitement. Dans cette même méta-analyse, 13 études véritablement contrôlées ont montré que les autres psychothérapies – le plus souvent les TCC curieusement regroupées avec l'art-thérapie et la thérapie de soutien – étaient supérieures à la thérapie psychodynamique en fin de traitement. L'analyse du suivi est impossible à prendre en compte vu le faible nombre d'études. De plus, certaines des études incluses représentaient une association de thérapie psychodynamique et d'antidépresseur, ce qui rend très difficile l'interprétation des résultats.

Le manque le plus criant est qu'il n'existe pas d'étude de prévention des rechutes par les thérapies analytiques, alors que la TCC et la thérapie interpersonnelle ont démontré une efficacité préventive. On ne peut donc pour l'instant que s'en tenir à un grade B (présomption d'efficacité) pour évaluer l'efficacité de la thérapie psychodynamique de la dépression.

Il existe une méta-analyse favorable aux psychothérapies psychanalytiques dans le traitement des troubles de la personnalité (Leichsenring, 2003). Là encore, le nombre d'études incluses était peu élevé et, par ailleurs, plus des deux tiers (73 %) des études psychanalytiques citées n'étaient pas contrôlées : il s'agissait de simples comparaisons entre l'avant et l'après-thérapie. Néanmoins, le rapport Inserm (2004) a accordé un grade A à la psychothérapie psychanalytique dans cette indication, à partir de deux études seulement, dont l'une porte sur la personnalité antisociale (Woody, 1985) et l'autre sur la personnalité borderline et a été publiée à trois reprises (Bateman et Fonagy, 1999, 2003, 2008). De même, il a été montré dans une étude contrôlée que les personnalités anxieuses peuvent en tirer bénéfice (Svartberg *et al.*, 2004).

Une étude contrôlée dans le trouble de personnalité évitante montre que la psychothérapie psychanalytique ne fait pas mieux que la liste d'attente non traitée et qu'elle est moins efficace que la TCC (Emmelkamp *et al.*, 2006). Plus récemment, la thérapie psychanalytique individuelle s'est révélée moins efficace que la thérapie cognitive individuelle sur un suivi de trois ans dans le trouble de personnalité borderline (Giesen-Bloo *et al.*, 2006).

À aucun moment les thérapies psychanalytiques n'ont montré de supériorité sur d'autres formes de psychothérapies. Le fiasco est encore plus important dans les dysfonctions sexuelles, où elle s'avère inférieure aux TCC dans une étude contrôlée (Obler, 1973). En fin de traitement et un an et demi plus tard, l'étude rapporte 82 % de guérison par la désensibilisation systématique contre 10 % dans le groupe contrôle non traité, ainsi que 10 % dans le groupe en thérapie analytique. La thérapie comportementale était significativement supérieure à la liste d'attente et à la thérapie analytique sur toutes les mesures.

Cette étude est importante, car *elle représente un test négatif du concept central de la psychanalyse qui prédit que la libération des pulsions, la mentalisation des conflits psychologiques autour du complexe d'Œdipe apportent une vie sexuelle plus satisfaisante. Une thérapie qui se déroule tout autrement et avec d'autres principes donne de meilleurs résultats.*

LES INDICATIONS

L'indication dépend d'un certain nombre de conditions qui font des patients sélectionnés une élite. Chaque candidat à la psychothérapie analytique doit remplir six critères :

1. une motivation au changement ;

2. une relation réciproque, confiante et exempte d'immaturité, doit pouvoir s'établir avec le thérapeute ;

3. la force du moi et les capacités adaptatives, ainsi que l'intelligence doivent être suffisantes pour s'adapter au cadre de la psychothérapie ;

4. des capacités à prendre conscience de ses problèmes et à l'introspection doivent exister ;

5. le patient doit pouvoir exprimer ses émotions ;

6. il doit être pris dans un conflit limité et facile à cerner, et qui entraîne des manifestations anxieuses et dépressives.

Si ces conditions ne sont pas remplies, les chances de succès sont faibles. Un certain nombre d'indications résultent des recherches que nous avons détaillées et sont reproduites sur le tableau suivant.

***Tableau 3.1.* Efficacité de thérapies psychodynamiques ou psychanalytiques**

Efficacité démontrée
1. Trouble de la personnalité
Présomption d'efficacité
1. Stress post-traumatique 4. Dépression 5. Attaques de panique 6. Anxiété généralisée

LES POINTS FORTS ET LES POINTS FAIBLES

• Le point fort des thérapies psychanalytiques est leur brièveté et leur pragmatisme, ainsi que leur efficacité dans les troubles de la personnalité.

• Leur point faible est que leur démonstration d'efficacité est très limitée par rapport à leurs principaux concurrents – les thérapies comportementales et cognitives, la thérapie interpersonnelle et les thérapies familiales. Les indications apparaissent ainsi très restreintes.

LA FORMATION DES PSYCHOTHÉRAPEUTES

Bien que de nombreux psychothérapeutes qui ne sont pas psychanalystes – et parfois même n'ont pas été psychanalysés – effectuent des psychothérapies psychanalytiques, il convient de choisir des psychanalystes dûment formés (*cf.* p. 96). C'est le sens de la loi promulguée en 2010 qui accorde le titre de psychothérapeute aux psychanalystes inscrits sur le registre d'une société de psychanalyse, moyennant un complément modeste de formation à la psychopathologie.

OÙ S'ADRESSER ?

Le lecteur trouvera dans la section « Psychanalyse » de ce chapitre les adresses des principales sociétés de psychanalyse (p. 96).

Conclusion

Si les TCC, la thérapie interpersonnelle et la thérapie familiale, qui ne se servent ni du dispositif ni des interprétations psychanalytiques, obtiennent le plus souvent de meilleurs résultats ou, au pire, des résultats égaux aux thérapies psychanalytiques, la validité du modèle freudien et des interventions qui en dérivent ne peut qu'être mise en doute.

Une montagne idéologique et médiatique a finalement accouché d'une souris thérapeutique. Ce déclin était prévisible dès les origines, car la psychanalyse repose sur une série de falsifications scientifiques, qui apparaissent, aujourd'hui, au grand jour.

Toutefois, il ne faut pas, pour autant, mésestimer le legs de la psychanalyse en jetant le bébé avec l'eau du mythe. L'héritage freudien transparaît dans nombre de thérapies actuelles. Deux thèmes majeurs de la psychothérapie moderne en dérivent : l'alliance thérapeutique et la relation d'attachement.

En revanche, nous avons vu que, contrairement à l'opinion courante, Freud n'a pas inventé la notion d'inconscient. L'intérêt pour ce thème existait avant lui et continue d'exister sans lui sous la forme de travaux sur la mémoire et les schémas cognitifs (*cf.* chapitre 4).

Récemment, les thérapies psychodynamiques telles qu'elles sont pratiquées aux États-Unis, ont essayé d'accumuler des preuves de leur efficacité. Cet effort méritoire doit être salué : il représente peut-être le début d'un renouveau.

Au final, les thérapies psychodynamiques n'apportent des résultats nets, pour le moment, que dans la prise en charge des troubles de la personnalité. Elles ne représentent cependant pas une indication spécifique dans ce domaine, où elles sont concurrencées par les TCC, dont le dossier est plus solide.

CHAPITRE 4

Les psychothérapies cognitives et comportementales

Les psychothérapies comportementales et cognitives (TCC) appliquent les principes de la psychologie scientifique à la résolution des problèmes psychopathologiques. Elles reposent sur des principes issus des théories de l'apprentissage, de la psychologie cognitive et des neurosciences.

Elles s'inscrivent aisément dans le modèle bio-psycho-social (Engel, 1977), selon lequel les troubles psychiatriques ont à la fois une origine biologique, psychologique et sociale. Leurs modalités d'interventions couvrent l'ensemble des troubles psychopathologiques. Elles sont actuellement les psychothérapies les mieux validées par les recherches portant sur l'efficacité des psychothérapies. Elles ont donné lieu à plus d'un millier de travaux contrôlés, ces cinquante dernières années.

Les origines

L'histoire des thérapies comportementales et cognitives ne compte pas de héros, ni de traître notoire, ni d'excommunié. Le mouvement des TCC forme un collège international uni par un certain nombre d'idées, dont la principale est la croyance aux vertus de l'approche expérimentale en psychothérapie et de l'adhérence à des règles méthodologiques. Une autre caractéristique est le goût de l'innovation clinique et de l'action, l'esprit pionnier et l'esprit de contradiction élevé au rang d'institution. Les différends se règlent par l'accumulation de travaux expérimentaux, ce qui a l'avantage d'expulser les erreurs plutôt que les personnes.

Il est possible de distinguer trois époques depuis la « naissance » des TCC, il y a environ soixante ans. La première, qui va de 1950 à 1975, a été dominée par l'adhésion à une stricte approche comportementale : c'est l'époque de la table rase et de l'application des théories de l'apprentissage pavlovienne et skinnérienne. Puis, de 1977 à 2000, on a assisté à la montée en puissance de la thérapie cognitive. Après la vague comportementale et la vague cognitive est venue une troisième vague, plus centrée sur les émotions et sur les problèmes de développement personnel. L'accent a été mis sur les valeurs personnelles et sur la combinaison de l'approche cognitive avec la thérapie de pleine conscience ou *mindfulness* (Cottraux, 2007).

Quelques brouilles ont eu lieu : la révolution cognitive qui débuta dans les années 1970 ne fut pas toujours tranquille – en témoignent des affrontements rudes entre cognitivistes et comportementalistes, dans les revues et les congrès. Cette contradiction a toutefois été dépassée par le haut sous la forme d'une synthèse : la thérapie comportementale et cognitive (TCC) est progressivement devenue la dénomination de toutes les associations dans le monde. L'association européenne a adopté ce double label en 1990, lors de son congrès à Paris, où j'ai eu le plaisir de présider ce rapprochement. L'association américaine n'a pris le double intitulé qu'en 2005. Les « cognitivistes » rendirent un dernier hommage à celui qui les avait combattus, Joseph Wolpe, l'un des pères du mouvement comportementaliste, alors très souffrant, dans un émouvant dîner d'adieu, au Danieli, à Venise, peu avant sa mort en 1997. Wolpe avait eu en effet le courage d'établir les fondations d'une nouvelle forme de psychothérapie avec la mise au point de la désensibilisation systématique des phobies : celle-ci combinait la relaxation avec la présentation imaginaire progressive de scènes génératrices d'anxiété suivie d'exposition aux situations réelles (Wolpe, 1975). Cette méthode fut immédiatement utilisée, testée, ses composantes disséquées : il apparut clairement que sa composante véritablement efficace était la confrontation par étapes avec la situation redoutée. Il en résulta un principe psychothérapique : l'exposition, qui implique d'accepter d'affronter l'anxiété.

Avant les années 1950, le mouvement des TCC a eu de nombreux précurseurs, aussi bien des philosophes que des psychologues, des médecins que des cliniciens. La figure la plus éminente reste toutefois Pierre Janet, qui proposait une théorie et une pratique active de la psychothérapie. Dans *Les Médications psychologiques* (1919), il décrit l'exposition dans les phobies et les obsessions-compulsions et suggère au patient d'accomplir des actions jusqu'au bout pour aller au-delà du sentiment d'incomplétude ou d'absence de terminaison des actions. De plus, il essaie de modifier les « idées fixes » – autrement dit, les fantasmes – par des techniques qu'on qualifierait aujourd'hui de cognitives. Janet est un précurseur reconnu des TCC dans le monde anglo-saxon. Un thérapeute aussi éminent que le Londonien Isaac Marks avait pour livre de référence *Les Médications psychologiques*, cité ci-dessus. Lors d'un stage que j'effectuais auprès de lui, en 1975, il me proposa avec humour de lire la version anglaise des *Médications psychologiques* : en effet, à cette époque, sous l'influence de la psychanalyse triomphante, la France avait mis Janet au placard et ses livres étaient introuvables. Ils ont depuis été réédités.

De son côté, la psychologie expérimentale et les neurosciences issues de la méthode expérimentale de Claude Bernard ont étudié les lois de l'apprentissage et les processus neurobiologiques qui vont progressivement servir de base à l'élaboration de méthodes thérapeutiques comportementales, puis cognitives.

L'hypnose représente aussi un précurseur de la TCC : la diversion d'attention facilite le relâchement du contrôle des émotions et l'exposition aux images mentales et aux situations évitées. Charcot et Janet l'utilisaient déjà pour aider leurs patients à accéder à leurs expériences traumatiques. Les TCC actuelles le font aussi, mais à l'aide d'autres moyens, comme la relaxation ou la méditation de pleine conscience. Une technique comme l'EMDR, c'est-à-dire la désensibilisation et le retraitement de l'information par les mouvements oculaires (Shapiro, 1995) combine hypnose et exposition selon le modèle classique des TCC. La méthode consiste, en bref, à demander au patient de réévoquer le souvenir acquis lors d'un épisode de stress post-traumatique et qui revient sous la forme de cauchemars et de flash-back, tandis qu'il suit les doigts du thérapeute ou une baguette qui se déplace horizontalement devant lui, puis à se focaliser sur une réinterprétation positive de l'événement. Mesmer, au cours de ses expériences de magnétisation, demandait, lui aussi, à ses patients de fixer une baguette : c'est une technique banale de diversion d'attention.

Or l'EMDR sans mouvements oculaires aboutit à des résultats identiques à ceux de l'EMDR avec mouvements oculaires, dans la méta-analyse de Davidson et Parker (2001).

Ces faits expérimentaux ont amené aussi bien l'Association psychiatrique américaine (2004) que le rapport Inserm (2004) à classer l'EMDR dans les TCC, dont il représente une simple variante technique, sans efficacité supérieure aux autres méthodes d'exposition. Rien de surprenant à cela, puisque la composante active de la méthode est la même : l'exposition et l'habituation dont on connaît maintenant mieux le processus grâce aux travaux des neurosciences (Kandel, 2008).

D'autres influences se sont fait sentir, en particulier celles des thérapies orientales issues du qi gong, du yoga ou de la méditation de pleine conscience (*mindfulness*).

Enfin, l'influence de la psychanalyse peut être retrouvée dans la thérapie cognitive qui se préoccupe, elle aussi, du sens de la relation thérapeutique, des schémas de personnalité et de l'inconscient, mais cette fois en testant pas à pas ses hypothèses. Comme nous l'avons vu au chapitre précédent, Alfred Adler est un précurseur reconnu de la thérapie cognitive et fut l'un des tout premiers auteurs à parler de schéma cognitif à travers le schéma d'aperception qui désigne les systèmes d'interprétation qui peuvent être fonctionnels ou dysfonctionnels. Il fut aussi précurseur en proposant d'aider les patients à changer directement leurs styles de vie (Sperry, 1997).

Sur le plan de la recherche sur les psychothérapies, la commission de 1784, que nous avons évoquée au chapitre 2, a réalisé le premier essai thérapeutique contrôlé pour tester l'efficacité et les processus du mesmérisme. Depuis les années 1950, la méthodologie de la recherche est un cheval de bataille de la TCC : si elle est mieux acceptée aujourd'hui, c'est parce qu'elle a montré son efficacité dans environ un millier d'essais contrôlés. On peut donc considérer que cette commission est l'ancêtre de la branche scientifique de la TCC qui se préoccupe de valider les effets et de comprendre les processus des psychothérapies.

Au final, en combinant ces influences, il est possible de dresser un arbre généalogique des TCC. Il montre que la TCC représente la fusion de ces approches dans un melting-pot dont la méthode expérimentale est la constante. Elle fait donc partie du courant de la médecine fondée sur des preuves (figure 4.1).

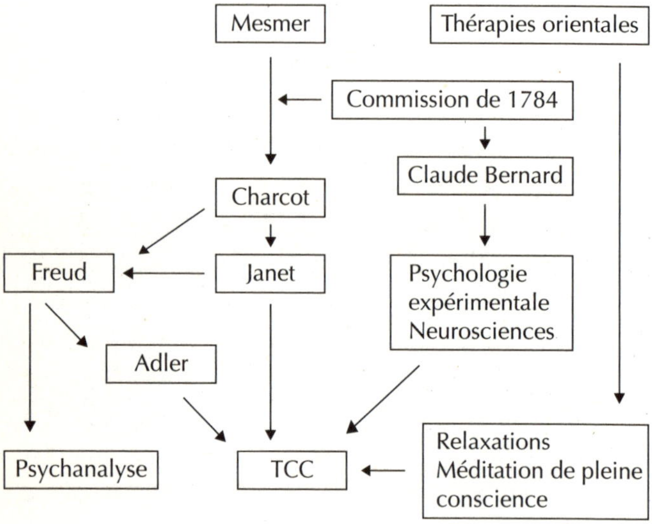

***Figure 4.1.* Une généalogie des TCC : le melting-pot.**

Les théories

Les TCC se sont fondées, en premier lieu, sur les théories de l'apprentissage : le conditionnement classique, le conditionnement opérant, la théorie de l'apprentissage social. Puis elles ont pris pour référence les théories cognitives, en particulier le modèle du traitement de l'information. Nous allons expliciter ces termes qui, pour le dire simplement, définissent les processus par lesquels nous faisons l'acquisition d'émotions et de systèmes de pensées qui guident nos actions. Pour commencer, il nous faut explorer une évidence : apprendre, c'est se souvenir.

APPRENTISSAGE ET MÉMOIRE

Il n'y a pas d'apprentissage sans stockage dans les différents secteurs de la mémoire, consolidation du souvenir et possibilité de réévocation. Quels sont ces différents compartiments ? La mémoire à court terme nous permet de bien fonctionner dans le moment présent. Elle se teste par l'étude de notre capacité à retenir le nombre magique : 7 chiffres plus ou moins 2, pour une tâche immédiate. La mémoire à long terme est plus complexe et se subdivise en quatre secteurs. La mémoire autobiographique enregistre nos épisodes de vie et les émotions qui y sont attachées. Elle est activée par des événements ou des sensations qui ramènent à notre conscience le passé : c'est le fameux « souvenir involontaire » dont parle Marcel Proust dans *À la recherche du temps perdu*. La mémoire procédurale enregistre nos habitudes comportementales et nos plans d'action qui fonctionnent sur un mode automatique : c'est ce qui se passe lors du pilotage « sans y penser » d'une voiture. La mémoire procédurale est le lieu où s'enregistrent les conditionnements verbaux et moteurs. La mémoire sémantique stabilise nos systèmes d'interprétations – autrement dit, nos schémas cognitifs – et les règles culturelles générales qui nous permettent de bien fonctionner. Elle aussi est automatique. La mémoire déclarative ou consciente est ce que nous pouvons évoquer consciemment en faisant appel aux autres secteurs de la mémoire.

Les études de neuro-imagerie cérébrale ont montré que les régions du « cerveau émotionnel », comme le complexe amygdalien, sont hyperactivées par les souvenirs traumatiques, alors que les régions frontales et préfrontales en charge du langage et de la régulation des émotions sont désactivées (Etkin, 2007). Ce qui explique que, dans les cas graves de stress post-traumatique, il n'y ait pas de mots pour dire ce qui s'est passé. La TCC consistera à ramener au jour l'épisode traumatique pour habituer l'émotion et réinterpréter autrement ce qui est arrivé. Le patient doit donc accepter ce qui s'est passé, plutôt que de chercher à le supprimer et continuer d'en souffrir.

En revanche, les tentatives de suppression volontaire de souvenirs « banals » se traduisent par un accroissement de l'activité cérébrale dans les régions dorso-latérales préfrontales, ce qui semble être le processus « normal » de maîtrise et de gestion du stress (Anderson *et al.*, 2005). Des travaux plus importants sont nécessaires pour clarifier ce point.

Le schéma suivant résume les différentes formes de mémoire.

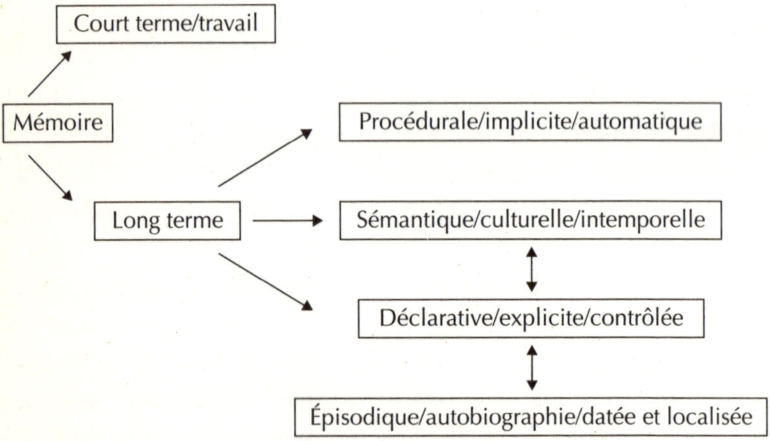

Figure 4.2. **Les mémoires.**

Les troubles psychopathologiques ont leur inscription dans la mémoire car ils sont pour une bonne part appris à partir d'une vulnérabilité génétique. Les TCC partent du principe que ce qui a été appris et qui entraîne des troubles psychopathologiques peut être désappris. En parallèle, des comportements, des émotions et des pensées nouvelles et plus favorables à la personne souffrante peuvent être mis en place.

ENVIRONNEMENT, CONDITIONNEMENT ET GÉNÉTIQUE

Dans certaines circonstances, un apprentissage émotionnel, cognitif ou comportemental inadapté se met en place. Ce sont ces conditionnements pathologiques que les TCC visent à modifier. Pour certains troubles mentaux, ces apprentissages, ainsi que les processus cognitifs qui les accompagnent, peuvent jouer un rôle causal direct dans l'étiologie d'un trouble psychopathologique. Pour d'autres troubles, ces mécanismes ne jouent pas un rôle causal unique. Une vulnérabilité, inscrite dans le tempérament et d'origine génétique favorise l'inscription dans le système nerveux de ces conditionnements.

LE CONDITIONNEMENT CLASSIQUE (OU RÉPONDANT OU PAVLOVIEN)

Le conditionnement classique ou pavlovien (Pavlov, 1926 ; Watson, 1925) a pour effet de mettre en place les réponses du système nerveux végétatif. Les travaux de LeDoux (1998, 2002) ont permis une avancée significative de la biologie des émotions et leur relation avec les facteurs cognitifs. La conscience joue peu de rôle dans ce type d'apprentissage, qui a lieu dans deux structures neurologiques qui appartiennent à des structures primitives du cerveau : le thalamus et l'amygdale, et également le tronc cérébral. L'apprentissage de la peur et des réactions anxieuses a lieu dans le thalamus et l'amygdale, selon une voie qui court-circuite le cortex préfrontal. Cette voie est utilisée quand il s'agit de réponses de survie immédiates : fuir, affronter et combattre, ou s'immobiliser. À cette voie courte se superpose une voie longue, qui va permettre un traitement conscient et plus lent de l'information. Cette voie est un relais dans les aires préfrontales qui font partie du néocortex. Une atteinte du cortex préfrontal empêche la décroissance des réponses de peur et d'anxiété par l'exposition répétée aux situations provocatrices d'anxiété.

SENSIBILISATION ET HABITUATION

L'habituation est un processus physiologique très général, forme élémentaire et primitive d'apprentissage qui peut être assez facilement utilisée comme paradigme expérimental et principe thérapeutique. L'habituation est l'inverse de la sensibilisation.

Eric Kandel (2006), prix Nobel en 2000, a montré chez des organismes comprenant un nombre limité de neurones (aplysie) qu'à côté des réponses conditionnelles il pouvait exister une mémorisation après une seule rencontre avec un stimulus nuisible. Il se passe alors une potentialisation à long terme qui résulte d'une cascade d'événements chimiques qui font que la réponse va s'accroître sans qu'il soit nécessaire de mettre en place de nouvelles expériences de conditionnement.

LE PRINCIPE D'EXPOSITION

Chez la personne souffrant de réponses émotionnelles excessives, l'habituation par présentation prolongée et répétée des stimuli aboutit à la diminution de la force des réponses inconditionnelles contrôlées par le tronc cérébral et par le complexe amygdalien. En revanche, la présentation brève des stimuli évocateurs d'obsessions et de compulsions ou de phobies ne fait qu'accroître l'intensité des réponses motrices, cognitives et végétatives futures. Il s'agit du phénomène inverse de l'habituation : la sensibilisation. En général, quarante-cinq minutes d'exposition, plus ou moins progressive, sont nécessaires pour aboutir au phénomène d'habituation. Le thérapeute doit donc proposer aux patients phobiques ou obsessionnels des séances répétées et prolongées, plutôt que des séances brèves et espacées. Ainsi, le plus connu des principes utilisés en TCC est l'exposition aux situations anxiogènes (Wolpe, 1975 ; Marks, 1987). Celle-ci est le plus souvent effectuée de manière graduelle et précédée d'une phase d'exposition prolongée et répétée en imagination qui vise à habituer les réponses physiologiques inadaptées et à éteindre les réponses motrices d'évitement.

CONDITIONNEMENT OPÉRANT (OU SKINNÉRIEN OU INSTRUMENTAL)

Il décrit le développement et le maintien des réponses motrices et verbales. C'est donc le conditionnement qui régit le système nerveux de relation. Il a été décrit dès la fin des années 1930, par Skinner (1971), comme une extension de la théorie darwinienne de la sélection naturelle. L'organisme opère sur l'environnement, et les conséquences de son action le conduisent à modifier son comportement. Il répétera les réponses qui lui sont favorables et éliminera de son répertoire les réponses qui lui sont défavorables. Les actions sont renforcées à se répéter si elles ont des conséquences positives. Les actions qui ont des conséquences négatives (une punition, par exemple) vont aboutir à un retrait actif ou à un évitement de l'action qui provoque cette sanction. Enfin, des actions qui n'ont aucune conséquence vont disparaître : c'est l'extinction. Un tel modèle permet l'analyse expérimentale du comportement en le réduisant à une série de lois simples que l'on peut mettre en évidence par une observation attentive. Bien entendu, une telle réduction a été critiquée par les thérapeutes qui travaillaient sur les émotions et les cognitions.

Deux grands principes pratiques, issus du conditionnement opérant, sont le plus souvent utilisés :

• le principe de segmentation de la difficulté : il consiste par exemple à classer sur un thermomètre de la peur gradué de 0 à 100 les étapes d'affrontement d'une situation en fonction de l'anxiété ressentie à chaque étape ;

• le façonnement progressif avec renforcement positif des comportements qui, s'approchant progressivement du but recherché, évite le découragement aussi bien des patients que des thérapeutes. Le renforcement positif est présenté par le thérapeute sous forme d'approbation et de valorisation de l'activité du patient.

APPRENTISSAGE SOCIAL : LE PRINCIPE D'APPRENTISSAGE PAR IMITATION DE MODÈLES

À la suite de nombreux auteurs, Bandura (1977) a souligné l'importance de l'apprentissage par imitation de modèles. Ces principes ont été étendus aux problèmes cliniques. Ils sont surtout appliqués pour le développement de la compétence sociale par les jeux de rôle où le patient, après avoir joué une interaction sociale, observe des modèles compétents qui donnent leur version de la situation. Le patient s'inspire des modèles pour en donner sa propre version.

Bandura (2007) a également développé une théorie générale du changement psychothérapique en postulant une dimension particulière du fonctionnement mental : l'efficacité personnelle perçue. L'ensemble des psychothérapies aurait pour voie finale commune l'accroissement du sentiment d'efficacité personnelle perçue. Cette attitude psychologique d'autodétermination, en lien avec l'optimisme et la résilience, serait l'agent de tout changement.

Cette théorie est proche de celle qu'avait développée, à la même époque, Seligman (1975), chez l'animal puis chez l'homme, à partir de travaux expérimentaux sur la dépression. Seligman accorde au sentiment d'impuissance apprise, et aux attentes d'inefficacité, face à des événements aversifs, un rôle central dans la psychopathologie de la dépression et du stress. L'impuissance apprise et la perte de l'efficacité personnelle perçue peuvent rendre compte des réponses de stress, d'anxiété et de dépression. À l'inverse, le développement de la résilience représente un des buts thérapeutiques généraux des TCC. On entre dans une ère théorique nouvelle où vont être intégrés dans l'analyse fonctionnelle des troubles aussi bien les émotions que les systèmes d'interprétation de la réalité : les cognitions.

LA MODIFICATION DES SCHÉMAS PAR LA THÉRAPIE COGNITIVE

Les thérapies cognitives (Beck et coll., 1979 ; Alford et Beck, 1997 ; Young, 2005 ; Clark, 2009) reposent sur l'idée que la modification des schémas cognitifs joue un rôle central dans le processus psychothérapique.

Les schémas cognitifs

Un schéma cognitif est une structure imprimée par l'expérience sur l'organisme qui va entraîner un traitement spécifique de l'information provenant du monde extérieur ou des états somatiques.

Les schémas représentent des interprétations personnelles de la réalité qui sont automatiques et s'activent de manière inconsciente. Ils constituent un filtre qui sélectionne les informations issues de l'environnement, sélectionnent celles qui sont conformes à leurs attentes et tendent à négliger celles qui leur sont contraires : c'est le processus d'assimilation qui est automatique et inconscient. Modifier un schéma implique la mise en jeu d'un processus d'accommodation à la réalité inattendue : ce processus est long, conscient et souvent difficile. Cette difficulté est particulièrement grande chez les personnes qui souffrent de troubles psychopathologiques et dont les schémas sont particulièrement rigides. En termes simples, les préjugés sont difficiles à modifier, car ce sont des jugements automatiques, inconscients et sans justification. Ce sont donc des postulats qui s'organisent en systèmes de croyances. Les schémas sont stockés dans une partie de la mémoire à long terme, la mémoire sémantique, celle des significations générales par opposition à la mémoire épisodique, datée et qui stocke les événements biographiques.

Le modèle cognitif nous amène à repenser le problème de l'inconscient et de ses rapports avec la conscience et les émotions : un thème classique dans la pensée occidentale depuis Platon (406 av. J.-C.). Il est possible de distinguer trois types d'inconscient, dont l'origine et les fonctions sont différentes.

• *Un inconscient cognitif* qui correspond à l'ensemble des processus mentaux automatiques. Celui-ci peut émerger sous la forme de pensées automatiques préconscientes, de monologues intérieurs et d'images mentales qui reflètent les flux émotionnels et les schémas cognitifs profonds. La thérapie cognitive sous toutes ses formes a décrit cliniquement et mesuré par des échelles d'évaluation ce type de cognitions et analysé les processus qui les ramènent à la surface. Ces schémas se construisent progressivement au cours du développement pour constituer l'aspect le plus apparent de la personnalité. La thérapie cognitive part de l'émotionnel pour accroître la prise de conscience – l'*insight* – des croyances dysfonctionnelles qui guident les patients et aboutissent à la répétition de scénarios de vie négatifs. L'inverse de l'*insight* est la méconnaissance et la soumission au schéma, ce qui se traduira par une attention sélective à tout ce qui renforce celui-ci. L'exagération de l'*insight* est la recherche obsessionnelle de manifestations cachées et de pensées forcément abominables qui pourrait expliquer notre comportement.

• *Un inconscient environnemental* qui correspond aux influences extérieures qui conditionnent nos comportements et nos attitudes psychologiques, à notre insu. L'*outsight* (Mahoney et Thoresen, 1974) représente la prise de conscience de ce qui, dans l'environnement, contrôle notre comportement et nos émotions, pour, ensuite, développer un choix informé et donc nos capacités d'autorégulation. C'est le lieu de l'apprentissage par renforcement et modèles qui façonne nos comportements et nos désirs. L'inverse de l'*outsight* est la soumission aux contingences de renforcement et à l'environnement. L'exagération de l'*outsight* est la conception selon laquelle nous sommes perpétuellement manipulés par un système social pervers et des groupes de pression masqués. Cette exagération trouve son apogée dans la théorie du complot, qui trouve facilement sa justification en période de crise.

• *Un inconscient biologique* qui correspond à l'activité neuronale automatique et au fonctionnement neuroendocrinien. Il est régi par le conditionnement pavlovien qui sélectionne les réponses émotionnelles. C'est aussi le lieu des instincts et de l'apprentissage en une seule rencontre décrite par les éthologistes (Lorenz, 1967) à partir de l'étude des animaux en milieu naturel. Ces travaux ont démontré que l'apprentissage pouvait avoir lieu selon des modalités propres à l'espèce et par l'exposition à un *stimulus* lors d'une *période critique* ou *période d'empreinte*.

Une classe de *stimuli* libère alors un comportement propre à l'espèce. Le phénomène d'empreinte est génétiquement programmé. Ses domaines principaux sont le lien familial, l'attachement, le lien sexuel et le choix d'un habitat.

Un autre mode d'apprentissage en une seule rencontre est la sensibilisation par un événement traumatique qui laisse une inscription définitive dans la mémoire. Il a été exploré par les méthodes neurochimiques, l'analyse des petits systèmes de neurones et des processus d'apprentissage (Eric Kandel, 2006).

Le modèle cognitif

La figure 4.3 représente une version simplifiée du modèle cognitif qui sert à comprendre les troubles psychopathologiques. Bien entendu, les schémas cognitifs dysfonctionnels qui font le lit des troubles psychopathologiques s'articulent avec le legs de la génétique dont est issu notre tempérament qui servira de base biologique à notre développement. Les apprentissages que nous effectuons tout au long de notre vie, tout comme les événements personnels auxquels nous sommes confrontés vont modeler ces schémas. Il en résulte un système de filtration de la réalité qui sera interprétée et reconstruite en fonction de nos systèmes plus ou moins rationnels de croyance.

En voici quelques exemples, qui ont trait à la dépression et aux troubles anxieux. Il peut s'agir de schémas d'interprétation négative des événements (dépression) : « Je ne vaux rien », ou bien de schémas de danger (phobies, anxiété généralisée et attaques de panique) : « Je suis vulnérable », ou encore de schémas de surresponsabilité (trouble obsessionnel compulsif) : « Ce qui va mal dans le monde me concerne et je dois prévenir les catastrophes. » Enfin, il peut s'agir de schémas de fusion entre la pensée et l'action (trouble obsessionnel compulsif) : « Tout ce que je pense peut se réaliser donc mes mauvaises pensées sont dangereuses et je dois les contrôler. »

Les troubles de la personnalité sont caractérisés par des schémas plus stables, plus anciens, et qui se manifestent par des relations perturbées avec les autres. Parfois le patient fait souffrir les autres sans souffrir lui-même. En général, cependant, il souffre du retour de bâton qui résulte de ses attitudes soit excessivement offensives, soit exagérément soumises et évitantes. Les thèmes principaux de ces scénarios de vie sont l'abandon, la dépendance, le rejet, la persécution, l'incompétence, l'infériorité, l'absence de valeur personnelle, la vulnérabilité, des droits personnels exagérés, des idéaux exigeants et l'impulsivité. La personne prise dans un scénario de vie va maintenir des relations stéréotypées avec les autres : la victime du devoir, la femme battue, le battant, le séducteur, la star narcissique, l'éternel jeune homme, la femme de l'alcoolique, le rebelle antisocial, le héros, la femme parfaite : autant de thèmes romanesques ou cinématographiques. Ils ont une origine précoce et sont acquis, souvent dans la période sensible qui correspond à la relation d'attachement, et représentent, tout au long de la vie, une vulnérabilité cognitive individuelle : une faille dans laquelle s'engouffrent les événements adverses que la vie ne manquera pas de leur apporter. Ils représentent une prédiction qui se réalise : une personnalité paranoïaque finit par induire la persécution, une personne qui redoute l'abandon finira par être abandonnée à force de jalousie morbide.

Les schémas de personnalité sont difficiles à détecter, car ils sont activés par la vie quotidienne et font partie de la personne et parfois de la culture d'un groupe. C'est le cas en particulier des scénarios antisociaux des groupes de délinquants et maffieux. Des situations « gâchettes » les déclenchent et les activent : ce sont les fils qui font agir cette marionnette qu'est la personne scénarisée. Les schémas se maintiennent par l'évitement émotionnel et cognitif, mais aussi par la compensation, ou encore par la soumission aveugle à leur contenu. D'autres facteurs peuvent y contribuer : en particulier le renforcement

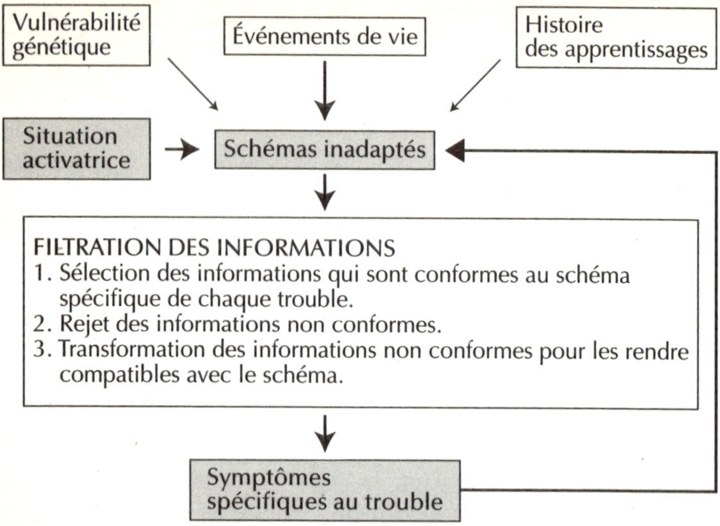

***Figure 4.3.* La théorie cognitive de la psychopathologie.**

par l'entourage ou l'imitation de modèles. Une star narcissique adulée, dans n'importe quel métier, se repaît de l'amour de ses fans : elle n'a donc aucune raison de changer son schéma, avant le déclin de la fascination qu'elle exerce. Des jeunes gens peuvent être subjugués au point d'imiter un boss qui réussit dans le gangstérisme et qui les fait vivre, en les embauchant comme porte-flingues. Un harceleur de bureau que personne ne dénonce continuera à victimiser ses collaborateurs et collaboratrices. Dans ces trois cas, seules la souffrance, la séparation ou l'intervention légale amèneront à une demande de thérapie.

La pratique

Elle est actuellement bien codifiée. La TCC peut se présenter sous la forme de thérapie individuelle, de thérapie de groupe, de couple ou de thérapie familiale. La thérapie familiale sous forme de psychoéducation et de résolution de problème a été particulièrement étudiée chez les psychotiques.

Fréquence et nombre de séances

Les séances sont limitées en nombre : dix à vingt séances pour les troubles anxieux et la dépression, une centaine pour les troubles de personnalité ou la réhabilitation des psychotiques. Les séances sont d'une durée de trente à soixante minutes, étalées sur trois à six mois pour les troubles anxieux et la dépression. La prise en charge psychothérapeutique implique une collaboration active entre le patient et le thérapeute, et un dialogue permanent. Cependant, des séances plus longues, de deux heures, peuvent être nécessaires pour les troubles obsessionnels et compulsifs graves. Pour la réhabilitation des patients schizophrènes, il faut compter une centaine d'heures. Pour les troubles de la personnalité, cinquante à cent cinquante heures étalées sur un à trois ans, en fonction de la gravité du trouble.

Les étapes de la TCC

Le déroulement de la thérapie se fait en plusieurs étapes :

1) L'étape motivationnelle

Qu'est-ce que le patient désire changer ? Il convient de définir avec le thérapeute des objectifs du traitement et d'établir une alliance thérapeutique pour mettre en œuvre la thérapie. Il convient aussi d'expliquer la méthode qui va être suivie et d'en donner les chances de réussite par rapport à d'autres méthodes psychothérapiques ou pharmacologiques.

2) L'étape de l'alliance thérapeutique

Comme toute thérapie, la thérapie cognitive s'établit sur une relation thérapeutique dont les composantes sont non spécifiques : chaleur, empathie, authenticité, professionnalisme, confiance mutuelle, acceptation du patient. Ces composantes concourent à l'établissement d'une alliance thérapeutique positive. Elles sont nécessaires, mais non suffisantes. En thérapie cognitive, la relation thérapeutique se fonde sur l'ici et le maintenant, la sélection avec le patient de problèmes concrets à résoudre et une attitude consistant à tester des hypothèses thérapeutiques en commun. Ce type de relation est appelé collaboration empirique et peut se définir ainsi : « Deux scientifiques travaillant en commun sur un problème à résoudre. »

3) L'étape de l'analyse fonctionnelle

C'est une étape capitale. Elle étudie les relations entre les comportements problématiques, les pensées, les émotions et l'environnement social et physique, de façon à adapter à chaque patient l'application de principes généraux fondés sur les théories de l'apprentissage et/ou les théories cognitives. Le thérapeute utilise une grille d'analyse fonctionnelle qui permet de comprendre le fonctionnement psychologique du patient passé et présent.

Cette pratique guide la démarche thérapeutique, car elle permet de définir des hypothèses communes au patient et au thérapeute, en isolant des facteurs de déclenchement et de maintien du trouble, et donne des buts à la psychothérapie.

4) L'étape de l'évaluation

L'évaluation des résultats du traitement par des mesures effectuées avant, pendant et après la thérapie et lors d'un suivi d'au moins un an après la fin de la période intensive de psychothérapie. Sont utilisées des échelles d'évaluation par le patient et le thérapeute qui couvrent les domaines de la plainte : dépression, anxiété, problèmes sexuels, mais aussi qualité de vie et personnalité.

5) L'étape psychothérapique

Elle consiste en l'utilisation de techniques de changement des comportements, des émotions et des pensées. Le thérapeute insiste sur la responsabilité du patient dans le changement et cherche à développer chez lui des capacités d'autoguérison et d'autogestion, pour qu'il sorte de la dépendance.

Le thérapeute est actif et interagit avec le patient en face à face. Les séances sont structurées selon un modèle issu des thérapies cognitives de la dépression, mais qui s'est étendu aux autres indications.

La séance débute par l'évaluation des tâches effectuées entre les séances, s'il y a lieu. Il est important de mettre en place immédiatement des tâches qui activent les comportements de plaisir et de maîtrise de l'environnement en particulier chez les personnes déprimées (Beck, 1979, Cuijpers, 2007).

Un agenda de séance est fixé en début de séance ; un thème de séance est défini avec le patient. Le thérapeute effectue fréquemment un résumé de la séance qu'il propose à la discussion du patient. La méthode « socratique » de questionnement est appliquée pour développer la prise de conscience progressive par un jeu de questions et réponses. Elle consiste à aider le patient à « accoucher » de ce qui fait problème pour le modifier. Dans les dialogues de Platon, Socrate, fils d'une sage-femme, utilisait une méthode de discussion qu'il appelait la *maïeutique* (en grec, l'art de l'accouchement). Cette découverte guidée aide le patient à résoudre ses problèmes sans prêcher ni imposer une solution. Il faut donc pratiquer le questionnement et non pas les jugements moraux ou donner des conseils trop directs. La forme interrogative est donc typique des interventions du thérapeute : « Est-il bien toujours vrai que... ? » ; « N'y a-t-il pas d'autres solutions ? » ; « Peut-on toujours dire cela ? » ; « Est-ce une règle générale sans exception aucune ? » ; « Si l'on considère le point de vue opposé, qu'est-ce qu'on pourrait dire ? ».

Des techniques cognitives, comportementales, émotionnelles et interpersonnelles sont utilisées pour modifier les schémas cognitifs et les pensées automatiques préconscientes qui entraînent les difficultés relationnelles du patient. Un résumé de séance est sollicité par le thérapeute, de manière à mettre à jour ce que le patient retient de la séance. Ce résumé est discuté. En fin de séance, il est demandé au patient ce qui lui a déplu dans la séance et pourquoi, de manière à comprendre les erreurs et les problèmes relationnels éventuels. Des tâches cognitives et comportementales sont définies avec le patient pour être mises en œuvre dans la vie de tous les jours. Un agenda est établi pour définir le ou les points à aborder en priorité lors de la prochaine séance.

6) L'étape de la fin de la thérapie et du suivi

La thérapie s'efface progressivement pour laisser la place à l'action personnelle du patient dans la vie de tous les jours grâce à ce qu'il a appris. Il est prudent de mettre en place un programme de maintenance et de suivi durant un an après la fin de la phase active de traitement et de revoir le patient un mois, trois mois, six mois et un an plus tard.

7) L'étape de la prévention des rechutes et des récidives

Il est recommandé au patient de revenir consulter s'il sent la reprise de ses troubles au bout d'une quinzaine de jours. Il lui est expliqué que les périodes chargées d'événements stressants peuvent agir sur sa vulnérabilité, malgré le travail qu'il a fait. Dans ce cas, une reprise limitée de la thérapie effectuée à temps a de fortes chances de résoudre ce problème. L'avantage d'une telle attitude est qu'elle colmate l'anxiété de séparation d'avec le thérapeute.

Voici, à titre d'exemple, un cas simple qui permettra d'expliciter la démarche en pratique.

L'angoisse devant la porte

Clemenceau prétendait qu'en amour le meilleur moment c'est lorsqu'on monte l'escalier. José, un enseignant de 31 ans vient consulter car il souffre d'impuissance. Il n'est jamais parvenu à avoir un rapport sexuel complet, car l'angoisse qui monte avant toute tentative le lui interdit. Son problème est complexe car s'il perd l'érection au moment de pénétrer sa partenaire, il lui arrive également de subir des « *fiasco ante portas* », c'est-à-dire d'éjaculer prématurément, avant même la pénétration. Il lui est possible, néanmoins, de se masturber avec satisfaction et il présente des érections matinales et nocturnes. Le bilan physique, comme on pouvait s'y attendre, est négatif et n'explique pas son problème. Il vit seul, mais n'a pas de difficultés à trouver des partenaires occasionnelles. Cependant, il évite de plus en plus les rapports sexuels, qui lui procurent beaucoup d'angoisse et peu de plaisir. Il a tendance à ne séduire que des jeunes femmes peu attirantes de peur de subir les critiques de personnes plus expérimentées qui risquent de le comparer à d'autres hommes plus virils.

Son anxiété est liée à un schéma cognitif qui valorise le machisme. Originaire d'Espagne, dont il enseigne la langue, il est tributaire de l'image de survirilité que véhiculerait, selon lui, sa culture d'origine – même s'il le dit avec humour : « On est un homme puissant ou l'on n'est rien. »

Ce schéma d'infériorité est discuté dès la première séance et il est facile de nouer une bonne alliance thérapeutique, car le patient pense que la thérapie va l'aider. Ce cas est relativement aisé à traiter, car il est possible de faire rapidement deux hypothèses de travail. La première est qu'en réduisant l'anxiété de performance sexuelle il parviendra à maintenir son érection et à éjaculer plus tardivement.

La seconde est qu'il présente un schéma cognitif d'infériorité en relation avec un système de croyances don juanesque binaire : être un tombeur ou rien. Il en résulte un déficit des compétences sociales et des difficultés d'affirmation de soi.

Deux méthodes pourraient donc être successivement mises en place : une désensibilisation en imagination de l'anxiété de performance ; et l'affirmation de soi en jeu de rôle pour modifier son estime de soi et ses relations avec les femmes.

José est d'accord avec cette réinterprétation de son problème et avec la stratégie thérapeutique qui est proposée.

La désensibilisation consiste en l'apprentissage de la relaxation de Schultz et de la construction d'un thermomètre de la peur (gradué de 0 à 100) qui permet d'identifier le degré d'anxiété qui est attaché aux situations de rencontre sexuelles.

Dix scènes sont ainsi construites en collaboration avec le patient :

100. Une pénétration sexuelle ;

90. Des préliminaires sexuels ;

80. Entrer dans une chambre en vue d'un rapport sexuel ;

70. Le trajet en voiture ;

60. Sortir du restaurant et se dire que les rapports sexuels sont inévitables ;

50. Avouer ses difficultés et recevoir une réponse positive : « Ça ne fait rien » ;

40. La conversation s'oriente vers une fin de soirée intime ;

30. Une deuxième sortie au restaurant plus intimiste ;

20. Un peu de flirt au moment de se quitter ;

10. Se trouver au restaurant avec une femme qui l'intéresse ;

0. Se trouver au restaurant avec une femme qui ne l'intéresse pas sexuellement pour une soirée purement amicale.

Sur dix séances de quarante-cinq minutes, les situations sont présentées en imagination de manière répétitive pendant une dizaine de secondes, avec des pauses et des retours en arrière sur des images moins pénibles en cas d'anxiété importante. Les dix scènes sont présentées par ordre croissant, jusqu'à ce qu'elles n'entraînent plus d'anxiété. Par ailleurs, les entretiens ont permis progressivement la mobilisation du schéma par la discussion socratique. Les jeux de rôle ont eu lieu au cours de cinq séances avec le thérapeute et une cothérapeute. Ils ont permis à José d'exprimer ses désirs et ses craintes, et lui ont proposé des modèles pour révéler sans honte ses difficultés et être capable de faire face à des réactions variées de partenaires acceptantes, rejetantes, amusées, ou triomphales : « Avec une femme comme moi, tu ne risques pas d'avoir le moindre problème. » Par ailleurs, je lui ai prêté un ouvrage classique de thérapie sexuelle avec de belles images et des informations sur l'anatomie féminine, et lui ai donné quelques conseils pour une sexualité satisfaisante.

Pendant les quinze premières séances, il avait reçu pour consigne de ne pas avoir de rapport sexuel pour réduire l'obligation de performance. À partir de la quinzième séance, il a accepté une première tentative qui s'avéra concluante, bien qu'un peu laborieuse : il a dû s'y reprendre à plusieurs fois pour parvenir à pénétrer sa partenaire par un coït « a tergo » avec éjaculation intravaginale, ce qui nécessite une forte érection. La thérapie fut arrêtée après dix-huit séances, mais les progrès du patient furent constants par la suite.

Je l'ai revu sept mois, dix mois et deux ans après la fin du traitement. Il m'a à cette occasion raconté plusieurs aventures satisfaisantes et une liaison stable sans intention de mariage. Ses partenaires étaient orgasmiques, car il avait appris de l'ouvrage de sexothérapie à combiner pénétration et stimulation clitoridienne. José envisageait un voyage dans un pays lointain avec une partenaire dont il pourrait enfin tomber amoureux.

Il accepta même de raconter son expérience de la thérapie dans une vidéo destinée exclusivement aux étudiants de TCC.

Les résultats

Je ne reviendrai pas sur les résultats cliniques et leur validation qui a été abordée en détail dans le chapitre 2 (p. 41). Deux problèmes méritent cependant d'être abordés.

TESTER LES TCC AVEC LA NEURO-IMAGERIE FONCTIONNELLE

Les méthodes d'imagerie fonctionnelle ont été utilisées dès leur apparition pour tester des hypothèses psychopathologiques, mais aussi pour évaluer les effets des psychothérapies et tenter d'en expliquer les processus. La quasi-totalité des travaux concernent les TCC. C'est, en particulier, le cas des TOC (Baxter *et al.*, 1992) et des phobies sociales (Furmark *et al.*, 2000). De même, les TCC ont montré des changements sur l'IRM fonctionnelle chez des phobiques des araignées qui avaient été améliorés (Paquette *et al.*, 2003). D'autres travaux ont démontré les effets des TCC dans la dépression, le stress post-traumatique et les attaques de panique (Cottraux, 2009).

LE MYTHE DE LA SUBSTITUTION DE SYMPTÔMES

La principale critique adressée aux TCC est qu'une thérapie centrée sur le symptôme doit aboutir à des substitutions de symptômes, car le problème de base n'est jamais traité à fond et que la disparition d'un symptôme entraînera fatalement l'apparition d'un autre. Ce modèle est un modèle médical qui considère que les troubles psychiques ne sont qu'une fièvre qui témoigne d'une infection en profondeur. Or, nous l'avons vu, les TCC considèrent que ces troubles sont des dysfonctionnements d'apprentissages qui peuvent être corrigés.

La thérapie comportementale et cognitive ne s'adresse pas uniquement au symptôme, mais cherche à analyser le fonctionnement d'une personne avant de l'aider à le remplacer par un fonctionnement plus satisfaisant pour elle. Elle cherche aussi à développer les stratégies d'adaptation en modifiant les émotions, les comportements et les cognitions. Elle se préoccupe de la personnalité et des scénarios de vie des patients.

Des travaux, publiés il y a un certain temps déjà, ont balayé cette critique qui pourtant persiste en France. Ce sont l'étude de Paul (1967) sur l'anxiété sociale et l'étude de Sloane (1975) sur un ensemble de troubles assez disparates. Contrairement à ce que prédisait la théorie psychanalytique, les patients en TCC, dans ces deux études, se sont améliorés plus que ceux de la liste d'attente et que ceux qui suivaient une thérapie psychanalytique. Il n'y a eu de substitution de symptômes ni en TCC ni en thérapie psychanalytique. L'amélioration portait non seulement sur les symptômes, mais aussi sur les mesures de personnalité. En modifiant un point d'un système, on en modifie l'ensemble. Ce résultat a été reproduit dans de nombreuses études dont certaines sont françaises (Mollard et Cottraux, 1984). Le rapport Inserm (2004) n'a constaté aucune substitution de symptômes. De plus, la TCC a fait la preuve de son efficacité dans le traitement des troubles de la personnalité. En toute logique, si la psychanalyse avait raison sur ce point, les médicaments psychotropes, quand ils sont efficaces, devraient, au même titre, entraîner une substitution de symptômes – or il n'en est rien.

Les indications

J'ai abondamment cité, dans le chapitre 2, le rapport Inserm (2004) sur l'efficacité des psychothérapies. Depuis, d'autres revues générales ont paru, en particulier celle de Butler *et al.* (2006) qui prend en compte les méta-analyses. À partir de ces travaux, il est possible de résumer les principales indications des TCC.

***Tableau 4.1.* Principales indications des TCC (efficacité démontrée).**

1. Phobies sociales, agoraphobie, phobies spécifiques
2. Attaques de panique
3. Obsessions-compulsions
4. Anxiété généralisée
5. Dépression d'intensité moyenne
6. Stress post-traumatique
7. Troubles de personnalité
8. Problèmes sexuels
9. Problèmes de couple
10. Boulimie
11. Douleur chronique d'origine organique ou psychologique
12. Réhabilitation psychosociale des sujets schizophrènes chroniques
13. Toxicomanie et dépendance : alcool, tabac, drogues et jeu
14. Trouble bipolaire (en association avec les normothymiques)
15. Problèmes psychologiques de l'enfant et de l'adolescent : dépression, angoisse de séparation, phobies, obsessions, autisme infantiles, hyperactivité, troubles des conduites

Il existe peu de contre-indications. Citons principalement la paranoïa qui relève d'un traitement pharmacologique et souvent institutionnel ; l'impossibilité de clarifier les buts de la thérapie après plusieurs séances ; et la dépression mélancolique ralentie qui relève d'un traitement pharmacologique. Enfin, les TCC qui utilisent l'exposition en imagination, en réalité ou en réalité virtuelle et qui, de ce fait, ont un impact émotionnel important sont déconseillées chez la femme enceinte. Dans ce cas, il vaut mieux utiliser des méthodes de relaxation et de thérapie cognitive ou attendre l'accouchement avant d'entreprendre la thérapie.

Les points forts et les points faibles

En raison d'un nombre important d'essais contrôlés et de méta-analyses, la TCC apparaît actuellement comme la forme de psychothérapie la mieux validée, selon les principes de la médecine fondée sur des preuves.

Cependant, les études de suivi des résultats dépassent rarement deux ans. Sur une durée plus longue (deux à quatorze ans), les résultats obtenus sont plus stables dans le traitement des troubles anxieux que dans la réhabilitation de schizophrènes, mais tendent à s'éroder avec le temps du fait de la cumulation de plusieurs troubles, par exemple anxiété, dépression et trouble de la personnalité (Durham *et al.*, 2005). En revanche, plusieurs études ont montré une *prévention des rechutes par la thérapie cognitive dans la dépression* (Butler *et al.*, 2006) et une étude montre les effets stables des TCC dans le stress post-traumatique sur cinq ans (Tarrier et Sommerfeld, 2004).

Un nombre important de sujets ne répondent pas ou insuffisamment à la TCC dans certaines catégories de troubles, en particulier les troubles obsessionnels compulsifs (Consensus Panel, 1997). Ce qui, dans certains cas complexes et difficiles, incline à combiner, au début, des traitements pharmacologiques pour amorcer le changement et incite à la recherche de nouveaux traitements biologiques et psychologiques.

Un niveau élevé de motivation est souvent nécessaire pour entrer et rester en thérapie. C'est vrai en particulier dans le domaine des addictions : tabac, alcool, drogues dures ou douces. Il est donc nécessaire de mettre en place des méthodes cognitives de clarification et de développement de la motivation, avant de mettre en route des procédures comportementales de sevrage (APA, 2006).

Autre limitation : malgré l'accumulation de données sur l'efficacité des TCC et la recherche fondamentale sur leurs principes, il n'y a pas encore de théorie générale qui permette de comprendre complètement leurs processus. L'étude plus poussée des schémas cognitifs et de leur relation avec des réseaux de neurones permettra sans doute une avancée théorique dans un avenir proche, en particulier dans le domaine des troubles de la personnalité, qui est actuellement la nouvelle frontière de la TCC.

La formation des psychothérapeutes

La formation nécessaire pour devenir thérapeute s'adresse aussi bien aux psychiatres qu'aux médecins généralistes possédant une bonne formation préalable en psychiatrie, aux psychologues, qu'aux infirmiers spécialisés en psychiatrie.

Elle correspond, en France, à un diplôme universitaire (DU) ou interuniversitaire (DIU) qui s'obtient au terme de trois ans d'études. Elle comprend 450 heures de formation théorique et pratique, et la présentation orale et écrite de huit cas supervisés. Il existe aussi des diplômes privés, en particulier celui mis en place par l'Afforthecc, qui demande 522 heures de formation, ainsi qu'un mémoire sur huit cas traités sous supervision. La formation inclut 217 heures de supervision en groupe ou individuelle,

L'Afforthecc, en collaboration avec les éditions Retz, a développé un programme de formation interactif aux TCC *via* Internet, qui, bien entendu, ne remplace pas la formation en atelier pratique ni la surpervision, mais permet une première approche de la méthode.

L'enseignement se déroule également sur trois ans selon les critères préconisés par l'Association européenne de thérapie comportementale et cognitive (EABCT). Là encore, chaque candidat doit présenter au moins huit cas complets et supervisés de patients traités (tableau 4.2).

Tableau 4.2. **Recommandations de l'Association européenne de thérapie comportementale et cognitive (EABCT) pour la formation aux TCC (2009).**

Formation	450 heures, dont 200 par un thérapeute compétent en TCC
Développement des compétences psychothérapiques	200 heures
Supervision	200 heures par un thérapeute compétent. Au moins huit cas supervisés couvrant trois types de problème
Mémoire	Quatre cas au moins (2 000-4 000 mots)
Accréditation par une association	Formation ci-dessus, suivie d'une formation continue durant toute la vie professionnelle
Thérapie didactique des thérapeutes	Le choix est laissé à chaque pays (pas d'obligation)

Où s'adresser ?

Le nombre de psychothérapeutes formés en France (environ 1 500) apparaît insuffisant pour répondre à une demande croissante. Ils sont regroupés dans trois structures qui se chevauchent, car les praticiens adhèrent souvent à plusieurs associations ou instituts.

Il faut souligner qu'il existe des consultations de TCC à des prix modiques dans la plupart des CHU de France, sous le nom d'unité « traitement du stress ou de l'anxiété », et des hôpitaux de jour, en particulier à l'hôpital de la Salpêtrière pour les cas les plus graves. Plusieurs cliniques privées conventionnées ont des structures qui fonctionnent selon le modèle des TCC pour la prise en charge des troubles anxieux, de la dépression, des toxicomanies et des troubles des conduites alimentaires.

Voici une liste des associations et instituts de formation qui n'est pas limitative. Il existe au moins une association locale dans chaque région. Les trois organisations citées tiennent à jour une liste de psychothérapeutes TCC et de superviseurs agréés.

Association for Behavioral and Cognitive Therapies (ABCT)
305 7th Avenue, 16th Fl.
New York, NY 10001
http://www.abct.org/Home/

Association européenne de thérapie comportementale et cognitive (EABCT)
http://eabct.glimworm.com/

AFTCC
27, rue de la Saïda
75015 Paris
http://www.aftcc.org/

AFFORTHECC
Association francophone de formation et de recherche en thérapie comportementale et cognitive
http://www.afforthecc.org/

IFFORTHECC
Institut francophone de formation et de recherche en thérapie comportementale et cognitive
10, rue Gantin
74150 Rumilly
http://www.afforthecc.org/

Conclusion

Les TCC abordent le XXIe siècle comme le courant principal de psychothérapie, dont les effets positifs sont validés dans l'ensemble des troubles psychopathologiques. Elles le doivent essentiellement à une génération de chercheurs qui a bouleversé le paysage des psychothérapies. L'un des plus éminent, Aaron Temkin Beck, a reçu, en 2006, le prix Lasker, qui est la plus haute distinction médicale américaine.

CHAPITRE 5

La thérapie interpersonnelle

Inconnue en France ou presque, la thérapie interpersonnelle, au cours de ces trente dernières années, a pris une place importante dans le traitement de l'accès dépressif, dans la prévention de ses rechutes et de ses récidives et également dans le traitement de la boulimie. Il s'agit d'une thérapie éclectique qui emprunte à différents courants psychothérapiques en particulier aux courants comportementaux, cognitifs et, plus lointainement, au courant psychanalytique. Elle met l'accent sur le système formé par les interactions entre le patient et son environnement, et s'efforce de restaurer un fonctionnement plus harmonieux du rôle que la personne joue dans la société. En pratique, la thérapie interpersonnelle est proche des thérapies comportementales et cognitives.

Les origines

La thérapie interpersonnelle se rattache à la psychologie sociale et à la version « culturaliste » de la psychanalyse et de la psychiatrie américaines. Elle se fonde sur les travaux du psychanalyste Harry Stack Sullivan (1892-1949), rédigés à l'époque la plus socialiste de l'histoire des États-Unis : l'ère Roosevelt. Il y a souligné, parmi les causes des maladies mentales, le rôle de la civilisation, de l'urbanisation et sa conséquence – le stress –, ainsi que les effets délétères de l'organisation de la société en classes sociales rivales. Sullivan (1953), figure de proue de l'école psychanalytique « culturaliste », était un psychanalyste néofreudien et donc libre de toute orthodoxie. Il s'est efforcé de développer une psychiatrie sociale en lui intégrant des concepts psychanalytiques. Il a mis l'accent sur l'importance des rôles sociaux en soulignant que leurs aléas servent d'antécédent aux perturbations psychopathologiques. Une fois installés, les troubles mentaux souvent produisent un déficit dans les capacités individuelles à assumer un rôle social adéquat. Sa critique des conditions asilaires des hôpitaux psychiatriques américains et de leurs effets dans le maintien des troubles qu'ils prétendaient guérir a eu pour issue le mouvement de psychothérapie institutionnelle. Ce dernier consistait à humaniser les hôpitaux psychiatriques et à mettre en place des structures intermédiaires pour faciliter le retour du patient dans la cité. Il est donc un précurseur du mouvement « désaliéniste » des années 1970, qui a vu la sortie de nombreux patients et la réforme des hôpitaux psychiatriques par la politique de secteur, le développement des foyers et de l'hospitalisation à domicile.

La thérapie interpersonnelle a été mise au point par une célèbre épidémiologiste, Myrna Weissman, et son compagnon, Gerald Klerman (1928-1992), un éminent clinicien et chercheur (1984). Elle s'est développée à la fin des années 1970 en se présentant comme une évolution du modèle psychanalytique culturaliste vers une conception sociale du traitement de la dépression. Par la suite, elle s'est émancipée pour devenir un courant autonome.

Cette nouvelle forme de thérapie résulte aussi de la désillusion vis-à-vis de la théorie freudienne de la dépression. Selon

Freud, et son essai théorique de 1915 *Deuil et mélancolie,* la dépression résulterait du retournement contre soi de l'agressivité destinée à autrui, y compris les personnes aimées et décédées.

Or très peu de données expérimentales ont appuyé ces thèses. En revanche, Myrna Weissman a publié en 1973 une étude expérimentale qui battait en brèche le modèle freudien. En analysant l'hostilité et la dépression qui sont associées aux tentatives de suicide, elle a montré que l'agression et la dépression sont des affects séparés. Les patients suicidaires présentaient une relation ouvertement hostile et un comportement antisocial, qui contrastaient avec ce que vivaient les patients dépressifs. Cette étude a semé un doute considérable sur l'universalité de l'agression tournée vers l'intérieur comme un modèle explicatif de la dépression. Il existerait vraisemblablement un sous-groupe de patients dépressifs hostiles qui ont les deux affects. La recherche de Weissman et Klerman se centrera par la suite plus sur les facteurs extérieurs et donc sociaux de la dépression et leur possible modification par des interventions destinées à améliorer les interactions de la personne déprimée avec son environnement. À nouvelles idées, nouvelle thérapie.

La théorie

L'approche interpersonnelle considère que les perturbations des relations humaines sont à la fois des antécédents et des conséquences de la maladie mentale. Elle attribue une grande place à la notion de « pathologie réactionnelle » et aux interactions sociales comme facteurs de déclenchement et de maintien des troubles psychopathologiques. La thérapie interpersonnelle se fonde sur une psychologie de l'adaptation à l'environnement social, mais aussi sur un certain nombre de travaux qui permettent d'expliquer les relations entre les problèmes interpersonnels et la dépression.

L'ATTACHEMENT

Partant des théories de Bowlby (1988) selon lesquelles les êtres humains ont une tendance innée à chercher l'attachement et que celui-ci contribue à la survie des espèces et à la satisfaction individuelle, l'école interpersonnelle a étudié les émotions qui sont en relation avec les liens. Cela a permis de mettre en évidence la modification des liens dans le contexte de la dépression. Il devient également possible de développer des stratégies psychothérapiques destinées à modifier les distorsions produites par les attachements défaillants de l'enfance : attachement anxieux, attachement insécurisé, désorienté ou évitant.

LE DEUIL ET LE TRAVAIL DE DEUIL

La thérapie interpersonnelle considère que le deuil est un processus normal et que les liens d'attachement aux autres peuvent protéger des issues pathologiques du deuil : une réaction de tristesse profonde et prolongée au-delà de trois mois, et des conduites funéraires répétitives qui s'accompagnent souvent d'un déni de la mort de la personne aimée, des mois et des années après le décès. Le thérapeute va faciliter le travail de deuil et, graduellement, aider le patient à trouver de nouvelles activités et à nouer des relations pour compenser cette perte. La thérapie l'aidera à récréer des liens avec des personnes vivantes.

LES FACTEURS SOCIAUX

L'école interpersonnelle souligne l'importance des difficultés interpersonnelles comme facteurs de déclenchement de la dépression chez l'adulte. Ainsi, le stress social et les événements de vie, la perte d'un soutien social, la perte d'intimité, les conflits conjugaux. Elle met aussi en évidence les difficultés interpersonnelles qui sont la conséquence de la dépression clinique, à savoir les communications distordues, la séparation et le divorce, l'absence d'ajustement social, familial et communautaire. Toutes ces ruptures entraînent un déficit de l'estime de soi.

En effet, de nombreuses études épidémiologiques ont montré la corrélation entre la dépression et la perte du soutien social. Brown et Harris (1978), en particulier, ont démontré une réaction dépressive si, à des événements de vie perturbateurs intenses, se surajoutaient quatre facteurs de risque chez une femme de la classe ouvrière : la séparation d'avec la mère ou la mort de la mère avant qu'elle n'ait 15 ans, le fait d'avoir au moins trois enfants de moins de 14 ans à domicile, pas d'emploi et pas de relation intime avec un homme. Les résultats reproduits dans différents pays soutiennent leur modèle étiologique. Même les dépressions où les facteurs biologiques sont prépondérants sont déclenchées par des événements de vie sévères. En revanche, un sous-groupe peu nombreux de sujets présentant une dépression mélancolique répond moins aux événements. Pour ces derniers, les désordres biologiques internes sont responsables de la dépression et pas les événements de vie (Brown et Harris, 1994).

Les fondateurs de la thérapie interpersonnelle ont cherché à se démarquer clairement des autres formes de psychothérapies : ils n'y sont pas toujours parvenus. Examinons leur argumentaire qui présente les critères qui distingueraient la thérapie interpersonnelle des autres formes de psychothérapie.

• *La thérapie est limitée dans le temps* : elle est donc différente de la psychanalyse classique qui ne fixe pas de limite, mais proche en cela des TCC et de psychothérapies d'orientation psychanalytique. Les séances sont focalisées sur un thème et le psychothérapeute ne s'occupe que d'un ou deux problèmes du patient, et non pas de l'ensemble de ses problèmes psychologiques ni de sa personnalité. En cela, elle diffère des thérapies psychanalytiques et est proche de la thérapie cognitive de la dépression. Cependant, dans sa pratique, tout comme les thérapies cognitives, la thérapie interpersonnelle se préoccupe des distorsions de la pensée que les patients peuvent avoir par rapport à eux-mêmes et aux autres, et cherche aussi à proposer d'autres options pour modifier les pensées négatives.

• *Les séances s'attachent aux relations actuelles et non pas à celles qu'a pu avoir le patient dans le passé.* En cela, elle est proche de la thérapie comportementale de première génération (Lewinsohn, 1978), mais loin de la thérapie cognitive moderne, en particulier de la thérapie des schémas qui aborde les troubles de la personnalité à travers les structures inconscientes que sont les schémas dysfonctionnels qui régissent les émotions et les comportements.

• *La psychothérapie interpersonnelle se centre sur les problèmes relationnels réels et non pas sur les conflits internes*, ce qui la différencie des thérapies psychanalytiques. De même, elle ne se préoccupe pas de ce qui a été appelé par la psychanalyse les « mécanismes de défenses ». Le comportement du patient est exploré en fonction de ses relations avec les autres et non pas avec lui-même.

La pratique

Il s'agit d'une thérapie de court terme, limité à douze ou vingt séances sur quatre mois en général. Les séances s'ouvrent en général par la question : « Comment les choses ont-elles évolué depuis que nous nous sommes rencontrés la dernière fois ? », ce qui va recentrer le patient sur les relations entre les événements interpersonnels et les mouvements d'humeur récents. Le thérapeute a un comportement actif, sans neutralité, il apporte du soutien et entretient l'espoir.

Chaque séance est centrée sur un problème particulier et le thérapeute reste focalisé sur le présent. La thérapie interpersonnelle comporte trois phases : le début de la thérapie, la phase des techniques spécifiques et la fin de la thérapie. S'y ajoutent des techniques non spécifiques qui sont mises en place en fonction des besoins des problèmes qu'apporte le patient.

LE DÉBUT DE LA THÉRAPIE

La première phase comporte en général une à trois séances qui incluent le diagnostic et l'histoire psychiatrique, et essaie d'établir le cadre du traitement.

Le thérapeute passe en revue les symptômes, diagnostique la dépression grâce aux critères habituels et examine avec le patient son rôle social. Il souligne que, quel que soit son rôle dans la société, le patient doit collaborer au traitement pour retrouver un fonctionnement totalement adéquat.

Durant la phase initiale est effectuée une revue des fonctionnements sociaux du patient, de ses relations proches et de leur organisation. Le thérapeute met au jour les attentes qui s'expriment de la part de son entourage, et des attentes que le patient ressent vis-à-vis de ses proches. Le thérapeute enquête pour clarifier les changements relationnels qui sont survenus peu avant le début des symptômes. Un certain nombre d'événements de vie sont souvent évoqués : par exemple la mort d'une personne aimée, les enfants qui ont quitté la maison (syndrome du nid vide), la détérioration des relations conjugales ou l'isolement par rapport à une personne autrefois de confiance.

L'inventaire relationnel

Le thérapeute cherche à obtenir un inventaire complet des relations actuelles et passées avec les personnes importantes de l'entourage, en particulier la famille d'origine, mais aussi l'école, le travail, les relations amoureuses, les amitiés et les activités communautaires. Il va susciter le récit de l'histoire des relations interpersonnelles dans de nombreux domaines : les rapports avec l'autorité, la dominance et la soumission aux autres, la dépendance et l'autonomie, les capacités à supporter des relations intimes, la confiance dans les autres, la possibilité d'exprimer de l'affection et des sentiments, la vie sexuelle, les relations de voisinage, la division du travail et les tâches dans la famille aussi bien qu'au travail proprement dit, les finances, les loisirs, la religion et les activités communautaires. L'accent est également mis sur les réactions aux séparations qu'a dû subir le patient et aux pertes dont il a souffert.

Cognitions et émotions

Après ce large inventaire social, le thérapeute dresse un tableau des cognitions de l'individu et des personnes importantes de l'entourage qui sont développées et maintenues, et leur évolution au fil du temps. Ces cognitions correspondent aux croyances et aux attitudes au sujet des normes, et des significations qui sont attribuées aux rôles sociaux que le patient doit jouer, par rapport à ce qu'il en attendait au départ. Enfin, il va s'efforcer de mettre au jour les émotions associées aux relations interpersonnelles : colère, hostilité, confiance, chaleur ou dépression.

La psychothérapie « cadre » le système social qui provoque et maintient la dépression et propose une information psychoéducative

Cet inventaire permet d'obtenir un cadre pour comprendre le contexte social et relationnel du début de la dépression, et de définir sur quels problèmes va se focaliser le traitement. Le thérapeute évalue le besoin de médicaments en se fondant sur la sévérité des symptômes, l'histoire, la réponse au traitement et la préférence du patient. De plus, il informe le patient au sujet de son diagnostic et des traitements possibles et ce qu'il pourrait en attendre.

Le thérapeute s'efforce d'établir un lien entre le syndrome dépressif et les relations du patient en se centrant sur les quatre domaines fondamentaux des problèmes interpersonnels :

1. le deuil d'un être cher ;
2. les conflits interpersonnels et les disputes au sujet du rôle social ;
3. les problèmes de transition lors des étapes de la vie : divorce, changement de travail, retraite, départ des enfants, solitude ;
4. les déficits dans la relation interpersonnelle, et surtout dans les relations avec les personnes importantes de l'entourage actuel du patient.

LES STRATÉGIES PSYCHOTHÉRAPIQUES SPÉCIFIQUES

Dans la phase intermédiaire, le thérapeute suit les stratégies qui sont définies dans les manuels et qui sont spécifiques au problème interpersonnel en question.

Le deuil

Le thérapeute va faciliter le travail de deuil et aide le patient à trouver de nouvelles activités et des relations pour compenser la perte. Notamment il va s'efforcer de remplacer progressivement les conduites funéraires quotidiennes, par des activités plaisantes et la rencontre de personnes qui prennent peu à peu la place, puis le rôle de la personne disparue.

Les conflits interpersonnels

Les conflits, et en particulier les conflits de rôle avec quelqu'un d'important de l'entourage, par exemple le (la) conjoint(e), les autres membres de la famille, les collègues ou les amis proches, sont abordés. Le thérapeute va aider le patient à explorer la relation et la nature du conflit. Patient et thérapeute considèrent ensemble les solutions pour résoudre le problème. Si cela ne fonctionne pas, ils peuvent en conclure que la relation est dans une impasse et envisagent les moyens d'y mettre fin et de la remplacer par une meilleure alternative.

Les transitions et étapes de vie

Comme le disait délicatement Anatole France : « Tout changement a sa mélancolie. » Les transitions et les changements de rôle lors des étapes de la vie impliquent des changements de statuts, le début ou la fin d'une relation ou d'une carrière, un déménagement, une promotion, la retraite, le fait de réussir des concours ou d'obtenir des diplômes, de changer de cursus, le stress en relation avec le diagnostic d'une maladie physique ou la perte d'un idéal très investi. Le thérapeute aide le patient à accepter ces changements en reconnaissant les aspects positifs et négatifs du nouveau rôle à assumer et également les aspects positifs du rôle ancien qu'il remplace.

Déficits relationnels et compétences sociales

Les déficits interpersonnels représentent la partie résiduelle de la thérapie interpersonnelle et définissent le patient comme manquant des compétences sociales. En particulier, il lui est difficile de commencer et de maintenir des relations. Le thérapeute travaille sur le présent et l'ici et maintenant, plutôt que sur les problèmes infantiles et de développement.

LA FIN DE LA THÉRAPIE

La phase finale de la thérapie interpersonnelle est progressive. Le thérapeute encourage le patient à consolider les gains thérapeutiques et à développer des moyens pour identifier et attaquer les symptômes dépressifs qui pourraient apparaître dans le futur.

LES TECHNIQUES ÉCLECTIQUES DE THÉRAPIE INTERPERSONNELLE

Des techniques, qui dérivent de différents courants de la psychothérapie, sont appliquées constamment dans la thérapie interpersonnelle.

De la *thérapie psychanalytique* viennent des techniques exploratoires non directives comme le silence, l'approbation et l'encouragement à l'expression des affects douloureux. De même, le thérapeute encourage l'expression des sentiments transférentiels, même s'ils sont négatifs. Cette technique est utilisée surtout par rapport aux conflits de rôle et aux interactions pathologiques que vit le patient, ainsi que par rapport au deuil et aux déficits interpersonnels.

De la *thérapie cognitive et comportementale* viennent la reformulation et la clarification des croyances du patient qui relèvent souvent du tout ou rien. Une technique appelée « analyse de décision » est très proche des techniques de résolution de problème utilisées par les TCC. De même, l'éducation au sujet de la dépression et des choses de la vie, l'aide directe, les conseils, les suggestions, l'établissement de limites s'il s'avère nécessaire, sont des méthodes actives de changement empruntées aux TCC. Le thérapeute peut aussi jouer le rôle d'un modèle. Le jeu de rôle est utilisé pour mettre au jour les perturbations relationnelles et essayer de les modifier. Enfin des « tâches contractuelles » sont prévues avec le patient.

APPLICATION DE LA THÉRAPIE INTERPERSONNELLE À LA BOULIMIE

La thérapie interpersonnelle a été adaptée à la boulimie. Le thérapeute doit analyser de façon détaillée le contexte interpersonnel dans lequel le trouble des conduites alimentaires s'est développé et maintenu. Cela conduit à l'identification d'un ou de plusieurs problèmes relationnels à l'intérieur de ces séquences. Par la suite, le traitement sera celui de la thérapie interpersonnelle habituelle, en éliminant le jeu de rôle et la résolution de problème. La thérapie se centre sur les relations interpersonnelles. Le noyau dur de la thérapie est l'étude et la modification des relations perturbées qui conduisent au comportement boulimique. Dans une deuxième phase, le psychothérapeute aide le patient à faire face à ses problèmes et dans la dernière phase sont évalués les sentiments par rapport à la fin de la thérapie.

Les résultats

Ces thérapies ont, tout comme les TCC, un effet préventif sur les rechutes dépressives (Frank *et al.*, 1990 et 1991 ; Kupfer, 1992 ; Schramm *et al.*, 2007 ; Frank *et al.*, 2007).

Une méta-analyse (Thase *et al.*, 1997) a montré que la thérapie cognitive et la thérapie interpersonnelle se valent, qu'elles soient associées ou non aux antidépresseurs. L'association des psychothérapies avec le médicament n'était pas significativement supérieure aux psychothérapies sans médicament dans les dépressions les moins sévères.

En revanche, dans les formes les plus sévères de dépression, l'adjonction de médicaments à la psychothérapie donnait des résultats supérieurs. Autrement dit, les médicaments ne sont utiles que dans les formes les plus sévères de la dépression : ce résultat a été confirmé par les recherches les plus récentes. Dans les formes les moins sévères, une méta-analyse a montré que les antidépresseurs ne se distinguent pas du placebo lorsque l'on inclut les études que les firmes pharmaceutiques n'ont pas publiées parce qu'elles leur étaient défavorables, mais qui sont disponibles auprès des agences gouvernementales (Turner, 2008 ; Kirsch, 2008 ; Cottraux, 2008).

Ainsi, les psychothérapies efficaces, à savoir les TCC et la thérapie interpersonnelle, représentent le traitement de choix des dépressions d'intensité légère ou moyenne. Mais, avant tout, le choix du patient doit être respecté, car ses attentes peuvent grandement influencer la positivité des résultats. C'est ce qu'a montré une étude sur la dépression, qui comparait des traitements médicamenteux à la TCC choisis par les patients aux mêmes traitements tirés au sort : lorsque le patient choisissait le traitement, les résultats étaient supérieurs que lorsqu'il était attribué au hasard (Mergl *et al.*, 2011).

Une approche interpersonnelle spécifique appelée « psychothérapie interpersonnelle et rythmes sociaux » (Frank, 2005a) a été mise au point pour le traitement du trouble bipolaire (ou maniaco-dépressif). L'approche interpersonnelle est associée à des techniques comportementales qui permettent de recaler les rythmes biologiques sur les rythmes sociaux. Cette nouvelle combinaison thérapeutique est plus efficace que le traitement habituel (Frank *et al.*, 2005b), mais n'a été testée positivement que dans une seule étude qui demande confirmation.

Voyons maintenant les résultats pour la boulimie : ils sont positifs dans l'ensemble, mais sans différence avec la TCC. Une étude avec un suivi d'un an (Fairburn *et al.*, 1993) portant sur la boulimie a démontré des résultats identiques pour la thérapie cognitive et la thérapie interpersonnelle, alors que la thérapie comportementale classique se révélait moins efficace. La TCC s'avère plus efficace que la thérapie interpersonnelle dans une étude plus récente (Agras *et al.*, 2000). Dans l'obésité liée aux accès boulimiques, la thérapie interpersonnelle en groupe est aussi efficace que la TCC (Wilfley *et al.*, 2002). Dans une étude de plus forte envergure qui portait sur 205 patients des deux sexes souffrant d'accès de boulimie, la TCC aussi bien que la thérapie interpersonnelle ont été supérieures au contrôle comportemental du poids à un suivi de deux ans (Wilson, 2010). En revanche, dans le traitement de l'anorexie mentale, la thérapie interpersonnelle est moins efficace qu'une thérapie de soutien, la TCC se situant entre les deux (McIntosh *et al.*, 2005).

La neuro-imagerie cérébrale rapporte des résultats intéressants dans le domaine de la dépression en montrant des changements voisins avec les antidépresseurs ou la thérapie interpersonnelle (Brody *et al.*, 2001, Martin *et al.*, 2001).

Ces deux études suggèrent que des antidépresseurs différents et la thérapie interpersonnelle agissent sur la dépression en réactivant les régions temporales et les circuits qui sont le substrat des émotions. Mais, comme toujours devant un début de preuve, on ne peut que conclure que d'autres recherches sont nécessaires.

Les indications

La thérapie interpersonnelle est utile pour des patients qui sont pris dans des conflits avec les personnes de leur entourage, qui rencontrent des difficultés à s'adapter dans leur profession, ont des problèmes avec leurs rôles sociaux et ressentent d'importantes difficultés dans les phases de transition qui font partie de la vie. La thérapie interpersonnelle n'a réellement été testée et validée que dans la dépression unipolaire et la boulimie.

Le tableau 5. 1 résume les indications de la thérapie interpersonnelle.

Tableau 5.1. **Efficacité de la thérapie interpersonnelle.**

Efficacité démontrée
1. Dépression 2. Boulimie
Potentiellement efficace
Troubles bipolaires sous médicaments

Les points forts et les points faibles

Le point fort de cette thérapie est qu'elle présente la même efficacité à court et à long terme que la TCC dans le traitement de la dépression. Elle est aussi efficace que la TCC dans la boulimie. Ses preuves reposent sur des études contrôlées de bonne qualité et sur des méta-analyses.

Son point faible est qu'elle ne se différencie guère, dans ses composantes, de la TCC. Le projet sur la dépression de l'Institut de santé mentale américain (Elkin *et al.*, 1989 ; Shea *et al.*, 1992) comparait la thérapie cognitive, la thérapie interpersonnelle, les antidépresseurs avec soutien psychologique et le placebo avec soutien psychologique. Dans cette étude, la thérapie interpersonnelle était plus efficace dans le traitement de la dépression sévère, et la thérapie cognitive dans celui de la dépression associée à des troubles de la personnalité ; de plus, la thérapie cognitive maintenait plus longtemps les patients en rémission. Dix ans plus tard, une analyse des bandes vidéo des séances de thérapie de ce projet a été publiée (Ablon et Jones, 2002) : elle a conclu que les psychothérapeutes mettaient en place une thérapie cognitive plutôt qu'une thérapie interpersonnelle, contrairement à ce qu'ils affirmaient. La vidéo présente l'intérêt de montrer ce que font les thérapeutes et non pas ce qu'ils prétendent et, surtout, croient faire. Il faut donc, lors des recherches, vérifier l'intégrité des traitements prévus – ce qui nécessite des enregistrements vidéo et leur évaluation, qui engendrent un coût pharaonique.

Mais thérapie interpersonnelle et thérapie cognitive n'étaient-elles pas semblables à l'origine ? Tout comme la TCC, la thérapie interpersonnelle est un melting-pot. Un article historique de Myrna Weissman au sujet de la genèse de la thérapie interpersonnelle (Weissman, 2007) a rappelé que Gerald Klerman, le fondateur de la thérapie interpersonnelle, après avoir lu le manuel de thérapie cognitive de A. T. Beck (1979) avait demandé aux membres de son équipe de faire la même chose en plus simple pour créer une thérapie de soutien qui aide les patients sous traitement pharmacologique. Il fut servi au-delà de ses espérances.

La formation des thérapeutes

Klerman (1984) conseille de n'accepter dans les cours intensifs de formation que les personnes qui ont déjà pratiqué la thérapie psychanalytique pendant au moins deux ans. L'étude de deux à quatre cas supervisés est également requise. Les cours et les supervisions qui utilisent la vidéo se déroulent sur deux ans. Les psychothérapeutes doivent suivre un manuel traduit en français (Weissman, 2000). La formation francophone, dispensée à l'Université de Montréal, est ouverte aux résidents (équivalents des internes) en psychiatrie sans prérequis analytique. Ils doivent traiter six cas au moins.

Où s'adresser ?

En France, un site fait référence et propose la thérapie sociale des rythmes dans les troubles bipolaires et la thérapie interpersonnelle pour les adolescents avec des résultats préliminaires (Kochman *et al.*, 2010) : http://www.tdah-france.fr/La-therapie-interpersonnelle-ou.html.

L'Université de Genève a ses spécialistes, ses auteurs (Hovaguimian, 2003) et formateurs. Il existe une société suisse de thérapie interpersonnelle.
http://www.sspi-med.ch/

Il en va de même de l'Université de Montréal où une formation est organisée sur une année par le département de psychiatrie à l'hôpital du Sacré-Cœur. Cette formation est donc plus brève que celle requise aux États-Unis.

Il existe également une Société internationale de thérapie interpersonnelle :
http://www.interpersonalpsychotherapy.org/

Conclusion

Bien que peu connue en France, contrairement à d'autres pays francophones comme le Québec ou la Suisse, la thérapie interpersonnelle, proche des TCC, représente un courant psychothérapique très vivace, dont les effets ont été validés dans le traitement de la dépression et de la boulimie. Les thérapies efficaces sont rares, et la thérapie interpersonnelle en fait partie. Elle devrait donc être enseignée, au même titre que les TCC, à l'université.

CHAPITRE 6

Les psychothérapies humanistes

La thérapie humaniste est un courant original de psychothérapie qui est apparu à la fin des années 1950, dans la mouvance de la contre-culture américaine, puis des mouvements de 1968 et de la contestation de la guerre au Vietnam. Récupérée par la société de consommation, sous la forme de recherche du bien-être et du développement personnel, ou de l'utilisation du potentiel humain dans le monde du travail, elle s'est divisée en plusieurs dizaines de courants, dont nous n'envisagerons que les principaux. C'est aussi dans sa mouvance que l'on trouve le plus fréquemment des pratiques discutables, voire sectaires, à côté d'authentiques thérapies et de méthodes utiles au développement personnel.

Les origines

La thérapie humaniste a été appelée « troisième voie » ou « troisième force », car elle se voulait indépendante des deux courants dominants de l'époque : d'un côté la psychanalyse triomphante qui tenait le haut du pavé dans la psychiatrie et de l'autre le comportementalisme radical de Skinner qui dominait la psychologie universitaire américaine. Elle a été élaborée par d'anciens psychanalystes déçus du système instauré par les successeurs de Freud. Partant de là, ses fondateurs ont tracé une voie originale qui a éclaté en de multiples groupes et sous-groupes. La prolifération actuelle des psychothérapies est due en grande partie à la fragmentation des thérapies humanistes. Ses principes se fondent sur les idées des Lumières, la pensée de Jean-Jacques Rousseau, le courant philosophique existentialiste et l'enseignement des lamas tibétains.

Elle se préoccupe essentiellement du vécu personnel et considère que la personne évolue naturellement vers la maturité. La société peut empêcher ce processus naturel de maturation en imposant à l'individu des valeurs falsifiées. Cette opération de formatage mental va empêcher un vécu authentique du monde et des autres. S'ensuivent des perturbations émotionnelles qui s'expriment par des symptômes psychiques et physiques, en particulier sexuels. La psychothérapie humaniste a pour but de mettre le patient en contact avec ses sentiments, ses émotions et ses désirs les plus authentiques. Elle va donc faciliter le développement personnel par l'intermédiaire d'une croissance émotionnelle arrivée à maturité : c'est-à-dire être en accord avec soi, se dégager de l'aliénation des contraintes sociales, et cesser d'être une personne factice (*phony*).

WILHELM REICH (1897-1957), LE PRÉCURSEUR MALHEUREUX : ARMURE CARACTÉRIELLE ET FONCTION DE L'ORGASME

Le mouvement de thérapie humaniste a eu un précurseur malheureux, qui se trouve à la charnière de la psychanalyse freudienne orthodoxe et de son évolution vers d'autres formes de psychothérapie. Wilhelm Reich faisait partie du premier cercle des élèves de Freud, avec lequel il a fini par se brouiller. Il était en effet partisan d'un freudo-marxisme qui ne plaisait pas au maître. De plus, il critiquait la théorie freudienne qui mettait la pulsion de mort au centre du psychisme. Pour Reich, le prétendu instinct de mort n'était qu'une construction psychique secondaire qui résultait des difficultés de la vie prolétarienne. La révolution sexuelle passait par la révolution politique : pour concrétiser ses théories, il créa à Berlin Sexpol, un centre de recherches sur l'épanouissement de la satisfaction sexuelle chez les masses populaires qui attira des très nombreux adhérents et fut interdit par les nazis. Reich dut émigrer d'Allemagne vers les États-Unis au moment des persécutions contre les juifs et les communistes.

Dans son pays d'adoption, il a été à l'origine d'un courant de thérapie humaniste, la *bioénergie*, qui prônait une méthode psychanalytique destinée à briser l'armure caractérielle et musculaire pour accéder aux véritables émotions dont cette dernière défendait l'accès (Reich, 1970).

Malheureusement, cette méthode s'avéra fondée sur des principes fantaisistes en relation avec un état de paranoïa qui se développa chez lui à partir de 1947. Reprenant à son compte la théorie de la libido de Freud, Reich voulut en donner une version biologique. Il postulait l'existence d'une substance, l'orgone, qui circulait partout dans la nature, en particulier dans la foudre, et qui permettait à l'orgasme de se réaliser pleinement. Ressentir de puissants orgasmes devait permettre de guérir aussi bien les névroses que le cancer. À partir d'expérimentations farfelues, il construisit un accumulateur d'orgone et fut condamné à deux ans de prison pour avoir cherché à expérimenter son appareil sur des patients, ainsi qu'en raison de son appartenance au parti communiste et de sa critique féroce de la société bourgeoise qui, selon lui, empêchait à la fonction orgasmique de réaliser toutes ses potentialités. Reich prit la posture du génie méconnu, ce qui empêcha ses avocats de le défendre efficacement, et il mourut en prison en 1957.

J'ai assisté à une conférence que la fille de Wilhelm Reich a donnée à l'université de Lyon en 1978. Elle a montré à l'assistance des diapositives, qui représentaient des plantes vues au microscope, sur lesquelles nous étions censés distinguer les fameuses vésicules d'orgone. Par égard pour sa position personnelle, personne n'osa la contredire. Par la suite, la bioénergie a perdu beaucoup de sa vigueur initiale et s'est rapprochée de la psychanalyse ou des psychothérapies orientales (Hauswirth, 2002).

L'ASCENSION DE LA THÉRAPIE HUMANISTE

Les aspects sains de l'œuvre de Reich ont été repris par un de ses analysants, le psychanalyste de Fritz Perls, qui en donna une version plus acceptable tout en restant extrêmement critique vis-à-vis de la société de consommation. On peut en trouver aussi un écho dans les massages dits californiens destinés à libérer les tensions de l'armure caractérielle, qui se traduisent dans le système musculaire.

En 1961, le *Journal of Humanistic Psychology* est fondé. L'année suivante se met en place une association internationale de psychologie humaniste. Dans les années 1970-1980, des centres de développement du potentiel humain s'implantent un peu partout dans le monde afin de populariser ce nouveau modèle de thérapie.

La thérapie humanise, dite aussi thérapie californienne, met l'accent sur le retour à la nature et au corps. Elle conseille de se centrer sur l'ici et le maintenant, et prône un mode de vie alternatif à la société de consommation. Née du désir de changement de psychanalystes déçus et d'anthropologues sans préjugés, elle cherchait à découvrir les moyens qui permettraient aux individus de développer leur personnalité et un style de vie sain. Elle s'est aussi particulièrement intéressée aux processus de communication et de prise de conscience des émotions. Ses valeurs sont, essentiellement, la liberté, la capacité de choix personnel, la responsabilité et la recherche d'un développement original de l'individu face à l'oppression de l'environnement.

Teinté d'anarchisme, ce mouvement conteste les structures familiales et sociales, toutes deux suspectes de tisser des liens pathogènes chez les individus. À la morne culture de la société de consommation était opposée une culture plus hédoniste et plus en prise avec les forces naturelles et les émotions cachées. La recherche de soi est devenue celle de la créativité personnelle, des désirs ensevelis et des pensées captives dans l'entrelacs des liens sociaux pervers et la toile d'araignée des parentés perfides. Le message, c'est qu'il n'y a pas de message, mais que chacun doit trouver sa propre voie. Le slogan historique de ce mouvement est : *Do your own thing*, ce que l'on peut traduire librement par : « Fais ce qui réellement t'appartient » ou « Fais ton truc ». Il n'a atteint véritablement la France que dans la suite des mouvements de 1968 qui ont secoué l'Occident. Beaucoup de slogans de l'époque, comme le fameux « Jouir sans entraves », n'en sont que l'écho.

Par la suite se sont développées en Europe des formations venues d'outre-Atlantique. De nombreux Français se sont initiés aux méthodes humanistes. Puis sont apparues des sociétés de psychothérapeutes qui se sont souvent autonomisées, puis divisées.

Certaines ont évolué vers la respectabilité bourgeoise et des pratiques bien codifiées, d'autres vers des pratiques marginales, parfois même dommageables pour les patients ; enfin, certains sous-groupes dominés par des gourous sont proches de la secte et représentent un véritable danger.

À l'intérieur de la thérapie humaniste, plusieurs courants principaux ont coexisté, dont certains se prolongent de nos jours : ce sont la Gestalt-thérapie de Perls, l'analyse transactionnelle d'Eric Berne et la thérapie centrée sur le patient de Carl Rogers.

D'autres mouvements vécurent quelques années seulement, comme les Ehrard Seminars Training (EST) qui n'ont prospéré que de 1971 à 1984. Cette méthode « miraculeuse » promettait de changer la vie de ses adeptes en 60 heures. Une de ses techniques favorites consistait à réunir les participants et de les traiter de « trous du cul ». Cet exercice, profondément pensé, était destiné à les sortir de leur passivité et à les inciter à prendre, enfin, la responsabilité de leurs émotions. Le principal message philosophique était qu'« il n'y avait rien d'autre à faire dans la vie que de la vivre » (Bry, 1976). Cet humour très zen n'a suscité l'adhésion que le temps de récolter quelque argent et de revendre la société EST.

La théorie

La thérapie humaniste a son grand théoricien, Abraham Maslow (1908-1970). Selon lui, la psychologie ne doit pas se fonder sur l'étude des cas pathologiques, comme l'a fait la psychanalyse, ou chercher uniquement à modifier les comportements, comme le faisaient les thérapies comportementales de son époque, mais essayer de comprendre les génies qui représentent un modèle de développement du potentiel humain.

À partir de ces principes, il a élaboré une théorie de la hiérarchie des besoins humains qui progresse selon sept étapes qui s'enchaînent au cours du développement individuel et qui s'enchaînent les uns aux autres. Un besoin supérieur ne pourra être satisfait que si le besoin inférieur l'a été lui-même. Les sept stades de besoins forment une pyramide (Maslow, 1970, 1973).

• *Niveau 1*

C'est celui des besoins physiologiques et élémentaires (manger, boire, respirer, etc.) qui rapprochent l'homme du monde biologique et animal.

• *Niveau 2*

Il correspond au besoin de sécurité, de stabilité, de protection. Il traduit l'exigence d'un cadre de vie fixe. Il est lié, dans l'histoire personnelle, à l'attachement précoce à des figures protectrices. Ce besoin se réactive normalement en cas d'urgence : catastrophe, guerre, situation précaire ou toute autre forme de traumatisme.

• *Niveau 3*

Il concerne le besoin de contrôle et de pouvoir sur le monde physique et sur les autres. Il compense la peur de se faire manipuler, exploiter ou brimer.

• *Niveau 4*

Il correspond au besoin d'appartenance à un groupe, qui constitue le versant positif de la peur du rejet.

• *Niveau 5*

Celui qui a trouvé sa place dans un groupe éprouve le besoin de reconnaissance. L'estime de soi est à ce stade fonction du jugement des autres.

• *Niveau 6*

C'est le niveau des besoins de deuxième ordre. L'estime de soi provient ici de la personne elle-même. Apparaissent alors le respect de soi, l'acceptation de soi et une prise de conscience clarifiée de ce que l'on est, fait et choisit.

• *Niveau 7*

À un stade ultime du développement personnel, le besoin fondamental est celui de l'accomplissement de soi et de toutes les potentialités ou virtualités que la personne perçoit en elle. C'est le stade où se manifeste le besoin de réalisation de soi. Cet état se caractérise par la possibilité d'atteindre et de vivre des « expériences pics ». Il consiste à chercher à développer toutes les potentialités que la personne perçoit en elle, en particulier le besoin de savoir et de comprendre. La personne développe, à ce stade, la créativité, la spontanéité, la liberté, la tolérance, l'autonomie, la compassion et une perception claire de la réalité. Il lui est possible d'atteindre et de vivre des expériences pics dans des domaines variés comme la mystique, la vie intellectuelle, la sexualité, la vie artistique, l'activité professionnelle. Maslow considérait aussi que l'expérience pic pouvait être atteinte par tous et représentait une manière d'être créatif dans la vie quotidienne, une fois les autres besoins satisfaits.

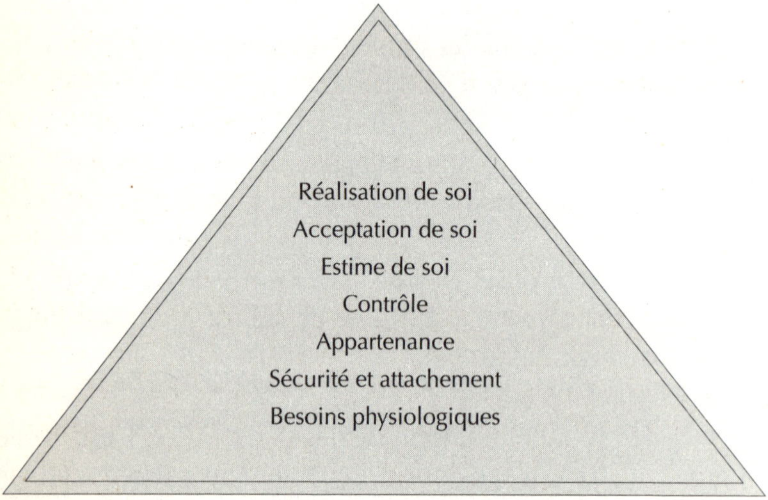

***Figure 6.1.* La pyramide des besoins de Maslow.**

La pratique

Ne seront développées ici que trois méthodes, : la thérapie centrée sur la personne de Carl Rogers, l'analyse transactionnelle et la Gestalt-thérapie. Les avantages et les inconvénients d'autres méthodes seront envisagés plus loin.

LA THÉRAPIE CENTRÉE SUR LA PERSONNE DE CARL ROGERS (1902-1987)

Carl Rogers (1968) a proposé une forme nouvelle de thérapie qui a été très étudiée, appelée au départ « thérapie non directive ». Elle consiste à offrir un cadre où le patient puisse exprimer ses pensées et ses émotions dans une atmosphère dépourvue de contrainte, sans jugement moral ni conseils directifs d'actions à accomplir. L'attitude du thérapeute doit être aussi ouverte que possible et ce dernier doit se contenter de faciliter la recherche de soi du patient. Pour cela, il intervient peu, mais aide, par une approbation discrète, les patients à prendre conscience de leurs ressources personnelles, à identifier des choix possibles pour leur vie et à établir des buts à atteindre. Il se sert aussi de jeux de rôle pour aider le patient à modifier ses réactions émotionnelles et à devenir capable d'assumer ses rôles dans la vie.

La thérapie rogérienne met l'accent sur l'écoute et la neutralité bienveillante du thérapeute comme mécanisme principal de changement. Le modèle de Carl Rogers précise comment créer une relation favorable qui aide à la maturation du patient et à son développement personnel. Cette thérapie « centrée sur la personne » s'adresse donc à ce qu'il y a d'*unique* en chacun. Un certain nombre de principes thérapeutiques s'en dégagent qui ont été testés dans plusieurs essais contrôlés.

Ses principes relationnels peuvent se retrouver dans différents systèmes de psychothérapie, mais sont présentés ici dans un climat relationnel spécifique. Celui-ci est marqué par l'interaction entre un thérapeute qui doit être aussi authentique que possible et un patient libre de parole. Les orientations personnelles sont à définir par le patient et le thérapeute ne joue pas un rôle pédagogique trop pesant. Chaque séance dure une heure. Tout en restant à une distance professionnelle, le thérapeute doit manifester une certaine chaleur dans le contact.

L'écoute bienveillante en face à face et la non-directivité

Dès la première séance sera affirmée la valeur de l'écoute pour l'aide à la résolution des problèmes psychologiques et la modification des émotions négatives. Un soutien est apporté dans l'examen de soi-même, de façon à mieux se comprendre et à s'accepter. De ce fait, anxiété et dépression doivent diminuer, de même que l'impulsivité et les sentiments de colère ou de frustration.

Montrer de l'empathie

Le thérapeute doit s'efforcer de partager le fardeau émotionnel du patient en lui montrant, de manière verbale ou non verbale, qu'il est compris.

La considération positive inconditionnelle

Les propos du patient, quels qu'ils soient, doivent être respectés, et le thérapeute ne doit pas engager une lutte de pouvoir, ou confronter brutalement le patient à ses manques, à ses faiblesses ou à ses évitements. Le thérapeute doit toujours aller dans le sens de ce qu'il dit, ne chercher ni à le contredire ni à modifier ses pensées ou ses émotions.

La reformulation de ce que dit le patient : le miroir

La reformulation des propos du patient par le thérapeute est utilisée pour maintenir l'alliance thérapeutique, mais surtout pour faire avancer le patient dans son autoexploration en clarifiant ses propos. Il existe de nombreuses variantes de la reformulation pour qu'elle ne soit pas statique : faire du surplace est souvent le mal des thérapeutes débutants qui n'osent pas se risquer à montrer trop d'empathie. Voici, dans le tableau ci-dessous, quelques exemples des différentes modalités de reformulation destinées à la clarification des émotions, des pensées et des significations personnelles. Comme on peut le voir à l'énoncé de ces types de reflets, qui vont de la simple répétition à une interprétation, la thérapie de Carl Rogers est subtilement directive.

***Tableau 6.1.* Les sept reflets de la thérapie centrée sur le patient de Carl Rogers.**

1. Reflet simple : « Si je comprends bien, vous voulez dire que... »
2. Reflet double ou reflet de l'ambivalence : « D'un côté vous voulez changer, de l'autre vous ne voulez pas... »
3. Reflet de l'émotion primaire : « Je vois que tout cela vous attriste. »
4. Reflet des sentiments complexes : « Si je vous comprends bien, vous voulez dire que la colère contre les autres vous a pris, et que vous avez ressenti de l'anxiété après cette rencontre ? »
5. Reflet interrogatif : « Vraiment ? »
6. Reflet amplifié ou exagération de ce qui a été dit : « Si l'on pousse aux extrêmes ce que vous dites... »
7. Reflet interprétatif : « Est-ce que tout cela signifie que... ? »

L'authenticité du thérapeute et de la relation psychothérapique

Le thérapeute doit aussi posséder les capacités de ses propres émotions et être capable de les reconnaître sans fausse honte pour en discuter avec le patient si cela apparaît nécessaire.

LES LIMITES DE LA THÉRAPIE ROGÉRIENNE

• La thérapie de Carl Rogers ne fournit pas de tâches structurées pour affronter des situations anxiogènes. Elle ne confronte pas le patient aux images et aux pensées reliées à des traumatismes ou à d'autres situations pénibles. Si le patient demande, spontanément, à ce sujet ce qu'il doit faire vis-à-vis des images, des pensées ou des situations qui rappellent des relations désagréables ou des traumas infantiles, dire que c'est à lui de décider en fonction de ce qu'il sent et l'assurer que tout pas vers la résolution de ses problèmes pourrait être bénéfique. Il vaut mieux exposer ses conflits que les fuir.

• Elle ne permet pas de restructurer les pensées négatives : il suffit de les accepter et de les reformuler.

• Elle ne cherche pas à modifier les postulats négatifs qui entraînent des dysfonctionnements relationnels.

• Elle ne donne pas de conseils pour la vie de tous les jours, la vie professionnelle, la vie familiale et conjugale. Elle reste non directive et renvoie le patient à une prise de décision personnelle.

• Elle n'offre pas d'interprétations psychanalytiques sur l'enfance, les rêves, le trauma, le transfert, etc.

• Elle ne tente pas d'agir sur le mode d'une thérapie de couple ou de famille ni ne propose de modèle interprétant les troubles en ce sens.

Pourtant, en dépit de toutes ces précautions, la thérapie de Carl Rogers ne peut être qualifiée de non directive.

LA NON-DIRECTIVITÉ N'EST QU'UN LEURRE

La supposée non-directivité de la thérapie de Carl Rogers a été battue en brèche par des travaux expérimentaux qui ont montré que, malgré sa discrétion, le thérapeute rogérien orientait les pensées, les émotions et les actions du patient.

Une étude (Truax, 1966) effectuée à partir d'enregistrement de séances a étudié, de manière statistique, le processus à l'œuvre dans la thérapie rogérienne. Il est apparu que la chaleur et l'empathie étaient maniées de telle sorte par les thérapeutes qu'ils sélectionnaient et récompensaient certains énoncés du patient plutôt que d'autres. Un simple « Hum, hum » peut encourager à continuer dans la voie empruntée. Ce renforcement différentiel portait sur certaines paroles, en particulier celles qui étaient conformes au style verbal du thérapeute, sur le fait que le patient était capable d'établir des distinctions entre différentes situations de sa vie, sur la prise de conscience de la nature psychologique de ses problèmes, l'abord direct de ses problèmes. Il existait un lien entre les paroles qui avaient été renforcées par les thérapeutes, et le changement de comportement des patients à la fin de la thérapie. L'étude concluait que le thérapeute était en réalité directif et capable de promouvoir des changements comportementaux par la sélection des thèmes abordés en thérapie.

L'ANALYSE TRANSACTIONNELLE

L'analyse transactionnelle a été élaborée par Eric Berne (1910-1970), un psychiatre américain, qui a proposé le concept de jeu pour décrire les interactions entre individus (Berne, 1971). Il définit le jeu comme le déroulement d'une série de transactions cachées. Ces jeux correspondent à des scripts ou à des scénarios qui représentent une manière de satisfaire des besoins personnels infantiles tout au long de la vie. L'ouvrage de Berne qui a rencontré le plus de succès auprès du « grand public » s'intitule *Des jeux et des hommes* (1975). Au cours des jeux, le sujet se met dans différents états du moi : enfant, adulte ou parent. L'enfant correspond à ce que Freud appelait le ça ou domaine des pulsions, le parent au surmoi qui assure les interdictions, et l'adulte au moi qui négocie entre les pulsions, les interdits et la réalité. Rien de bien nouveau, sinon un langage plus imagé. Cependant, l'analyse transactionnelle est surtout connue pour son analyse des jeux de pouvoir au travail et dans la vie personnelle à travers différents rôles que chacun peut occuper alternativement : celui du persécuteur, de la victime et du sauveteur. Ce triangle dû à Stephen Karpman (1968) présente un intérêt pour analyser les relations interpersonnelles et les faire évoluer, car les victimes d'aujourd'hui seront les bourreaux de demain, et les sauveteurs, lassés de leur rôle, peuvent se transformer en victimes ou en persécuteurs. À l'heure où l'on met sans cesse en avant le harcèlement

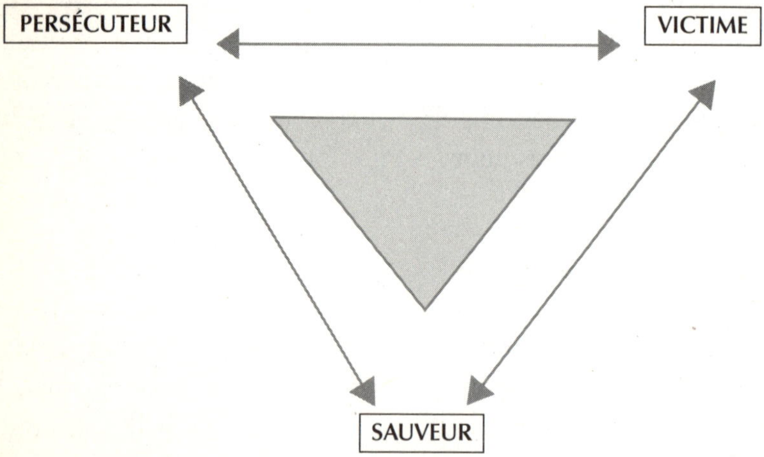

***Figure* 6.2. Le triangle dramatique de Karpman (1968).**

professionnel, une vue perspective de ces problèmes récurrents dans la société peut s'avérer utile.

L'analyse transactionnelle initiale représentait un mélange de psychanalyse et de comportementalisme, mais son évolution actuelle, en France, la rapproche plus de la psychanalyse, de la Gestalt-thérapie et de l'hypnose (Crespelle, 2003).

LA GESTALT-THÉRAPIE : ESALEN, FRITZ PERLS ET LES GROUPES DE RENCONTRE

La thérapie humaniste a sa Mecque, l'Institut d'Esalen, fondé en 1962 par Michael Murphy et William Schutz (1973), et toujours en activité. Esalen est situé sur la côte pacifique américaine, entre San Francisco et Los Angeles, sur le site grandiose de Big Sur. Cet institut a connu un grand succès grâce à des groupes de rencontre où les participants vivaient tous ensemble pendant des périodes allant de huit jours à un mois, voire parfois même plus. Ces groupes, introduits en 1967, pratiquaient un mélange de relaxation, de massage californien, de bouddhisme, de parapsychologie et de Gestalt-thérapie.

Fritz Perls (1893-1970) fut la figure la plus marquante du lieu. D'origine allemande, après un premier contact très négatif avec Freud, il fut analysé par Wilhelm Reich, puis émigra aux États-Unis où il commença à mettre au point sa méthode dans les milieux intellectuels new-yorkais. Puis il fonda une forme originale de psychothérapie, la Gestalt-thérapie, et devint le leader charismatique d'Esalen en 1964. Mais ce perpétuel errant quitta l'Institut en 1969 pour de multiples raisons. L'une d'elles, selon le témoignage d'une de ses élèves, Janet Zuckermann, est qu'il voulait gagner plus d'argent en fondant un autre institut sur l'île de Vancouver. La version officielle est plus noble : il trouvait qu'Esalen sombrait dans le conformisme bourgeois. Les deux versions sont peut-être vraies. Quoi qu'il en soit, il mourut en 1970 peu après son départ d'Esalen, non sans avoir auparavant prodigué sa méthode dans plusieurs ouvrages (1969, 1972). Il y développait des méthodes originales d'interprétation des rêves et du langage du corps, et décrivait des processus par lesquels les individus perdent le contact avec eux-mêmes et avec les autres.

Fritz Perls a eu un impact important sur la culture aux États-Unis, au point qu'il eut l'honneur de figurer en couverture du magazine *Life* en 1968. Sa critique du puritanisme hypocrite et de ce qu'il appelait le *tight ass* (littéralement, le « cul serré ») y fut pour beaucoup à une époque où la société aspirait à plus de liberté.

Les groupes de Gestalt-thérapie sont conduits par des leaders qui cherchent à désincarcérer les désirs de la gangue de la morale traditionnelle. Le développement personnel passe par l'apprentissage de la sensibilité aux autres dans des groupes de rencontre. Le thérapeute propose des activités aux participants et observe leurs interactions. Le but est de développer la conscience de soi, l'empathie vis-à-vis des autres, la capacité à établir des relations positives et augmenter l'efficacité personnelle. Selon les tenants de cette méthode, cette approche permet de diminuer le besoin de contrôler les autres, les préjugés, l'autoritarisme, le besoin de cadres sociaux rigides. De ce fait, les groupes de thérapies et les thérapies individuelles sont peu structurés.

Les groupes résidentiels, composés de personnes qui effectuent un séjour d'une semaine à plusieurs mois, ont pour premier effet de situer ainsi les participants hors du temps et dans un lieu étranger à leur vie quotidienne. Selon la terminologie de Fritz Perls, les groupes de rencontre étaient destinés à des personnes parvenues à un tournant de leur vie (*turn-oners*) et qui avaient besoin, après un bilan effectué hors du temps habituel du travail, de retrouver une image plus authentique d'elles-mêmes. Le mot d'ordre était : « *Turn on, tune in, and drop out* », à savoir : « Prenez le tournant, mettez-vous en accord avec vous-même et désertez. » Sa méthode consistait à confronter énergiquement le participant à ses manques, à ses impasses existentielles et à ses émotions. Elle fut prodiguée à de nombreux élèves qui évoquaient le maître avec émotion, mais non sans critiques.

Fritz Perls avait été formé à la psychanalyse et avait travaillé la psychologie de la forme (*Gestalt* en allemand) avant de quitter l'Allemagne au moment des persécutions nazies. La Gestalt-thérapie, ou « thérapie de la forme », part de l'idée que la forme est un tout qui représente plus que les parties qui le constituent. L'homme n'est pas la somme de fonctions physiologiques ou d'instances psychologiques, il est une totalité qui interagit dans l'instant avec les autres et développe des rôles factices. Devenir ce que l'on est vraiment est donc le but de cette recherche de soi. Le seul moyen d'y parvenir est de laisser libre cours à ses émotions, de les nommer et d'en assumer la responsabilité. Les deux piliers sur lesquels repose la Gestalt-thérapie sont le maintenant et le comment, la question du pourquoi étant à ses yeux sans intérêt : « Seuls l'ici et maintenant existent. »

Sur le plan technique, la Gestalt-thérapie intègre plusieurs courants, en particulier la psychanalyse et le psychodrame. Perls utilisait la technique dite de la « chaise vide » en demandant à ses patients de parler à une chaise comme s'ils s'adressaient à une personne du passé ou du présent avec qui les relations étaient émotionnellement difficiles.

Mais, avant tout, il centrait sa thérapie sur le vécu émotionnel éprouvé dans l'instant. Pour cette raison, il était interdit dans les groupes de porter une montre, de manière à vivre dans l'instant présent au lieu de le fuir en anticipant le futur. Plus qu'un retour sur le passé, comme dans la psychanalyse classique, c'était le flux mental et surtout émotionnel immédiat qui était au centre des interventions.

Perls voulait démystifier l'intellectualisme excessif, baptisé *bullshiting* (« déconnade »). Ce but était atteint en confrontant les participants à un monde d'émotions qu'ils refusaient. Il rejetait la théorie, qu'il avait par avance disqualifiée en l'appelant *elephantshit*. Il refusait aussi les discussions anodines de la vie de tous les jours qui ne pouvaient que produire de la *chickenshit*. Il prenait la posture d'un gourou qui déconcertait et séduisait ses interlocuteurs par des propos décalés. À un participant anxieux qui lui demandait des commentaires psychologiques sur son cas, Perls répondit : « Les spaghettis sont excellents aujourd'hui », et lui tourna le dos. Cette confrontation systématique de la parole humaine à son insignifiance était considérée, à l'époque, comme un des sommets de l'art psychothérapique.

Esalen a accueilli à ce jour 300 000 participants dans ses groupes de rencontre. Puisqu'il s'agit d'expériences personnelles, je ne puis que vous retranscrire la mienne sur le mode d'un reportage subjectif (Cottraux, 2004).

Une semaine à Esalen

Alors que j'étais en stage à l'Université de Californie à Los Angeles, en 1977, pour apprendre les thérapies comportementales, j'ai passé une semaine à Esalen, au moment de son plein essor, pour participer à un groupe de Gestalt-thérapie. Ce séjour m'avait été conseillé par mon mentor le Pr Robert Paul Liberman, fervent comportementaliste, mais soucieux d'une éducation ouverte à l'ensemble des psychothérapies pour ses étudiants.

Esalen est un ancien site indien qui se situe au flanc d'une falaise qui plonge dans le Pacifique, près de sources thermales. La beauté du lieu représente déjà, en elle-même, une forme de thérapie. Un bon nombre de résidents étaient là pour écrire, peindre ou méditer, et ne participaient pas le moins du monde aux activités de groupes – ce qui m'a semblé une excellente solution pour une retraite créative. Ils venaient simplement aux repas communautaires, dont l'ambiance chaleureuse compensait largement la cuisine quasi végétarienne.

Le groupe auquel j'ai participé était constitué d'environ 50 % de psys venus du monde entier, plus observateurs que véritables participants. Les autres étaient des Américains, hommes et femmes de tous les âges, qui traversaient une phase de vie difficile et doutaient d'eux-mêmes. Ils venaient en général de divorcer ou de subir un échec professionnel ou sentimental. Afin de construire une relation de confiance au sein du groupe, nous avons joué à un jeu qui consistait à se promener au bord des falaises les yeux bandés en étant guidé par un autre membre du groupe qui lui n'était pas aveuglé. Les leaders des groupes, qui déambulaient en tenue d'Ève et d'Adam, travaillaient en douceur sur les blocages aussi bien corporels que mentaux des participants.

J'ai reçu l'amicale injonction d'apprendre à mieux respirer et de placer un caillou d'Esalen sur mon bureau pour m'en souvenir. En réalité, à ce moment-là, je souffrais d'une bronchite contractée dans les brumes de San Francisco. Cette injonction avait toutefois un second degré, qui n'était pas dépourvu de sens, étant donné les horaires excessifs de travail que j'assurais à cette époque de ma vie.

Une soirée fut consacrée à choisir des photos en fonction de nos préférences. Personne ne choisit l'image d'un vagabond, ce qui, selon l'animatrice, témoignait de nos résistances à admettre notre désir profond de déserter la société de consommation. Le « vagabond resplendissant » (*Shining Tramp*) était alors la grande figure mythique d'Esalen, l'image même de la contestation du système. Nous ne pouvions donc qu'être à la recherche de cette image de nous-mêmes. Ce fut le seul message social du groupe. Nous passâmes ensuite une matinée à méditer selon la méthode tibétaine au son de clochettes et une après-midi à faire de la relaxation.

Le fait que le groupe soit en bonne partie constitué de psys a assuré l'écoute des personnes en difficulté aussi bien au cours des séances qu'en dehors, lors de promenades et de longues discussions sous le soleil. Au moment de la photo finale, tout le monde était satisfait de l'expérience. Les participants, dans l'ensemble, semblaient plus en accord avec eux-mêmes. Vraisemblablement, personne n'a déserté la vie qui l'attendait.

Au cours de mon séjour, je n'ai repéré qu'un jeune homme présentant des troubles graves, vraisemblablement une schizophrénie : il travaillait comme serveur et n'avait pas de contact avec les participants. Je n'ai jamais revu les autres membres du groupe, bien que nous ayons échangé nos adresses avant le départ.
Dernier point important : le coût de la semaine était des plus raisonnables et ne grevait guère le budget modeste d'un étudiant étranger ou d'un Américain moyen. Il y a des manières moins agréables et plus coûteuses de négocier un tournant de vie.

Les résultats

Les travaux sont relativement anciens et correspondent à l'époque d'efflorescence du mouvement humaniste, mais ils ont abouti à des conclusions peu positives.

L'étude méta-analytique de Smith et Glass (1977), incluant la Gestalt-thérapie, l'analyse transactionnelle et la thérapie de Carl Rogers, est la première revue importante des effets des thérapies humanistes. Après avoir regroupé 475 études portant sur 25 000 patients, les auteurs ont calculé la taille d'effet et ont abouti à la conclusion que l'état des personnes qui avaient suivi une psychothérapie s'améliorait significativement plus que celui de 75 % des personnes du groupe témoin.

Si l'on reprend les résultats méthode par méthode, trois formes de thérapie comportementale et cognitive arrivent en tête : désensibilisation systématique, thérapie cognitive, modification du comportement. La thérapie adlérienne est un peu en dessous des TCC. La Gestalt-thérapie a la plus faible taille d'effet.

Le tableau suivant résume ces données. Elles portent sur de vrais patients, mais aussi sur des études réalisées sur des étudiants volontaires et destinées à tester les nouvelles méthodes – pratique courante aux États-Unis, mais qui a été critiquée, car elle représente mal la réalité clinique.

***Tableau 6.2.* Taille d'effet par méthode : méta-analyse de Smith et Glass (1977).**

Méthodes	Taille d'effet
1. Désensibilisation systématique (TCC)	.91
2. Thérapie cognitive (TCC)	.77
3. Modification du comportement (TCC)	.76
4. Thérapie adlérienne	.71
5. Exposition en imagination : implosion (TCC)	.64
6. Thérapie rogérienne (TH)	.63
7. Thérapie psychanalytique	.59
8. Analyse transactionnelle (TH)	.58
9. Éclectique	.48
10. Gestalt-thérapie (TH)	.26

TH : Thérapie humaniste
TCC : Thérapie comportementale et cognitive
La taille d'effet exprime le gain du sujet moyen qui a reçu le traitement à l'étude, par rapport au sujet moyen du groupe de comparaison. La taille d'effet est considérée comme faible de .20 à .50, moyenne de .50 à .80 et importante au-dessus de .80.

Andrews et Harvey (1981) ont repris ces données et réalisé une méta-analyse de 81 études ayant trait aux problèmes névrotiques de 2 202 « vrais patients ». Ils ont classé les thérapies en trois catégories : comportementale, verbale (ou psychanalytique) et développementale (ou humaniste). Ils ont abouti à la conclusion qu'il y avait des différences entre les trois formes de psychothérapie. La thérapie comportementale était supérieure à la thérapie verbale, qui était elle-même supérieure à la thérapie développementale. Thérapie verbale et thérapie comportementale étaient supérieures aux traitements placebo, alors que la thérapie développementale était égale au placebo.

Une méta-analyse plus récente (Greenberg *et al.*, 1994) a inclus 13 études (6 de thérapie rogérienne et 7 de Gestalt-thérapie). La thérapie humaniste était supérieure au groupe contrôle, mais inférieure à la TCC. Cette méta-analyse très limitée ne rassemblait que des troubles disparates et des problèmes souvent mal définis. Il est donc impossible d'en retirer des indications précises.

Envisageons maintenant les travaux sur les effets de la thérapie rogérienne, dans des problèmes psychologiques bien définis. Considérons en premier lieu une forme particulière de trouble anxieux : l'*anxiété généralisée*, caractérisée par un souci constant et excessif de l'avenir et des manifestations physiques d'angoisse. Une méta-analyse a montré la supériorité de la TCC sur la thérapie rogérienne. Cependant, les résultats de la thérapie de Carl Rogers étaient loin d'être négligeables et s'avéraient supérieurs à un placebo. La TCC était également supérieure à la thérapie psychanalytique (Gould *et al.*, 1997).

Mon équipe a effectué deux études comparant la thérapie rogérienne à la TCC. L'une portait sur le *stress post-traumatique*. Elle a noté une différence en fin de traitement : les patients suivis en thérapie rogérienne abandonnaient significativement plus le traitement : 48 % contre 12 %. De plus, le stress post-traumatique et l'anxiété généralisée des patients en TCC baissaient significativement plus qu'en thérapie rogérienne. Toutefois, à deux ans de suivi, il n'y avait plus de différences entre les deux groupes (Cottraux *et al.*, 2008). La TCC, néanmoins, demeurait le meilleur traitement, car elle retenait plus les patients en thérapie et obtenait de meilleurs résultats initiaux.

L'autre étude portait sur la *personnalité borderline*. Sur deux ans de suivi, les résultats initiaux et à long terme étaient meilleurs dans le cas de la thérapie cognitive que dans celui de la thérapie rogérienne. En outre, une meilleure alliance thérapeutique avait été mise en place chez les patients qui avaient suivi la thérapie cognitive (Cottraux *et al.*, 2009).

Les indications

Aucune donnée ne permet clairement de recommander la thérapie humaniste pour le traitement d'un trouble particulier. Elle est néanmoins utile sous la forme de thérapie centrée sur la personne de Carl Rogers, dans le traitement de l'anxiété généralisée et a reçu de la Haute Autorité de santé française (ANAES, 2002) un grade B (présomption d'efficacité).

Comme le montre la description de la Gestalt-thérapie, il s'agit plus d'une méthode de développement personnel que de thérapie à proprement parler.

Les points forts et les points faibles des principales méthodes de thérapie humaniste

Nous nous limiterons à une analyse critique des méthodes les plus connues.

• *La thérapie centrée sur la personne de Carl Rogers* peut donner des résultats intéressants, car elle met l'accent sur la relation de compréhension empathique entre le thérapeute et le patient, et s'avère plus directive qu'il n'y paraît, ce qui peut expliquer la positivité de certains de ses résultats, en particulier dans le traitement de l'anxiété généralisée. Bien que peu développée en France, elle continue sa trajectoire dans de nombreux pays, dont l'Allemagne et le Royaume-Uni. Ce n'est que justice, car son mode léger d'intervention peut apporter de l'aide à de nombreuses personnes dont les problèmes psychologiques ne sont pas trop envahissants. Elle ne présente pas d'effets négatifs.

• *La Gestalt-thérapie* a pu rendre service à ceux qui voulaient se libérer des habitudes et rebondir, mais elle ne peut s'appliquer à tous les problèmes. Elle présente le risque de déstabiliser et d'aggraver les troubles des participants les plus fragiles. Ce sont ceux dont l'estime de soi est faible et qui présentent des attentes démesurées vis-à-vis des changements personnels que le groupe pourrait leur apporter. Des décompensations psychologiques ont été observées après ces groupes. Une étude ancienne (Yalom, 1971), qui portait sur 209 participants a montré que 20 % de participants sortaient prématurément du groupe, et l'état de 7 % était considérablement aggravé. Cette étude a aussi identifié des leaders à risques. Ils s'agissaient de ceux qui stimulaient trop le groupe, se montraient trop agressifs, usaient avec excès de leur charisme, étaient intrusifs et se centraient sur l'individu et non sur le groupe.

• *L'analyse transactionnelle* : il n'existe pas, à ma connaissance, d'étude contrôlée récente ni de méta-analyse permettant de se faire une idée précise de son efficacité dans le traitement de problèmes psychologiques spécifiques. On ne peut donc la recommander pour aucun trouble psychique spécifique.

Une analyste transactionnelle américaine, Jacqui Schiff prétendait guérir les patients schizophrènes en leur proposant une relation parentale qui devait réparer leurs carences affectives (reparentage). Bien que, dans un premier temps, célébrée et récipiendaire du prix Eric Berne pour sa « réussite », elle fut radiée de l'Association internationale d'analyse transactionnelle en 1978, à la suite de la mort d'un patient qui avait subi des mauvais traitements apparentés à des tortures (Jacobs, 1996).

Menée selon les règles précises et dans ses limites d'indication : le développement personnel, la formation et l'étude des relations au travail, l'analyse transactionnelle ne présente pas d'inconvénients importants et connus.

• *La thérapie primale de Janov* met l'accent sur l'expression des émotions dans des techniques qui consistaient à favoriser l'expression des émotions par le hurlement : le fameux cri primal venu des entrailles et qui est comparable à celui du nouveau-né. Cette méthode a été depuis longtemps critiquée, car elle peut donner lieu à des décompensations psychologiques sévères (Kaufman, 1974).

• *Le rebirth* ou « renaissance », thérapie mise au point dans les années 1960 aux États-Unis par Leonard Orr, utilise une respiration ample pour modifier la perception du corps et des émotions. Autrement dit, elle provoque des attaques de panique qui induisent une sorte de transe. Son objectif est de faire revivre des expériences traumatiques anciennes, en particulier le supposé traumatisme de la naissance. J'ai observé deux décompensations psychotiques à la suite de l'application de cette méthode. Elle a été interdite aux États-Unis en 2000 après la mort d'un enfant à qui on l'appliquait. Aux dernières nouvelles, Leonard Orr voyage beaucoup en Inde, où il espère rencontrer des yogis immortels pour s'inspirer de leurs méthodes. Un tel besoin d'éternité témoigne de la touchante modestie de ce dangereux gourou.

La formation des thérapeutes

• La formation en *Gestalt-thérapie* se fait dans des groupes de rencontre et également en thérapie individuelle, et dure cinq à sept ans.

• La formation en *analyse transactionnelle* associe une expérience personnelle de la thérapie, des cours théoriques et une démonstration de savoir-faire ; elle dure de quatre à six ans (Ginger, 2008).

• Rogers a souligné que l'apprentissage de la *thérapie centrée sur la personne* ne pouvait se faire par la voie du cours magistral. L'enseignement a donc lieu en groupe à partir de l'étude des problèmes cliniques et des propres problèmes rencontrés par l'élève. L'enseignant doit être « vrai » et cohérent avec lui-même, et doit se présenter comme une personne présente, disponible et authentique, et non comme le tenant d'un règlement. L'enseignant doit aussi être capable de reconnaître les mouvements émotionnels des élèves. Cette éducation de l'expression authentique correspond à un vécu personnel qui se laisse difficilement emprisonner dans un discours écrit.

La psychothérapie centrée sur la personne de Carl Rogers se retrouve comme un des éléments de la *thérapie motivationnelle*, appliquée dans le traitement des addictions (Miller et Rollnick, 2006). Elle a aussi été intégrée à la reformulation des processus d'alliance thérapeutique par la thérapie cognitive (Cungi, 2006).

La thérapie de Carl Rogers, qui représente la base non spécifique de la bonne relation thérapeutique, devrait être enseignée dans toutes les écoles de psychothérapie. C'est une « bonne éducation » psychothérapique de base, sur laquelle peuvent se construire des interventions plus sophistiquées. De ce fait, elle a été intégrée dans l'enseignement des TCC, comme une méthode facilitant l'alliance thérapeutique (Cottraux, 2011).

Où s'adresser ?

En France, la très grande majorité des thérapeutes humanistes sont affiliés à la :

Fédération française de psychothérapie et psychanalyse (FF2P).
http://www.ff2p.fr/

Association française de thérapie centrée sur la personne (AFP-ACP)
http://www.afpacp.fr/

Institut français d'analyse transactionnelle
http://www.ifat.net/

Institut d'Esalen (États-Unis)
http://www.esalen.org/

Conclusion : l'évolution des thérapies humanistes

Comme beaucoup de psychothérapies *new age* qui correspondaient à la contre-culture des années 1960-1970, le courant humaniste a perdu du terrain. Certaines de ses pratiques et certains de ses concepts ont été englobés dans d'autres mouvements thérapeutiques, comme les TCC, la psychanalyse ou les thérapies familiales. Elle a aussi perdu beaucoup du pittoresque qui était un des éléments de sa séduction. L'évolution de l'Occident vers plus de conformisme, le légalisme anxieux de la vie quotidienne et le retour en force de l'ordre moral y ont grandement contribué. La recherche de l'efficacité thérapeutique est aussi une des raisons de son relatif déclin. En effet, elle n'a donné lieu qu'à des recherches peu nombreuses, dont les résultats ne se sont avérés guère probants.

Sa filiation actuelle la plus directe se retrouve dans la *psychologie positive* (Cottraux, 2007) qui a repris sur un mode scientifique la thématique de la recherche du bonheur, de l'épanouissement personnel et des aspects les plus positifs de la personnalité : les forces du caractère. L'ambition de ce courant est de réussir là où Abraham Maslow a échoué : donner une base scientifique à ce que pourraient être une « bonne personnalité » et une vie centrée sur des valeurs créatives (Cottraux, 2010).

Au bilan, la thérapie humaniste apparaît comme une voie féconde, plus pour la formation des psys, des artistes et des personnes traversant une simple crise existentielle, que pour le traitement de personnes qui présentent des troubles psychiques caractérisés. Elle nous rappelle aussi que les psys ne sont pas là pour formater leurs patients en fonction des contraintes sociales, mais pour les aider à trouver leurs inspirations personnelles et à développer leurs aspirations individuelles. Le message, aussi bien que le massage, d'Esalen reste donc toujours d'actualité pour ceux que la vie ne laisse pas respirer librement.

CHAPITRE 7

Les psychothérapies familiales

Les psychothérapies familiales regroupent une grande diversité de pratiques, elles-mêmes inspirées d'apports multidisciplinaires variés. Apparues aux États-Unis dans les années 1950, elles se sont implantées en France dans les années 1970 et se sont développées sous la forme d'un courant éclectique. Elles replacent l'individu dans son système relationnel et considèrent la famille ou le couple comme le partenaire thérapeutique. Elles ont donc pour cible les interactions familiales et leurs dysfonctionnements. Leur but est de remettre de l'harmonie là où la plainte provient de plus d'une personne. Elles ne peuvent donc s'exercer que si la cellule familiale souhaite trouver une autre solution que la séparation. Elles peuvent aussi être mises en œuvre lors de quelques séances en vue de la séparation constructive d'un couple.

Elles se présentent sous différentes formes : la thérapie de couple, la thérapie conjointe de toute une famille ou la réunion de plusieurs familles : on parle alors de thérapie multifamiliale.

L'individu est considéré comme le sous-système du système plus vaste qu'est la famille, qui elle-même appartient à un système élargi : la communauté, la société, l'environnement.

Les consultations multifamiliales, qui datent des années 1950, cherchaient à recréer un espace communautaire pour des familles isolées et confrontées à une détresse incommunicable. Apprendre à mieux vivre ensemble est devenu une nécessité à une époque de changements rapides, où la souffrance psychique est mal supportée et peut se solder par l'abandon d'une personne malade dont les plaintes fatiguent.

Bien que le monde des thérapies familiales soit multicolore, on peut distinguer trois grands courants, par ordre d'entrée sur la scène psy : la thérapie familiale psychanalytique, la thérapie systémique proche des thérapies humanistes et la thérapie familiale comportementale et cognitive.

Les origines

Le premier travail important est dû au psychanalyste Nathan Ackerman, qui a publié en 1958 un ouvrage théorique et pratique fondé sur l'étude d'une cinquantaine de familles.

Cependant, les thérapies familiales n'ont connu véritablement leur essor qu'avec le modèle systémique fondé sur l'étude des paradoxes de la communication. Cette approche nouvelle a été mise au point par le groupe du Mental Research Institute (MRI) de Palo Alto (Californie). Les figures de proue de ce groupe, appelé école de Palo Alto, sont deux psychologues, Paul Watzlawick (1921-2007) et Virginia Satir (1916-1988), ainsi que l'anthropologue Gregory Bateson (1904-1980). Bien que ces personnalités charismatiques soient inclassables, on peut les rattacher au courant de la thérapie humaniste. En effet, Virginia Satir devint en 1968, après avoir quitté le MRI, la première directrice de la Mecque de la thérapie humaniste : l'Institut Esalen (*cf.* encadré, chapitre 6, p. 180).

Les thérapies familiales systémiques affirment qu'elles se rattachent à la théorie physique et mathématique des systèmes autorégulés. Leur fondement est la théorie générale des systèmes de Ludwig von Bertalanffy (1901-1972) et la cybernétique de Norbert Wiener (1894-1964), qui a abouti à la robotique et aux programmes d'intelligence artificielle actuels.

Le principe en est simple : une boucle de feed-back (ou rétroaction) est constituée par un circuit qui informe un organisme sur les résultats de son action, en temps réel, ce qui lui permet d'ajuster constamment son comportement. Ce processus récursif est négatif s'il informe le système qu'il doit diminuer son activité ou positif s'il l'informe qu'il doit l'augmenter. La boucle de feed-back est applicable aux machines (Wiener, 1952 ; von Bertalanffy, 1947), mais elle concerne aussi les organismes. Elle a sa place en physiologie : la sécrétion des glandes endocrines est régulée en boucle par le taux d'hormones qu'elles déversent dans le sang. Si l'on transpose cette idée aux relations humaines, on peut en déduire que la communication est régulée par des feed-back et que la circulation de l'information dans les couples, les familles et les groupes sociaux représente un système plus ou moins stable.

Toutefois, cette filiation scientifique apparaît surtout métaphorique. J'ai assisté, dans les années 1970, à deux séminaires, donné par Paul Watzlawick, l'un en italien, l'autre en français. C'était un personnage brillant : Américain d'origine viennoise, il possédait la profonde culture littéraire et psychologique de la vieille Europe. Il avait commencé sa carrière comme psychanalyste jungien. Il débutait ses séminaires en nous expliquant laborieusement ce qu'était un thermostat, alors que la notion de feed-back était déjà acquise depuis longtemps et enseignée dans toutes les facultés de médecine. Puis on entrait dans le vif du sujet : l'étude des paradoxes de la communication. Il donnait alors toute la mesure de son talent.

Ces séminaires témoignaient de nombreuses influences, en particulier celle du cognitivisme, de l'anthropologie, de la linguistique et surtout de la littérature romanesque et philosophique. Mettant en cause la notion de réalité au nom de la vérité subjective, Watzlawick (1967, 1975, 1978) proposait une version postmoderne de la psychothérapie qui avait tout pour plaire. En fait, il ne faisait que reprendre le vieux mythe platonicien de la caverne où des hommes enchaînés prennent les ombres, qui défilent devant le soleil, pour la réalité.

On lui doit cette phrase qui résume bien le XXe siècle et ses illusions idéologiques mortifères : « Une idée, pour peu qu'on s'y accroche avec une conviction suffisante, qu'on la caresse et la berce avec soin, finira par produire sa propre réalité. »

Avec un tel ambassadeur, le mouvement a ensuite gagné l'Europe, en particulier l'Italie, dont l'école originale, l'école de Milan, était dirigée par Mara Selvini-Pazzolini (1916-1999), une diva de grande allure, dont les intuitions fulgurantes n'étaient, malheureusement, pas soutenues par une recherche précise. Sa pratique était si personnelle et non transmissible qu'elle finit par renoncer à faire école.

Les thérapies comportementales et cognitives se sont intéressées, vers le milieu des années 1970, à la thérapie familiale et de couple. On doit le premier travail important à Ian Falloon (1982, 1987), qui y représente une application de l'apprentissage social à l'amélioration des relations dans les familles où évolue un patient schizophrène. J'ai eu la chance de participer à ses côtés, en 1977, à des interventions psycho-éducatives dans des familles défavorisées des banlieues de Los Angeles. La thérapie familiale faisait partie d'une approche plus vaste destinée à la réhabilitation psychosociale des patients schizophrènes et à diminuer les rechutes et les réhospitalisations. Ces méthodes ont depuis lors fait leurs preuves.

La thérapie familiale francophone s'est développée, à partir de 1970, sous le leadership débonnaire de Jacques Miermont (2000, 2001, 2005) et de Mony Elkaïm (2003). Elle s'affirme résolument éclectique et prend son miel théorique et pratique là où elle le trouve.

Les théories

Nous aborderons ses trois principaux courants.

LA THÉORIE PSYCHANALYTIQUE DE LA THÉRAPIE FAMILIALE ET CONJUGALE

La famille est considérée comme un appareil psychique familial, agencé selon divers régimes de fonctionnement – conscient, préconscient, inconscient – à partir d'organisateurs d'illusions et de fantasmes. On va y retrouver les thèmes habituels de la psychanalyse : les fantasmes originaires de la vie intra-utérine, de séduction, de scène primitive et de castration. Les processus psychiques en souffrance dans les familles se traduisent par l'indifférenciation des sexes et des générations : la famille vit selon un postulat fusionnel ou les individus sont interchangeables car ils se ressemblent tous. Il peut aussi exister une psyché groupale archaïque indifférenciée avec des fantasmes liés à l'histoire de la famille et à ses secrets. Il en résulte des difficultés dans l'analyse de transferts multiples de membres de la famille sur le psychanalyste familial.

Les techniques thérapeutiques reposent sur le recours aux associations libres, aux processus de partages de fantasmes, aux récits des rêves. L'analyste doit respecter la lenteur des processus de mentalisation et solliciter l'émergence de la parole, source de symbolisation. L'analyste est attentif aux impressions fugitives, aux émotions, aux expressions non verbales, aux jeux, aux fantaisies et aux rêveries. Ces productions de l'inconscient collectif sont susceptibles de révéler les mythes familiaux partagés, qui nourrissent le transfert familial sur sa personne et qu'il interprètera avec prudence.

LA THÉORIE SYSTÉMIQUE DE LA THÉRAPIE FAMILIALE ET CONJUGALE

La thérapie familiale est une transposition du concept d'autorégulation issu de la physique et de la physiologie à celui de la psychologie. Une extrapolation contestable, mais qui montrera sa fécondité dans la génération d'idées nouvelles pour la psychothérapie, dans les années 1960-1970.

La figure la plus marquante de ce courant est l'anthropologue et ethnologue Gregory Bateson (1904-1980) qui, après une carrière très diversifiée de chercheur en sciences du comportement, fit partie, à partir de 1978, du conseil des régents de l'Université de Californie. Il avait de très grandes ambitions puisqu'il ne s'agissait rien moins que de construire une « écologie scientifique de l'esprit » (Bateson, 1973) et de mettre au point des thérapies écosystémiques.

L'idée centrale de cette théorie systémique est que, tout comme un organisme, une famille cherche à se maintenir dans un état stable : c'est le *principe d'homéostasie*. Cette autorégulation va entraîner des prises et des renversements de rôle en fonction des événements de vie. Le comportement d'un membre d'une famille n'est pas dissociable du comportement de ses autres membres, ce qui arrive à l'un modifie le comportement et les attitudes psychologiques des autres : c'est le *principe de totalité*. Un ensemble ou un système n'est pas la somme de ses éléments, mais représente une forme globale qui dépasse l'addition de chacun de ses membres. On peut dire la même chose d'une famille dont les membres s'unissent pour que rien ne change. Ce postulat de stabilité peut se traduire par la *pseudo-mutualité* (chacun pour tous), mais c'est une coopération de surface qui masque les tensions. Il peut se traduire par la *pseudo-hostilité* (chacun contre les autres), mais cette surface hostile recouvre un accord profond.

Il en résulte qu'il faut chaque fois étudier, dans son ensemble, le système humain où s'est manifesté le symptôme principal qui a amené à la consultation. Ainsi, la maladie d'un patient pourrait être comprise comme un mécanisme homéostatique ayant pour fonction de ramener l'équilibre dans un système familial en danger de changement.

Par conséquent, le *patient désigné* n'est jamais que la manifestation du groupe, et il peut même en être le bouc émissaire. Dans la version systémique « classique », la personne malade est donc considérée comme le symptôme du groupe. L'enjeu thérapeutique est de lui permettre de se dégager de cette étiquette, en remaniant les structures de la communication dans le groupe.

LA MÉTACOMMUNICATION

La notion de métacommunication est due à Gregory Bateson (1960). Il propose d'appeler ainsi « la communication sur la communication », et il en donne la définition suivante : « Tout échange d'information concernant les codes utilisés et les relations entre les interlocuteurs. » La métacommunication définit toute forme de communication qui qualifie le sens véhiculé par les mots : les gestes, l'expression verbale et le ton de voix, ou les contradictions qui existent à l'intérieur même du message, ou encore la discordance entre le contexte social et le contenu de la communication. La métacommunication est un phénomène permanent et banal qui permet de corriger les hypothèses que font les interlocuteurs sur leurs codes, leurs rôles et leurs sentiments. Mais l'idée originale est que l'étude des disqualifications de la communication pourrait permettre de comprendre certains troubles psychopathologiques, comme la schizophrénie.

LE DOUBLE LIEN ET LA SCHIZOPHRÉNIE : UNE HYPOTHÈSE SANS VALIDATION EXPÉRIMENTALE

Le sujet schizophrène est soumis à un type particulier de communication de la part de son entourage, en particulier sa mère. Selon les hypothèses, et les observations de l'école de Palo Alto, il y a absence de concordance entre la communication et la métacommunication entre le schizophrène et sa mère. Le message a un sens au niveau de la communication verbale, qui se trouve contredit par la qualification qui lui est apportée au niveau de la métacommunication : le ton de la voix, le mode de formulation, le contexte, etc. Il y a donc une confusion entre deux niveaux logiques différents : le discours et son organisation, et le contexte qui le qualifie. La contradiction peut être à l'intérieur même du message ou entre le message et son contexte. Un exemple donné par Bateson illustre bien ce phénomène de disqualification ou de double message contradictoire.

Bateson appelle ce mode de communication « double lien » ou double contrainte (*double bind*). La personne qui subit cette communication se retrouve dans une impasse logique : elle ne sait comment ni que penser vis-à-vis de son interlocuteur. Car, dans ce cas comme dans l'autre, le garçon est fautif : en ayant un geste affectueux, il gêne sa mère ; en retirant son bras, elle se plaint de son manque d'affection. Et il ressent peut-être qu'elle le menace de lui ôter son affection. Il est donc prisonnier de l'illusion des *alternatives* : autrement dit, il n'y a pas véritable-

---

La double contrainte

Une mère rend visite à son fils schizophrène à l'hôpital : celui-ci a un mouvement affectueux envers elle, et met son bras autour de ses épaules. La mère prend un air choqué. Le fils retire son bras. Et la mère dit : « Que se passe-t-il, tu ne m'aimes plus ? » Ce qui entraîne la fuite du jeune homme et une reprise du délire.

Dans cette situation, il y a disqualification de la communication : « Tu peux ou tu dois m'aimer, et avoir un geste affectueux », par la métacommunication : l'air gêné et choqué de la mère, qui exprime la manière négative dont elle perçoit sa relation avec son fils.

---

ment de choix, car il fera toujours mal. Il est donc pris dans un *dilemme* : une double loi perverse dont l'autre tire les ficelles.

Toutefois, cette analyse très fine des communications aboutit simplement à souligner des banalités. Toute conversation possède une sous-conversation. Tout texte possède un sous-texte et un contexte qui le valide ou l'invalide. Il ne suffit pas d'être soumis à de telles injonctions paradoxales, qui sont banales, pour devenir schizophrène, et le double lien dépasse très largement le cadre de la psychopathologie lourde. Il n'est donc pas inutile de rappeler les injonctions paradoxales et les doubles liens qui infiltrent la vie quotidienne :

- Plus ça change, plus c'est pareil ;
- Tu devrais être différent de ce que tu es ;
- Tu devrais me dominer plus et prendre les décisions ;
- Tu peux partir, je ne dirai rien, simplement, je pleurerai ;
- Une femme offre à son mari deux cravates : il en met aussitôt une. Et elle lui dit : « Tu n'aimes pas l'autre » ;
- Tu devrais être plus autonome par rapport à moi ;
- En démocratie, on est libre, mais nul n'est censé ignorer la loi ;
- « Sois spontané ! »

Devant cette difficulté conceptuelle, Bateson a émis une deuxième hypothèse : le double lien a un effet psychologiquement nuisible seulement dans certaines conditions, qui peuvent être en partie génétiques et en partie consécutives à une relation de dominance ou d'attachement dont la contrainte persiste pendant une très longue période.

1. Deux personnes doivent avoir des relations complémentaires continues et d'importance vitale. C'est ce qui se passe au début de la vie, lorsque l'enfant dépend de sa mère et que le reste de l'entourage participe à ce mode de communication. Celui qui lie l'autre doit donc se trouver en *position haute* par rapport à celui qui est lié par le double lien et qui se trouve en *position basse*. Du fait de cette relation étroite et nécessaire, l'expérience se répète durant de longues années.

2. Une première injonction négative doit être formulée. Pour l'injonction : « Sois spontané », la menace implicite peut être : « Si tu n'es pas plus spontané, je ne t'aimerai plus. »

3. Une deuxième injonction vient contredire la première : c'est une injonction négative secondaire qui se situe à un niveau logique différent. Reprenons l'exemple de la personne à qui l'on dit : « Sois spontané. » Si elle est spontanée, elle obéit et n'est plus spontanée, du fait de la forme impérative du message. Si elle refuse d'être spontanée, elle désobéit. Il lui est donc impossible d'obéir au message du fait de la contradiction qui est inhérente à celui-ci.

4. Une injonction négative tertiaire prive le sujet de toute échappatoire. De manière à éviter la prise de conscience de son caractère contradictoire, le message peut contenir des « promesses capricieuses d'amour » : « Si tu acceptes ce mode de communication paradoxale, tu seras aimé et tu ne seras pas abandonné », par exemple.

Mais le double lien est entretenu par le sujet captif tout autant que par celui ou celle qui le contrôle. Pour survivre dans une situation de double lien, la victime doit se livrer à une distorsion permanente de ses propres messages verbaux et non verbaux, de ses émotions, de ses pensées et de ses perceptions. En effet, l'attitude « normale » face au double lien est d'y échapper, en renvoyant à la figure du manipulateur ses contradictions et en rompant définitivement une relation qui crée un sentiment de malaise, voire de folie. C'est ce que l'on observe souvent dans les séparations de couple où chacun prend à témoin les amis et les thérapeutes que son compagnon ou sa compagne cherche à le rendre fou ou folle.

La pire situation que j'ai pu observer est celle d'une femme très dépendante et dépressive qui se faisait maltraiter par un mari paranoïaque qui, en outre, abusait de sa fortune : plusieurs années de thérapie cognitive et d'interventions de couple ont été nécessaires pour qu'elle trouve la seule porte de sortie possible : le divorce.

L'ultime conséquence est que la victime du double lien est prise dans un « jeu sans fin » avec celui ou celle qui tire les ficelles. En effet, il ne cherche pas à arrêter le jeu ou, s'il proteste, c'est en réalité une façon d'indiquer qu'il souhaite continuer. Les interactions pathologiques figent la relation dans une série de répétitions des mêmes comportements négatifs où chacun punit l'autre. Par exemple, il peut s'agir d'un homme alcoolique et de sa femme. L'alcoolique boit parce que sa femme lui fait des reproches et sa femme lui fait des reproches car l'alcoolique boit. Il boit pour oublier, et il a oublié pourquoi il boit. Le comportement de l'un renforce la position de l'autre. Le jeu est sans fin car il n'y a pas de règles pour y mettre fin.

La psychanalyse freudienne propose elle aussi un double lien. L'analyste, lors de la première séance, énonce à l'analysant la nécessité de dire tout ce qui lui vient à l'esprit : cette règle fondamentale revient à dire : « Soyez spontané. » En obéissant à la règle, l'analysant n'est plus spontané, car il obéit à une injonction ; et s'il désobéit, il résiste à dire sa vérité. Si une psychanalyse ne fonctionne pas, c'est de la faute des résistances de l'analysant et il faut toujours plus de psychanalyse pour que la théorie psychanalytique ne soit jamais en échec. Il n'y a pas de règles pour terminer une psychanalyse : ce jeu sans fin peut aboutir à une analyse interminable, à laquelle seule la mort d'un des deux protagonistes peut mettre fin. Si l'analysant survit, il peut aussi faire son deuil avec un nouvel analyste en meilleure santé et continuer le jeu jusqu'à la fin de sa propre vie. Le système analytique, où l'un est en position haute sur le fauteuil et l'autre en position basse sur le divan, représente donc un huis clos, régi par une série de paradoxes. Ce n'est toutefois pas pour autant que tous les analysants vont devenir schizophrènes.

Le courant systémique n'a jamais produit les preuves de ce qu'il avançait, à savoir que l'étude des paradoxes de la communication et leur modification jouaient un rôle central dans l'amélioration des relations familiales et de l'état des sujets schizophrènes (Falloon, 1987). La critique de cette approche n'a pas été le fait des seuls scientifiques. Elle a aussi été formulée par des familles de patients qui étaient lasses d'être culpabilisées, de manière directe ou indirecte, par une théorie qui mettait en cause leur manière de communiquer ou la supposée « mère de schizophrène » sans qu'un commencement de preuve vienne étayer ces brillantes spéculations. Les perturbations émotionnelles des familles, devant une personne qui, pour des raisons biologiques et psychologiques, a du mal à communiquer, peuvent à elles seules expliquer les communications distordues. Du fait de cette impasse, la recherche et la pratique actuelle se sont recentrées sur l'approche biologique de la schizophrénie et l'application avec succès de méthodes de réhabilitation des états psychotiques, issues de l'approche comportementale et cognitive.

Néanmoins, l'étude des paradoxes de communication et l'utilisation de la métacommunication pour décadrer et recadrer les discours manipulateurs a conservé une valeur pratique dans l'approche de la thérapie familiale et de couple.

De même, ce que l'école de Palo Alto a appelé la prescription de symptôme, ou prescription paradoxale, peut avoir une valeur thérapeutique, en particulier dans le traitement de l'insomnie. Par exemple, on demande aux patients de se concentrer sur la phrase suivante : « Surtout, il ne faut pas dormir. » L'*intention paradoxale* est destinée à diminuer l'anxiété : le patient redoute de rester éveillé et lutte pour s'endormir. Cette lutte accroît son anxiété et, de ce fait, maintient l'insomnie. Il est donc conseillé au patient de s'efforcer sincèrement de rester éveillé. La lutte contre l'insomnie et l'anxiété va décroître, et il pourra ainsi plus facilement s'endormir, s'il accepte son symptôme en le surjouant (Morin, 1994).

LA THÉORIE COMPORTEMENTALE ET COGNITIVE DE LA THÉRAPIE FAMILIALE ET CONJUGALE

Dans l'approche comportementale et cognitive, la famille est considérée comme une collectivité de personnes présentant des schèmes comportementaux, émotionnels et cognitifs, éventuellement perturbés lors de l'existence de troubles de la personnalité, de troubles mentaux ou comportementaux. Dans la prise en charge psychoéducative des patients schizophrènes et de leurs familles, ces dernières sont considérées comme des familles « normales », confrontées à une maladie ou à un ensemble de maladies dont l'origine est due à une altération du développement cérébral dont la causalité est multiple. S'il existe des perturbations dans les relations familiales et dans les relations entre la famille et l'environnement social, ces perturbations sont considérées comme secondaires à la maladie.

Lors de troubles schizophréniques, on constate fréquemment dans la famille une amplification des émotions exprimées, avec une exagération des tendances à la critique négative, l'expression directe ou indirecte de sentiments d'hostilité, la surimplication émotionnelle, l'intrusion dans la vie d'autrui, ainsi que le déni ou le rejet de l'expression d'autrui. Cet ensemble de comportements observables a été appelé « émotionnalité exprimée » et est connu dans la littérature sous le sigle EE.

L'émotionnalité exprimée a été très étudiée de manière objective, avec un inventaire comportemental, chez les personnes souffrant de schizophrénie et leur famille (Leff et Vaughn, 1985). Ces travaux, dus à Julian Leff, ont établi un « seuil d'émotionnalité exprimée » au-delà duquel le patient désigné va rechuter. Toutefois, des travaux plus poussés ont montré qu'on retrouvait aussi ce mode de communication dans les familles où une personne souffre de dépression et même dans certaines familles sans maladie aucune. Ainsi, l'émotionnalité exprimée n'est qu'un maillon d'une chaîne causale complexe qui part d'anomalies neurobiologiques, maintenant bien documentées.

La pratique

Nous la regrouperons en trois grandes catégories : psychanalytique, systémique et issue des TCC.

LA THÉRAPIE FAMILIALE ET LA THÉRAPIE CONJUGALE PSYCHANALYTIQUE

La thérapie familiale psychanalytique ne connaît pas de consensus clair quant à sa durée et ses techniques. Bien que l'on parle parfois d'« appareil psychique groupal », on est par définition en dehors de la psychanalyse freudienne qui est liée à la pratique des associations libres sur le divan et à l'analyse du transfert individuel. L'action thérapeutique repose sur l'analyse des résistances et sur l'interprétation des mouvements transférentiels entre les participants et le psychothérapeute. L'interprétation porte sur les aspects communs des productions inconscientes. Elle vise le groupe familial et concerne donc les échanges entre plusieurs participants qui produisent un contenu commun : un fantasme familial. Néanmoins, l'interprétation peut passer par un échange adressé à une personne en présence des autres, ce qui n'est pas sans danger. Le thérapeute est amené à souligner le bénéfice primaire et secondaire du symptôme, des fantasmes et des illusions collectives. Il peut utiliser des jeux de rôle ou le psychodrame.

Les thérapies conjugales psychanalytiques sont des thérapies brèves (une vingtaine de séances), centrées sur les émotions et/ou orientées sur la prise de conscience (l'*insight*). La thérapie psychanalytique de couple est destinée à permettre d'augmenter la prise de conscience des relations dans le couple pour modifier un certain nombre de comportements. Elle cherche aussi à obtenir une prise de conscience des raisons infantiles pour lesquelles ces comportements se perpétuent, en particulier les perturbations de l'attachement précoce (Bowlby, 1988) qui résultent en un attachement désorganisé ou insécurisé. Cette mise au jour de processus latents permet d'étudier la dynamique de la relation du couple. La psychothérapie s'intéresse en particulier aux attentes fantasmatiques, à l'assignements de mauvais rôles irrationnels et aux règles relationnelles désadaptées. Les thérapeutes clarifient et interprètent les sentiments, les croyances et les attentes inconscientes vis-à-vis du partenaire et du mariage, ce qui permet une renégociation consciente du fonctionnement du couple.

LA THÉRAPIE FAMILIALE ET CONJUGALE SYSTÉMIQUE

Le patient « malade psychologiquement » est un bouc émissaire et une victime du fonctionnement pathologique des communications dans le groupe familial : on l'appelle donc patient désigné ou identifié (Satir, 1964). Les solutions proposées sont la mise en place de thérapie familiale et de thérapie de couple pour rétablir des communications plus saines. La position du thérapeute en dehors du système lui permet de le comprendre et de le modifier en introduisant des règles de deuxième degré – des « métarègles » – qui vont faciliter le changement des relations familiales figées. Les processus de communication seront analysés et modifiés par le thérapeute qui dispose de plusieurs techniques.

La métacommunication cherche à organiser la communication sur la communication. Elle permet d'analyser les règles implicites de fonctionnement d'une famille ou d'un couple et de les modifier par un apprentissage au deuxième degré et l'établissement de *métarègles* qui permettent d'en finir avec les communications paradoxales et de mettre en place des échanges plus authentiques.

La prescription de symptôme est considérée comme un des moyens de modifications du double lien. Elle consiste à demander à une personne d'exécuter toujours plus les mêmes comportements afin de s'en débarrasser. À un phobique, il sera recommandé d'éviter ce qui lui fait peur, à une personne qui travaille trop il sera conseillé de travailler encore plus, à une personne autoritaire de l'être toujours plus. Cette accentuation des comportements répétitifs est destinée à entraîner une prise de conscience et une modification des comportements pris pour cible.

Une autre méthode, *l'accentuation de la résistance,* propose pour ce faire, une injonction paradoxale : « Faites toujours plus de la même chose et perdez votre symptôme en le gardant. »

D'autres versions de la thérapie systémique ont été proposées par Minuchin (1974) et Jay Haley (1984). Dans leur perspective dite « stratégique », le symptôme est considéré comme la manifestation d'un conflit de pouvoir à l'intérieur de la famille. Le thérapeute met au jour les triangles, selon lesquels deux membres de la famille se liguent contre un troisième avec, parfois, un renversement d'alliance.

Un renversement d'alliance

Une mère, Béatrice, se ligue avec son fils Kevin qui est en échec scolaire et ils allient leurs pouvoirs contre le père de Jérôme. Ce dernier propose des cours de soutien à Kevin. La mère et le fils refusent en arguant que le but de la vie n'est pas de faire des études, mais d'être heureux. Aucune décision n'est prise et l'enfant risque le renvoi. Cette coalition est appelée « triangle pervers ». Elle peut se traduire, dans cet exemple, par la dépression du père et par l'appauvrissement de la famille du fait de sa mise à pied, car il a accumulé les fautes professionnelles. La souffrance amènera la consultation en urgence du patient désigné : le père déprimé. À ce moment de diagnostic, il est de l'art du thérapeute d'élargir le cadre de son intervention en demandant à rencontrer tous les protagonistes du drame familial et d'aider l'ensemble de la famille à résoudre le problème. Il devra aussi faire en sorte d'éviter que ne se réinstalle un autre triangle pervers, inversé cette fois-ci : Jérôme et Kevin ligués contre Béatrice, responsable de tous les maux, car elle est une femme manipulatrice prête à tout pour asseoir son pouvoir sur la famille. Il doit simplement proposer des règles de fonctionnement familial qui soient bénéfiques pour l'ensemble. Tout le problème pour le thérapeute est de ne pas prendre parti, car s'il le fait, il sera inclus dans le système et le perpétuera. Et le risque est que la famille se ligue alors contre lui : « Nous sommes en désaccord sur tout, mais nous sommes tous d'accord sur le fait que vous n'êtes qu'un gros nul. »

La thérapie est conçue comme une résolution de problèmes pragmatiques à travers l'examen des modalités de communication qui s'expriment par les symptômes. Elle se sert de la prescription paradoxale de la résistance, de la prescription du symptôme et de tâches à accomplir en séance ou à domicile. L'ensemble des techniques permet le remaniement des triangles pervers et l'introduction de règles de fonctionnement familiales plus saines.

Les clés du royaume

Certains thérapeutes utilisent le jeu de rôle psychodramatique. Ainsi, lors d'un séminaire, Mara Selvini nous a présenté le cas d'une jeune anorexique mentale que sa famille suppliait de manger, ce qui entraînait de nombreux conflits dans la famille : fallait-il la forcer ou la laisser libre ? La thérapeute lui a demandé de jouer le rôle d'une reine qui avait pour sujets son père, sa mère et ses sœurs qui lui organisaient un repas de monarque en l'appelant Majesté. Selon Mara Selvini, cette intervention paradoxale décalée, qui accentuait la résistance, a permis de débloquer la situation.

LES THÉRAPIES FAMILIALES ET CONJUGALES COGNITIVES ET COMPORTEMENTALES

Les thérapies familiales cognitives et comportementales, à l'inverse des thérapies systémiques, reposent sur des connaissances issues de la psychologie expérimentale et cherchent à développer des procédures objectivables et reproductibles. Elles apprennent au patient et à la famille à faire face au stress qui résulte de la maladie et à ses conséquences relationnelles. La famille n'est plus considérée comme le lieu de l'origine des troubles, et ses membres ou leurs interactions ne sont plus tenus pour responsables, ni explicitement ni implicitement, des manifestations pathologiques.

Les études épidémiologiques ont montré que l'émotionnalité exprimée des familles de psychotiques – c'est-à-dire l'anxiété, la surimplication et les commentaires critiques – représente un facteur de rechute (Leff et Vaughn, 1985 ; Liberman, 1991). Cela ne veut pas dire que la famille cause la schizophrénie, mais qu'avoir un enfant schizophrène entraîne des difficultés familiales et une boucle d'interaction parfois pathogène, qu'il faut aider les familles à modifier. La première étape de cette modification est l'information.

La thérapie familiale comportementale se sert de trois méthodes fondamentales pour modifier ce facteur de risque : la psychoéducation, le développement de communications non pathologiques par le jeu de rôle et la résolution de problème.

La psychoéducation familiale se fait par l'intermédiaire de brochures explicatives sur les problèmes que peut soulever la vie avec un psychotique et des discussions à ce sujet avec des thérapeutes. Il ne s'agit pas, une fois de plus, de culpabiliser les familles, mais de reconnaître que la pathologie schizophrénique est un tel fardeau économique et émotionnel que certaines familles peuvent être perturbées. Il s'agit d'une pathologie de la relation où le patient autant que la famille sont impliqués.

Les compétences sociales sont étudiées et modifiées par des jeux de rôle destinés à mettre en place une communication saine. Le thérapeute observe de quelle manière les membres de la famille se gratifient et se punissent les uns les autres. Il doit construire l'empathie familiale en utilisant le jeu de rôle. Ainsi seront définis les comportements que les différents membres de la famille veulent voir changer et en échange de quelle modification chez eux. Le thérapeute veille à l'établissement de contrats libres de toute coercition, même dissimulée, et qui soient gagnants pour tous les participants. Familles et patients sont conjointement entraînés, par des jeux de rôle, à développer des compétences sociales qui facilitent la vie quotidienne.

Les méthodes de résolution de problème seront mises en œuvre une fois les capacités de communication accrues. Un schéma de résolution de problème en sept points est proposé au patient et à sa famille, et des exemples sont travaillés avec les thérapeutes.

La thérapie familiale prend sa place dans des programmes plus larges de réhabilitation psychosociale présentés sous formes de modules incluant la vidéo et la pratique de jeu de rôle. Ces modules, mis au point par Robert Paul Liberman (Liberman, 1991) à l'Université de Californie à Los Angeles, comprennent un programme destiné à la recherche d'emploi ; un autre est dévolu aux compétences nécessaires pour vivre en société ; un troisième montre au patient comment gérer au mieux ses médicaments et ses relations avec les psychiatres – en particulier comment faire pour se faire entendre d'un psychiatre débordé. Le programme complet de réhabilitation implique une centaine d'heures et nécessite une équipe patiente et bien formée.

McFarlane (1983) a renouvelé la conception des thérapies multifamiliales. La démarche est nettement psychopédagogique et évite les débordements liés à des expressions émotionnelles débridées qui pouvaient se voir dans les thérapies familiales psychanalytiques ou systémiques. Les thérapies multifamiliales contribuent à atténuer l'isolement interpersonnel et social, à éviter la stigmatisation des patients ou des autres membres de la famille, à soutenir chaque famille en allégeant le poids considérable que la maladie fait peser sur son fonctionnement, à dégager chaque famille des tendances à la surprotection et/ou au désengagement, à l'hostilité, aux critiques ; à améliorer les communications familiales. La taille du groupe est préférentiellement de quatre à sept familles.

La thérapie conjugale comportementale et cognitive est fondée sur l'apprentissage de la communication au sein du couple et de la résolution des problèmes. La thérapie de couple a connu successivement deux modèles : tout d'abord, la thérapie comportementale fondée sur les principes d'apprentissage opérant et l'apprentissage social par observation de modèles, puis le modèle cognitif. La thérapie comportementale de couple a été mise au point par Jacobson et Margolin (1979) qui se sont fondés essentiellement sur le développement des compétences sociales, de la communication positive et des capacités de résolution de problème. La thérapie cognitive de couple développée par Beck (1988), puis Dattilio et Padesky (1990) se fonde sur le modèle du traitement de l'information et cherche à accroître la perception des relations et des distorsions cognitives, à modifier les pensées automatiques négatives et les schémas cognitifs dysfonctionnels et utilise des tâches cognitives. Le recoupement des deux méthodes est important et la plupart des cliniciens les combinent. La thérapie cognitive de couple se différencie de la thérapie comportementale par l'accent mis sur les schémas et le rôle de leur modification dans le processus thérapeutique.

Le modèle le plus pratiqué comprend douze à vingt séances (Bornstein et Bornstein, 1986). Il se fonde tout d'abord sur l'étude des facteurs qui influencent la mésentente et le divorce.

Les *facteurs sociaux et économiques*, en particulier l'élévation du niveau de vie, la culture ambiante, valorisent le narcissisme et l'égocentrisme au détriment de la structure familiale stable. De même, les aléas économiques, les asymétries dans la réussite sociale et les conflits de carrière sont des facteurs bien connus de divorce.

Les *facteurs personnels* résultent des attentes individuelles et de leurs évolutions, des idéaux romantiques non satisfaits et des illusions sur la vie du couple.

Les *facteurs relationnels* correspondent à la transformation de la relation positive en relation négative par des mécanismes souvent subtils de punition et de distorsion de la communication dans le couple.

Le thérapeute doit adopter une attitude empathique et compréhensive. Il doit être capable de révéler des informations le concernant, en utilisant la solution de ses propres difficultés comme modèle, ce qui permet l'identification. Il doit structurer la thérapie ; actif, il intervient souvent, avec un langage clair et sans ambiguïté. Il établit des liens entre affects et comportements. La relation thérapeutique idéale est à égale distance des deux membres du couple. Il se sert souvent de l'humour comme technique de décentrement.

Tout d'abord sera envisagé en détail l'historique du « roman du couple ». Puis seront définis les buts et les moyens mis en œuvre au cours de la thérapie : se centrer sur ce qu'on aime chez l'autre, décadrer et recadrer les accusations mutuelles, établir les liens entre les comportements et les sanctions et les gratifications qui les régissent.

Le thérapeute insiste sur la valeur des négociations et des compromis, et de la sensibilité à l'autre. Il est clairement énoncé que l'on ne peut changer les autres qu'en se changeant soi-même. Après cette introduction effectuée sur une ou deux séances, on passera aux techniques de communication.

Le jeu de rôle est la méthode la plus fréquemment mise en œuvre. Il est plus facile à mettre en place si la thérapie de couple est faite par deux thérapeutes de sexe différent. Le but est de spécifier les comportements problématiques et d'en faire l'analyse fonctionnelle, puis de les modifier. Ceci s'effectuera à travers des questions directes, posées après le jeu de rôle. Le thérapeute aidera les patients à développer l'expression des sentiments qui peuvent être inhibés par une éducation rigide. Il modifiera progressivement les comportements par des jeux de rôle, le renforcement positif des comportements de couple adéquats. Des modèles sont présentés par le ou les thérapeutes. Après observation par le patient de plusieurs modèles, il lui sera demandé d'en faire une synthèse personnelle. Puis il devra répéter les comportements avec des instructions et une supervision menée à bien par le thérapeute. Enfin, des tâches comportementales et des contrats de couple seront définis avec les patients et leurs familles.

Les contrats de couple servent pour la désescalade des situations agressives dans le couple, en précisant quels comportements chacun changera en fonction de quel changement chez l'autre. La résolution de problème consiste à considérer le conflit de couple comme un problème commun à résoudre. Le thérapeute aide le couple à parcourir les sept phases de la résolution de problème, après avoir identifié ce dernier. Le couple fait le choix d'un moment et d'un lieu pour le résoudre :

1. Définir le problème avec précision.
2. Accepter le problème et rechercher une solution.
3. Spécifier des buts.
4. Envisager toutes les solutions possibles (*brain storming*).
5. Choisir une solution, en général un compromis.
6. Appliquer la solution et évaluer le résultat.
7. Améliorer, réviser, renégocier.

Le maintien du couple n'est pas toujours la meilleure résolution du problème et, dans certains cas, la séparation constructive sera à envisager au cours d'ultimes séances.

Le maintien des résultats et la prévention des rechutes sont assurés par des tâches dont le but est d'accroître les comportements naturellement renforcés dans l'environnement. La fréquence des séances sera progressivement diminuée.

Les résultats

Le rapport Inserm (2004) a attribué le grade A (efficacité démontrée) dans plusieurs indications (*cf.* tableau récapitulatif, p. 310).

THÉRAPIE FAMILIALE

Des études effectuées presque toutes sur sa version comportementale et cognitive ont validé l'efficacité de la thérapie familiale dans trois indications chez l'adulte avec un grade A (efficacité démontrée) : les schizophrénies, les troubles de l'humeur bipolaires et l'alcoolo-dépendance. La thérapie familiale a reçu également un grade B (présomption d'efficacité) dans l'anorexie mentale.

Chez l'enfant, au travers de programmes qui forment à la fois les parents et l'enfant, la thérapie familiale apparaît utile dans le traitement de l'autisme infantile, de l'hyperactivité et des troubles de conduite de l'enfant (enfants gravement agressifs, destructeurs, qui volent ou transgressent répétitivement les règles établies). Elle pourrait, à un degré moindre, s'avérer utile sous forme de « gestion familiale » associée à la TCC individuelle. Des travaux plus récents montrent l'efficacité de la thérapie familiale comportementale dans le traitement de la boulimie de l'adolescent (LeGrange *et al.*, 2007 ; Schmidt *et al.*, 2007) et de l'obésité de l'enfant (West *et al.*, 2010).

THÉRAPIE DE COUPLE

Les méta-analyses aboutissent à la conclusion que les différents courants se valent et sont efficaces par rapport aux groupes contrôles, sans différence entre eux, à condition que les psychothérapeutes suivent un manuel (Inserm, 2004). Un domaine d'intervention des thérapies psychanalytiques peu connu est celui de la thérapie de couple qui a été étudié de façon tout à fait sérieuse par une méta-analyse (Dunn et Schwebel, 1995). Cinq études ont été menées, qui impliquaient 164 couples. Dans chacune, la thérapie analytique était comparée à un groupe contrôle non traité. Quatre études rapportaient un suivi. Les résultats se sont révélés significatifs statistiquement par rapport au groupe contrôle et peu différents de la thérapie cognitive ou comportementale. Ce qui pose le problème des processus communs aux thérapies efficaces.

Les indications

Ce sont principalement la schizophrénie, l'anorexie mentale, les troubles de l'humeur, la dépression uni- ou bipolaire (trouble maniaco-dépressif) et la dépendance alcoolique dans la mesure où ces troubles posent des problèmes à la famille.

En tant que formation des parents, la thérapie familiale contribue aux soins des enfants autistes, de l'hyperactivité infantile et des troubles de conduites.

***Tableau 7.1.* Les principales indications des thérapies familiales : efficacité démontrée.**

1. Réhabilitation psychosociale des sujets schizophrènes chroniques
2. Toxicomanie et dépendance : alcool
3. Troubles bipolaires (en association avec les normothymiques)
4. Problèmes de couple

Les thérapies familiales ont une présomption d'efficacité (grade B) dans l'anorexie mentale de l'adulte et dans la boulimie et l'obésité de l'enfant.

Les points faibles et les points forts

Le point fort de la thérapie familiale est qu'elle met l'accent sur les interactions sociales et l'analyse des systèmes familiaux et de couple.

Le point faible est la validation des théories et des pratiques. En réalité, il n'y a pas de modèle théorique dominant. De même, presque toutes les études contrôlées ont été effectuées avec la TCC qui ne représente, pourtant, qu'un des trois courants de la thérapie familiale. C'est donc le seul courant qui permette de ranger les thérapies familiales parmi les thérapies efficaces. Il n'en va pas de même pour les thérapies de couple, où les trois courants montrent des effets positifs et voisins.

La formation des thérapeutes

Une vingtaine de pays européens participent à l'organisation de l'Association européenne de thérapie familiale (EFTA). Le courant systémique est dominant. La Société française de thérapie familiale (SFTF), fondée en 1993, est composée de plus de 400 membres. Les membres titulaires (environ 180) doivent justifier de quatre ans de formation à raison de 200 heures par an, et de quatre ans de pratique des thérapies familiales. Cette société comprend plus de 50 % de psychiatres, ainsi que des psychologues, des infirmiers, des éducateurs et des travailleurs sociaux.

Où s'adresser ?

La Société française de thérapie familiale édite un annuaire tous les deux ans. Ses activités sont disponibles sur un site Web.
http://sftf.net/

Conclusion

Les thérapies familiales reposent sur des principes thérapeutiques issus aussi bien de la psychanalyse, des thérapies comportementales et cognitives, que des thérapies humanistes. Toutefois, elles se fondent sur la théorie des systèmes, l'éthologie, l'ethnologie et l'anthropologie. La diversité des orientations théoriques, des modalités d'exercice et des styles thérapeutiques rend difficile la description exhaustive de ce grand ensemble flou.

Ce flou, qu'on pourrait tout aussi bien appeler « ouverture », fait partie du fonctionnement de ce mouvement. Il est même revendiqué comme un refus du scientisme au nom de l'humanisme. Néanmoins, les thérapeutes familiaux ont enregistré, avec une satisfaction tout œcuménique, la validation scientifique de leur spécialité par des études contrôlées de TCC, effectuées par des scientistes à visage humain. Un paradoxe de plus.

TROISIÈME PARTIE

OÙ VONT LES PSYCHOTHÉRAPIES ?

CHAPITRE 8

Psychothérapie et nouvelles technologies : les e-thérapies et les thérapies par la réalité virtuelle

La généralisation des ordinateurs personnels a suscité l'idée que l'on pourrait remplacer partiellement l'intervention psychothérapeutique humaine par celle d'un ordinateur. Avalisant cet essor technologique, les consultations par l'intermédiaire d'Internet sont autorisées en France depuis le décret du 19 octobre 2010, qui permet la mise en place officielle de la télémédecine par l'intermédiaire de l'ensemble des dispositifs de télécommunication disponibles.

Cependant, le développement des psychothérapies par Internet s'est fait de manière très progressive à partir de 1990. Les travaux effectués ont, tout d'abord, été cantonnés à la recherche et ont provoqué des réserves à la fois scientifiques, pratiques et éthiques. Vingt ans plus tard, cette approche est considérée d'une manière nettement positive, car l'ordinateur est entré dans les mœurs, comme un objet inanimé qui aurait une âme et que l'on finit par aimer. Par ailleurs, il existe aujourd'hui des preuves d'efficacité psychothérapique des méthodes qui associent l'ordinateur aux interventions humaines :

— l'e-thérapie : c'est une thérapie suivie *via* un programme informatique qui peut être proposé soit par un centre spécialisé, soit sur Internet ;

— la thérapie par courriels (e-mails) ;

— la thérapie par la réalité virtuelle (TRV).

Ces trois méthodes y associent un psychothérapeute qui supervise le bon déroulement du travail confié à la machine et reste disponible pour le patient. Il s'agit plus d'un couplage du thérapeute avec la machine que d'un abandon du travail de psychothérapeute à un « Robopsy » tout-puissant.

On peut y ajouter une pratique qui en est encore à ses débuts : la formation des psychothérapeutes par l'e-learning.

L'e-thérapie

Les psys ont toujours été fascinés par l'intelligence artificielle et par l'ordinateur qui propose un modèle du fonctionnement de l'esprit et représente une extension de ses pouvoirs. Toutefois, la seule justification de l'e-thérapie est de rendre la psychothérapie accessible au plus grand nombre, quels que soient le niveau de revenu et l'éloignement géographique des cabinets des psychothérapeutes ou des centres de soins. Dans un pays très étendu, avec des zones semi-désertiques ou de larges zones rurales sans soignants, cette pratique peut s'avérer utile. De même, elle peut apporter une aide en milieu urbain à une époque où les ressources de l'assurance-maladie s'épuisent.

LES ORIGINES

Les téléconsultations se sont développées très tôt dans des pays comme les États-Unis et la Suisse, où les consultations par téléphone sont facturées au quart d'heure. La psychothérapie par téléphone apparaît non seulement possible, mais efficace. C'est ce qu'a montré une étude (Mohr, 2005) comparant la TCC pour la dépression à la thérapie de soutien, les deux traitements étant administrés par téléphone pendant seize semaines. Au bout d'un an de suivi, les deux traitements ont obtenu de bons résultats, mais la TCC a présenté un effet immédiat plus important et plus rapide que la thérapie de soutien. Le traitement était bien accepté par les patients, car très peu ont abandonné l'un ou l'autre programme.

Les premiers travaux sur la thérapie assistée par ordinateur ont été effectués à l'Institut de psychiatrie de Londres dans les années 1980, sous la direction d'Isaac Marks, mais se sont trouvés limités par la difficulté d'établir des programmes fiables et peu coûteux. Quelques années plus tard, un pas a été franchi par Paulette Selmi (Selmi *et al.*, 1990) qui a mis au point un programme suffisamment élaboré pour traiter la dépression, rendu possible par la création plus aisée de nouveaux logiciels et l'opérationnalisation des techniques efficaces de psychothérapie cognitive pour la dépression (Beck *et al.*, 1979). Le Dr Selmi a réalisé une étude contrôlée qui a comparé, après tirage au sort, un groupe de patients qui recevaient six séances de thérapie cognitive administrée de manière interactive par un ordinateur à un groupe qui bénéficiait de six séances prodiguées par un psychothérapeute, tandis qu'un troisième groupe de patients déprimés était sur liste d'attente pour une prise en charge effective. Les deux premiers groupes ont obtenu des résultats équivalents à un suivi de deux mois et supérieurs par rapport aux patients sur liste d'attente.

LA THÉORIE

Il n'y a pas de théorie particulière, puisqu'il s'agit simplement du mode de présentation de traitements déjà connus. Seules les TCC et leur variante psychoéducative, ainsi que la thérapie de soutien ont été testées. Les études ont simplement montré que ces formes de thérapie pouvaient être appliquées, avec succès, par un programme multimédia interactif.

LA PRATIQUE

Elle en est encore au stade de recherches dont nous allons détailler les plus importantes pour en montrer le fonctionnement.

La TCC sous forme d'e-thérapie dans un centre de soins

Un programme de huit séances interactives multimédias de thérapie comportementale et cognitive, intitulé « Vaincre la déprime » (*Beating the blues*) a été étudié avec soin (Proudfoot *et al.*, 2004). Chaque séance hebdomadaire, adaptée individuellement, d'une durée de cinquante minutes, propose des tâches pratiques à réaliser dans la vie de tous les jours. À la fin de chaque séance, l'ordinateur génère automatiquement un rapport qui évalue les progrès du patient et destiné au généraliste de ce dernier. Il précise si le patient a exprimé des intentions suicidaires. Une infirmière est là pour expliquer et lancer le programme, elle quitte la pièce, mais sert de « personne-ressource » en cas de difficultés. Elle n'a, en moyenne, que cinq minutes de contact avec chaque patient par séance. Deux cent soixante-quatorze patients présentant des symptômes d'anxiété et de dépression moyenne ou sévère ont été attribués par tirage au sort à deux groupes : un programme de TCC délivré par ordinateur avec ou sans médicament, et un traitement avec prescription de médicaments et interventions psychothérapiques diverses. Un suivi de six mois a été mis en place. Les résultats se sont avérés positifs. « Vaincre la déprime » s'est révélé plus efficace que le traitement habituel sur les échelles d'évaluation de dépression, d'anxiété, d'adaptation au travail et de relation sociale, et sur une mesure des schémas cognitifs.

La thérapie par ordinateur fut jugée plus satisfaisante que le traitement habituel par les patients et leur semblait tout à fait acceptable. Les effets économiques du programme ont été analysés (McCrone *et al.*, 2004) et se sont révélés favorables pour la Sécurité sociale.

Les coûts ont été plus élevés sur huit mois pour la TCC qui était délivrée par ordinateur, car la création et la gestion du programme avaient un prix élevé. Mais le surcoût du traitement pour la Sécurité sociale était largement compensé par le bénéfice des reprises de travail. Le rapport coût/efficacité final s'est donc avéré bon, et, de plus, la qualité de la vie s'en est trouvée nettement améliorée.

La TCC sur Internet

L'étude la mieux conduite (Christensen *et al.*, 2004) a évalué l'efficacité de deux interventions sur Internet pour des personnes demeurant dans la communauté et des personnes présentant des symptômes de dépression. Elle reposait sur la création de deux sites Web, l'un qui donnait une information « psychoéducative » au sujet de la dépression ; l'autre, interactif, permettait la mise en place d'une thérapie cognitive et comportementale. Cette expérience a pris place dans la ville de Camberra, en Australie, un pays très vaste où les soins sont difficiles d'accès dans nombre de régions. L'étude a inclus 525 personnes dont les symptômes dépressifs allaient croissant. Elles ont été tirées au sort et réparties en trois groupes : le premier avait accès à un site qui proposait une information sur la dépression ; le deuxième groupe devait se connecter à un site qui offrait une TCC interactive ; le troisième recevait une pseudo-thérapie (ou placebo) crédible : un thérapeute leur téléphonait une fois par semaine pour discuter du style de vie qui peut conduire à la dépression et des aménagements nécessaires. Chacune des trois interventions durait six semaines. La TCC et la psychoéducation se sont révélées plus efficaces que la thérapie « placebo ». Cependant, les patients qui ont quitté le programme se sont avérés plus nombreux dans le groupe de psychoéducation que dans celui de TCC.

La thérapie par e-mail

Il est possible d'entreprendre une thérapie de la dépression par le biais d'e-mails personnalisés qui soit aussi efficace qu'un programme de TCC délivré par Internet et plus qu'une simple liste d'attente. C'est ce qu'a montré une étude contrôlée qui s'est déroulée sur huit semaines et dont le suivi à six mois a confirmé les résultats (Venmark, 2010).

L'aide à la formation des psychothérapeutes

Une des applications innovantes de l'e-thérapie est l'aide à la formation aux psychothérapies des soignants. En effet, certains soignants ou certains instituts de formation d'infirmiers ne souhaitent pas entreprendre un cursus complet trop lourd en termes de temps et de financement et préfèrent acquérir certaines méthodes autrement que par un cours classique. Les éditions Retz et l'Ifforthecc (Cottraux et Cungi, 2011) ont construit en partenariat un programme conçu pour enseigner les TCC sous la forme de présentations audiovisuelles avec des « quiz » et des présentations de cas filmés interprétés par de vrais thérapeutes ; les patients, eux, sont interprétés par des comédiens. L'acquisition des connaissances est évaluée par le système informatique qui est présenté aux enseignés par une personne compétente. Il ne s'agit en aucune manière de

Tableau 8.1. **Programme e-learning de formation aux TCC (Ifforthecc et éditions Retz).**

I. Les fondamentaux
1. Définitions et modèles théoriques 2. L'alliance thérapeutique 3. Analyse fonctionnelle et conceptualisation cognitive
II. Troubles anxieux
4. Le trouble panique et de l'agoraphobie 5. La phobie sociale 6. L'anxiété généralisée 7. Le trouble obsessionnel compulsif 8. Le stress post-traumatique 9. Les phobies spécifiques (simples)
III. Dépression, risque suicidaire et troubles de la personnalité
10. La dépression 11. Le risque suicidaire 12. Les troubles de la personnalité
IV. Troubles des conduites alimentaires et addictions
13. Les troubles des conduites alimentaires 14. La dépendance à l'alcool 15. La dépendance au tabac 16. Les toxicomanies avec et sans produits
V. Psychologie de la santé
17. L'accompagnement des patients et de leur famille 18. L'annonce d'un diagnostic difficile 19. Les syndromes douloureux chroniques 20. Les troubles du sommeil 21. Le stress professionnel 22. La psychologie positive et le bien-être

remplacer la formation en « présentiel » et la pratique supervisée des psychothérapies, mais d'accélérer l'apprentissage des bases de la TCC grâce à un programme que l'on peut reprendre autant de fois qu'on le souhaite et qui donne des exemples concrets. Vingt-deux modules d'une heure couvrent les principaux domaines des TCC.

LES RÉSULTATS

Une méta-analyse (Speck *et al.*, 2007) a conclu que la thérapie *via* Internet était efficace dans le traitement de la dépression et des troubles anxieux, surtout si elle était associée à des interventions limitées de psychothérapeutes. Ces résultats, qui portaient sur douze études contrôlées, demandent néanmoins à être confirmés.

LES INDICATIONS

La liste des troubles psychopathologiques qui peuvent être traités par des programmes de TCC présentés sous forme d'e-thérapie va croissant. Elle comprend la dépression, la boulimie, les obsessions-compulsions, les phobies sociales, les attaques de panique, l'agoraphobie, l'anxiété généralisée, le stress post-traumatique et plus récemment les toxicomanies (Carroll *et al.*, 2008).

LES POINTS FORTS ET LES POINTS FAIBLES

Les points forts de l'e-thérapie sont une bonne acceptation du protocole par les patients et le fait qu'elle rend accessibles les traitements, y compris à des personnes ou à des communautés isolées.

Le point faible est le coût des logiciels, qui ne sont, pour l'instant encore, qu'au stade de la recherche et nécessitent une supervision par des psychothérapeutes formés à cette approche.

LA FORMATION DES PSYCHOTHÉRAPEUTES

Elle exige la collaboration d'ingénieurs en informatique avec des experts cliniciens afin de définir correctement le contenu et le fonctionnement des logiciels qui doivent être testés avant d'être proposés à un plus large public. D'autre part, il est nécessaire de déterminer soigneusement la part humaine et la part qui revient à la machine, ainsi que le moyen de superviser les thérapies et de corriger les bugs des logiciels. Il faut donc former d'une part un groupe d'experts pour élaborer le logiciel et d'autre part un groupe de cliniciens pour le surveiller.

OÙ S'ADRESSER ?

À ma connaissance, il n'existe pas encore de programme d'e-thérapie en France, mais le nouveau décret concernant les consultations par Internet ne va pas tarder à susciter des vocations.

Programme de formation aux TCC par l'e-learning
Éditions Retz
9 bis, rue Abel-Hovelacque
75013 Paris
http://www.editions-retz.com/

CONCLUSION

L'e-thérapie par Internet en est encore au stade de la recherche, mais elle pourrait rapidement devenir un mode d'intervention généralisé pour les personnes qui sont éloignées de thérapeutes compétents ou qui ne peuvent pas quitter leur domicile, et représenter une aide pour former les psychothérapeutes.

La thérapie comportementale et cognitive par la réalité virtuelle

La réalité virtuelle est connue du grand public à travers les jeux vidéo, les parcs d'attractions et certains films comme *Harcèlement*, *Minority Report*, *Existenz* ou encore *Matrix*. Le meilleur d'entre eux est, à mon sens, le subtil et poétique *Avalon* de Mamoru Oshii, qui nous conduit, à notre insu, vers le paradis des héros des combats virtuels.

La thérapie par la réalité virtuelle, ou TRV, a été introduite en psychiatrie et en psychologie tout d'abord comme une technique complémentaire de traitement des troubles anxieux par la TCC, puis appliquée à d'autres domaines. Définie d'une manière scientifique, la réalité virtuelle est une application technique qui permet à un utilisateur de naviguer et d'interagir en temps réel avec un environnement en trois dimensions généré par un ordinateur. L'utilisateur se sent « immergé » dans un environnement factice, il peut le visiter, s'y déplacer, éventuellement y rencontrer d'autres personnes – des avatars – ou même s'y projeter lui-même, filmé en temps réel, ce qui le transforme en « avatar imposteur ». L'environnement change en fonction de ses déplacements, ce qui crée l'illusion d'être présent dans un environnement artificiel.

LES ORIGINES

L'idée de recourir à l'immersion dans la réalité virtuelle est apparue dans les milieux comportementalistes américains dans le courant des années 1990. Cette technique, qui repose elle aussi sur l'exposition, pourrait s'avérer à terme plus pratique que les TCC. L'individu est exposé à un environnement virtuel : le but est qu'il ait l'illusion d'y être présent

La première étude thérapeutique a été publiée en 1995 par Barbara Rothbaum (Rothbaum *et al.*, 1995) de l'Université Emory à Atlanta. Il s'agissait d'un essai pour traiter la phobie des hauteurs chez vingt patients. Huit d'entre eux ont été mis sur une liste d'attente. Les douze autres ont suivi, individuellement et pendant huit semaines, des séances d'immersion dans des situations virtuelles sur des balcons, des ponts suspendus et dans des ascenseurs transparents. Leur niveau de phobie, c'est-à-dire la sensation de détresse liée à l'altitude, a été évalué à l'aide d'une échelle d'anxiété avant et après le test. Le résultat obtenu était net : 70 % des patients traités ont confirmé la régression de leur trouble dans le monde réel, alors qu'aucune amélioration n'a été attestée dans le groupe témoin.

Le domaine le plus exploré pour tester la réalité virtuelle concerne la phobie de l'avion. Il s'agit d'un trouble complexe qui associe une composante claustrophobe à la peur de l'écrasement et à l'anxiété de l'altitude. En situation, le sujet a le désir de s'échapper de l'avion avant qu'il ne décolle, ce qu'il fait d'ailleurs parfois… Ce trouble est assez répandu : il toucherait au moins 10 % de la population générale. Les statistiques des compagnies aériennes estiment par ailleurs que près de 20 % des passagers ont recours à un traitement anxiolytique avant le décollage. La réalité virtuelle utilisée pour former les pilotes et les militaires a donc aussi été mise en œuvre dans plusieurs études pour déconditionner les personnes phobiques des voyages aériens.

LA THÉORIE

La réalité virtuelle utilise essentiellement des informations visuelles et sonores, donc beaucoup moins de *stimuli* sensoriels que le monde réel. Pourtant, elle réussit à créer l'illusion de présence en se fondant sur le fait que l'être humain ne peut traiter simultanément qu'un nombre limité d'informations et qu'il peut remplir par l'interprétation les blancs de la perception. Cela suppose aussi que l'individu soit capable d'inhiber sa propre présence dans le monde réel pour plonger dans le virtuel ; les effets vont donc dépendre du degré d'immersion dans ce monde. L'illusion peut être accentuée par l'habileté du thérapeute à suggérer les émotions en soulignant les points sensibles de la représentation virtuelle, par exemple : « Attention, votre voiture s'approche à un mètre d'un ravin sur cette route sinueuse de montagne. »

Le sujet doit être suffisamment immergé et impliqué pour parvenir à l'illusion de présence qui se définit comme l'expérience subjective d'être dans un lieu ou dans un environnement alors qu'on se trouve physiquement dans un autre. La lecture, les jeux vidéo, l'opéra, la peinture, le théâtre ou le cinéma sont des procédés utilisés pour créer une réalité alternative et immersive qui se fonde sur la propriété du cerveau humain à élaborer, à partir de la perception, des interprétations subjectives. La réalité n'est qu'une construction de l'esprit qui peut nous faire prendre les ombres qui se projettent sur les parois d'une caverne pour la réalité, comme l'a montré Platon dans *La République*. On verra plus loin qu'un des systèmes de réalité virtuelle a été appelé CAVE, sans doute en hommage au philosophe. Autrement dit, ce que nous appelons la réalité n'est qu'un jugement et la réalité virtuelle se contente de tromper notre « cerveau rationnel » par des informations sensorielles qui nous font croire à la matérialité des ombres de la caverne.

Ces illusions sont sollicitées par une navigation facile dans un environnement et par le degré de réalisme des images. Cependant, ce point est contesté, car l'interprétation subjective joue pour beaucoup, tout comme l'habileté des thérapeutes à suggérer la présence. La résolution des écrans dans le visiocasque et la texture des images issues de l'environnement virtuel peuvent néanmoins jouer un rôle important. De même, la présentation de plusieurs modalités sensorielles de manière simultanée – images, sons, toucher, odeurs – augmente l'illusion de présence. On peut même solliciter les réflexes posturaux en faisant marcher le sujet sur un tapis en caoutchouc mou et créer ainsi des conflits sensoriels que le sujet devra intégrer.

La durée des expositions doit être suffisamment longue – en général quatre-vingt-dix minutes par phases de quinze minutes dont cinq de repos – pour assurer une bonne adaptation sensorielle et une familiarisation avec les tâches à effectuer dans un environnement virtuel. Un environnement virtuel va se révéler immersif ou non dans les quinze premières minutes de la séance d'exposition. Il est donc inutile d'insister.

La présence d'« avatars » dans les scènes présentées par le logiciel va contribuer à l'illusion de présence. Ils peuvent s'adresser au patient en lui parlant ou par signes, ou avoir des comportements plus ou moins rassurants, ce qui va ainsi renforcer l'illusion de présence dans le monde virtuel. Il est également possible de filmer le sujet au cours de l'exposition et de projeter son image dans le monde virtuel.

Certains facteurs de personnalité, comme la suggestibilité ou la tendance à privilégier une modalité sensorielle par rapport aux autres, peuvent avoir une influence sur l'illusion de présence. En général toutefois, la vue reste le sens privilégié : croire, c'est voir.

LA PRATIQUE

La réalité virtuelle la plus simple est présentée par un écran d'ordinateur de préférence large et panoramique afin de favoriser l'immersion dans le monde virtuel. L'utilisateur interagit avec le monde virtuel au moyen de dispositifs de contrôle tels le clavier, la souris ou le joystick. La troisième dimension est suggérée par le recours à des logiciels de simulation produisant des effets de perspective, de rotation ou d'interposition. Ce type d'accès à la réalité virtuelle est aisé et sans problème technique, il est depuis longtemps utilisé en TCC, où les thérapeutes se servent de films pour immerger le patient : par exemple, le film *Arachnophobie* contient des scènes à la fois vraisemblables et immersives. Cependant, la réalité virtuelle commence véritablement avec l'utilisation d'un visiocasque.

Le casque de réalité virtuelle, ou visiocasque, est constitué de deux écrans de télévision miniatures. Il peut être monoscopique ou stéréoscopique. Il peut être muni d'un appareil de suivi des déplacements (en anglais *tracker*), lequel réagit aux mouvements de la tête, ce qui permet à l'utilisateur d'interagir avec des environnements virtuels en trois dimensions. Le visiocasque est actuellement l'appareillage le plus couramment utilisé en clinique, notamment dans le traitement par exposition en réalité virtuelle des troubles anxieux.

La voûte (CAVE), ou couloir de réalité virtuelle, requiert trois projecteurs et trois ordinateurs destinés aux murs ainsi qu'un ordinateur central. Le patient porte des lunettes 3D et se tient debout, au centre de la voûte. L'environnement virtuel est projeté sur chaque mur et sur le plancher. Les lunettes 3D permettent l'intégration des informations nécessaires au patient pour avoir le sentiment d'être complètement « immergé » dans les environnements virtuels. La voûte a un coût élevé et nécessite la présence d'un ingénieur du fait de problèmes de dysfonctionnements souvent importants.

La réalité augmentée correspond à la superposition, en temps réel, d'un modèle virtuel 3D ou 2D à la perception habituelle que nous avons de la réalité. Ce système peut s'appliquer à la perception visuelle en superposant des images virtuelles aux images issues de la perception de la réalité ordinaire. Il peut aussi créer l'illusion de perceptions tactiles

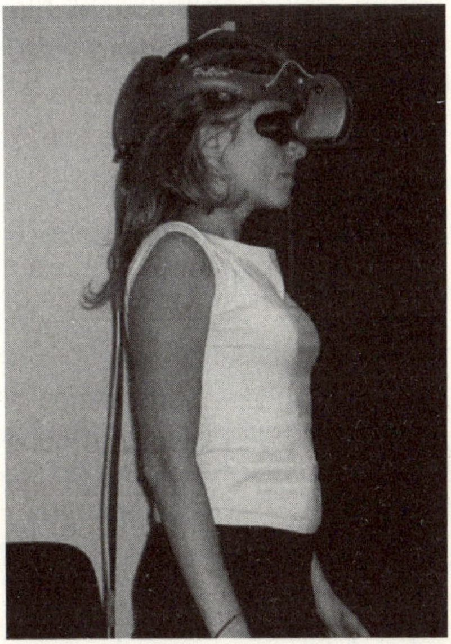

***Figure 8.1.* Le visiocasque de réalité virtuelle.**

Pour la séance d'immersion en réalité virtuelle, les patients sont assis et équipés d'un visiocasque, comportant deux mini-écrans, permettant une vision à 50 degrés, et un capteur de position de la tête, suivant les mouvements de la tête (Kayser Pro View 60™). Le casque est relié à un ordinateur, sur lequel le thérapeute manie un programme de réalité virtuelle en interaction avec le patient. Le patient peut également « naviguer » lui-même en se servant de l'ordinateur.

ou auditives. La technologie incruste des images de synthèse dans les images du monde réel en se servant de l'appareil photo d'un téléphone portable ou de lunettes vidéo : de petites caméras situées au milieu et à l'extérieur de chaque verre envoient des images en temps réel sur deux écrans à cristaux liquides sur la face interne des lunettes. Une fois reliées à un téléphone portable ou à un ordinateur, les lunettes combinent les données virtuelles avec ce qui est filmé en direct. De ce fait, les images de synthèse vont fusionner avec celles du monde réel. La réalité virtuelle se différencie de la réalité augmentée dans le sens où elle remplace la totalité de l'environnement et stimule une perception globale du nouvel environnement. La réalité augmentée se contente de montrer ce que normalement on ne voit pas.

L'interaction du thérapeute avec la réalité virtuelle

En pratique, les environnements virtuels n'ont pas besoin d'une représentation graphique très sophistiquée pour susciter des émotions chez le patient. Un de mes patients, qui était concepteur de jeux vidéo et qui souffrait d'agoraphobie, avait trouvé notre logiciel très primitif et résistait à l'illusion de présence. Malgré tout, après trois séances et du fait de l'habileté de la thérapeute, il a fini par lâcher prise et par se prendre au jeu. Il faut simplement trouver le point anxiogène spécifique. Par exemple, ce sont souvent les trous d'air et les turbulences que redoutent les phobiques de l'avion, alors que ce sont des phénomènes normaux qui n'empêchent pas de dormir les personnes peu anxieuses. Il est facile avec l'ordinateur de déstabiliser l'image et de provoquer l'impression visuelle de turbulences et d'instabilité de l'avion.
La présence du thérapeute est donc indispensable pendant les séances de réalité virtuelle. Il facilite l'interaction avec la réalité virtuelle et aide l'utilisateur à s'y exposer en perdant son contrôle rationnel.

Un programme de réalité virtuelle pour le trouble panique avec agoraphobie

J'ai coordonné (Cottraux, 2005b ; Pull, 2007) un programme de recherche sur le trouble panique avec agoraphobie qui comparait la thérapie comportementale et cognitive avec la thérapie par réalité virtuelle[1]. Ce programme comprenait douze environnements virtuels qui ont été créés au Collège de France, dans le laboratoire du professeur Alain Berthoz. Ils étaient présentés aux patients à l'aide d'un visiocasque (Kaiser Pro View 60™) et d'un *tracker*, autrement dit un appareil de suivi des déplacements.

Ces douze environnements virtuels ont été construits après de longues discussions entre chercheurs et cliniciens. Voici leurs caractéristiques.

1. *Un tunnel*. Il s'agit d'un espace fermé, composé d'un labyrinthe de tunnels formant des couloirs et des pièces dans lesquels l'utilisateur peut se déplacer. Les murs du tunnel possèdent un revêtement en carrelage blanc et bleu.

2. *Une voiture en milieu urbain*. Il s'agit d'un espace clos et mobile, qui suit un trajet dans un environnement de type urbain. Au début, le sujet est passif. Il est assis dans la voiture côté passager. Il peut ensuite se mettre au volant et conduire la voiture en mode actif. Il peut regarder le tableau de bord ou vers l'extérieur.

3. *Une voiture dans un tunnel*. Il s'agit d'un espace clos et mobile. Le sujet est dans une voiture qui suit d'abord un trajet prédéfini dans un environnement urbain, aborde ensuite un tunnel dans lequel le sujet sera bloqué, puis avance de façon sporadique. Le sujet peut être assis côté passager ou être au volant et conduire en mode actif.

---

1. Ce programme impliquait trois centres cliniques – l'un au CHU du Luxembourg (Pr Pull), le second au CHU Pitié-Salpêtrière (Pr Jouvent) et le troisième au CHU de Lyon (Dr Cottraux) – et s'intitulait PHRV (Programme hospitalier de réalité virtuelle) (financement Programme hospitalier de recherche clinique, Hospices civils de Lyon, PHRC 2002 # 02-106).

4. *Un bus.* Il s'agit d'un espace clos et mobile. Le sujet se trouve dans un bus qui circule dans un environnement de type urbain selon une trajectoire prédéfinie. L'environnement comprend l'intérieur du bus, des personnages représentant les passagers et des immeubles situés des deux côtés de la rue.

5. *Un ascenseur.* Il s'agit d'un espace fermé. Le sujet se déplace dans un couloir, jusqu'à la porte de l'ascenseur, appuie sur le bouton d'appel, entre dans l'ascenseur, sélectionne l'étage, monte. Le thérapeute peut provoquer une « panne ».

6. *Un métro.* Il s'agit d'un espace clos et mobile. Le sujet observe puis marche vers le quai, monte dans le wagon puis parcourt une, deux ou trois stations de métro. L'environnement comprend le quai du métro, l'intérieur du métro avec des personnages représentant des passagers, des tunnels qui défilent et des arrêts de métro avec des personnages et des publicités. Le départ de chaque station est précédé du signal sonore caractéristique du métro parisien.

7. *Un supermarché.* Il s'agit d'un espace clos dans lequel le sujet se déplace librement. Il pousse un chariot et passe par plusieurs rayons, se met dans une file d'attente et passe à la caisse où la caissière le regarde.

8. *Un grand espace.* Il s'agit d'un espace ouvert et mobile. Le sujet est assis dans une voiture et roule sur une route de campagne. Il traverse des champs et des forêts, et roule par moments le long d'un ravin. Il est seul, il n'y a pas de personnages humains.

9. *Un avion.* Il s'agit d'un espace fermé. Le sujet passe par la passerelle et rejoint sa place, s'assoit. Il peut regarder autour de lui, regarder à travers les hublots, observer d'autres personnages. Un des personnages qu'il regarde est anxieux et bouge sans cesse la tête. Il est possible de rendre l'avion instable et de simuler des turbulences.

10. *Un hall.* Il s'agit d'un espace fermé. Le sujet se trouve dans le hall d'un immeuble qui comporte des colonnes, un sol avec du carrelage et un plafond élevé. Le thérapeute peut

Figure 8.2. **Un supermarché virtuel.**

déformer les colonnes et le carrelage et engendrer un sentiment de déréalisation.

11. *Un cinéma*. Il s'agit d'un espace fermé. Le sujet entre dans une salle de cinéma, trouve un siège, s'assoit. Sur l'écran, il peut regarder un film de Woody Allen, *Harry dans tous ses états*, dans lequel le héros fait une crise d'angoisse avec dépersonnalisation. Il peut également regarder ce qui se passe à sa gauche, à sa droite ou derrière lui.

12. *Une foule*. Il s'agit d'un espace ouvert. Le sujet se déplace dans une rue où il y a beaucoup de monde. L'environnement est constitué d'un film vidéo, comportant des personnages et des immeubles qui sont, cette fois, réels et non pas des images reconstruites à partir de la réalité.

Chaque séance durait environ quatre-vingt-dix minutes. Après une séance brève de relaxation, le thérapeute expliquait les principes de la TRV. Le sujet se familiarisait avec le visiocasque, avec les deux mini-écrans qui lui présentaient un environnement virtuel, et avec le capteur de position. Au cours de la première séance, le thérapeute évaluait avec le patient le degré d'anxiété déclenché par chaque environnement. Au cours des séances suivantes, le patient était exposé progressivement à chacun des douze environnements en allant du moins anxiogène au plus anxiogène. Chaque exposition durait environ dix minutes et était suivie d'une pause de cinq minutes. Le patient pouvait être exposé à plusieurs environnements au cours d'une même séance. Pour chaque environnement, le thérapeute évaluait par ailleurs la présence et l'intensité de cybermalaises éventuels.

Cette étude a abouti à la conclusion que les résultats positifs obtenus avec la réalité virtuelle étaient identiques à ceux de la TCC en fin de thérapie et à un an de suivi (Pelissolo, 2010, article soumis).

Traiter le stress post-traumatique par la thérapie virtuelle

Le stress post-traumatique représente une bonne indication : en voici un cas pour l'illustrer (Cottraux, 2005a).

« Un coup de dé n'abolira jamais le hasard »

Le 4 septembre 1998, Stella et Mirabelle se retrouvent à l'aéroport Kennedy de New York pour embarquer sur le vol Swissair 111 à destination de Genève. Au dernier moment, elles changent d'avis : elles prennent un autre avion qui les conduira plus rapidement à Lyon *via* Zurich. Le vol Swissair 111 s'abîme en mer, près de Terre-Neuve, avec 229 personnes à bord. Il n'y a aucun survivant.
Ayant appris la nouvelle à leur arrivée à Lyon, elles ressentent sur le coup une grande anxiété. Il s'ensuit une semaine d'insomnies, accompagnée de flash-back où elles revoient inlassablement les visages des personnes qu'elles ont côtoyées dans la salle d'attente et qui sont mortes

dans le crash. Elles avaient sympathisé avec le couple qui était très content d'avoir pu échanger leurs billets avec les leurs.

Quinze jours après leur retour, elles me consultent toutes les deux. Elles présentent une anxiété aiguë n'allant toutefois pas jusqu'à un syndrome de stress post-traumatique caractérisé. Je leur conseille de revenir me voir si les troubles persistent encore quinze jours pour envisager une TCC. Elles ont repris leur vie sans plus demander de soins.

Six ans plus tard, les deux jeunes femmes me consultent à nouveau. Pendant les quelques années qui ont suivi l'accident, elles ont pris l'avion sans problème pour couvrir de courtes distances en Europe. Cette fois-ci, elles doivent aller aux États-Unis pour voir leur idole, Céline Dion, en concert à Las Vegas. L'angoisse devient intolérable. Elles pensent qu'elles ont épuisé leur crédit auprès de la « Providence divine » et que Dieu ne le sauvera pas une deuxième fois, si elles font l'erreur de le défier en traversant à nouveau l'Atlantique.

Leur départ est prévu dans cinq jours, mais cela fait deux mois qu'elles souffrent d'anxiété et d'insomnies. Elles ont commencé à prendre des tranquillisants toutes les deux et Mirabelle y a même ajouté un antidépresseur, prescrit par son généraliste, sans résultat. Leur score sur l'échelle d'évaluation de stress post-traumatique est élevé chez toutes les deux : son niveau dépasse nettement celui qu'il avait atteint juste après le crash de 1998. Le tableau clinique correspond à un stress post-traumatique différé.

Comment les aider en si peu de temps ? Je leur propose de tenter une thérapie par la réalité virtuelle. Elles sont, tour à tour, immergées dans une scène virtuelle, dont le scénario est le suivant et se sert de la partie du programme de traitement de l'agoraphobie qui concerne l'avion.

Elles entrent dans un avion, s'assoient à l'arrière et en milieu de rangée, et observent devant elles quelqu'un dont la tête bouge fréquemment. Elles peuvent effectuer des déplacements dans l'espace de l'avion. Il est possible de simuler les vibrations correspondant aux turbulences, et la sensation visuelle de décollage et d'atterrissage. Des bruits réalistes d'aéroports et d'intérieur d'avion renforcent l'illusion. Chez l'une comme chez l'autre, l'anxiété est importante au début de la séance. Mais après quatre immersions de dix minutes sur une seule séance, l'anxiété descend de plus de 50 % sur une échelle subjective de 0 à 8 (0 = anxiété nulle ; 8 = anxiété la plus intense possible). Par ailleurs, je leur apprends à contrôler les crises d'angoisse, en gonflant le ventre pour créer une hyperpression abdominale pendant cinq secondes, ce qui entraîne la mise en jeu d'un réflexe vagal qui diminue la tachycardie. Enfin, je discute avec elles à propos du rôle du hasard : ce n'est pas parce qu'elles ont eu la chance d'éviter le crash du vol 111 qu'elles ont « épuisé leur crédit ». À chaque voyage, tout comme au casino, lors de chaque lancée de dés, il y a un nouveau tirage au sort !

Quatre jours plus tard, elles sont moins anxieuses. Stella, moins claustrophobe, parvient à conduire dans des tunnels sans avoir peur. Finalement, elles prennent leur avion et reviennent après un périple d'un mois aux États-Unis. Pour l'une comme pour l'autre, l'aller a été un peu difficile, leur anxiété était tolérable. Elles reconnaissent que la préparation a été efficace. À un moment pendant le vol, elles se sont retrouvées dans une des situations vécues en réalité virtuelle : un homme anxieux agitait sa tête devant elles. Elles ont été capables de prendre en main la situation, car elles étaient habituées à cette manifestation corporelle de l'anxiété d'autrui. Le retour s'est passé sans aucune anxiété. Stella qui a pris un seul comprimé de tranquillisant à l'aller, n'en a pas utilisé pour le retour. Avant le départ, nous l'avons dit, leur échelle de stress post-traumatique dépassait nettement le niveau atteint après le crash de 1998. Or elle était nettement redescendue en dessous de ce niveau à leur retour en France.

Revues cinq mois plus tard, le résultat s'était maintenu. Elles ont accepté de participer à une émission de la Télévision suisse-romande sur la réalité virtuelle dans laquelle elles ont relaté leur expérience.

Figure 8.3. **Image de l'avion virtuel tirée du Programme de réalité virtuelle pour le trouble panique avec agoraphobie.**

LES INDICATIONS

L'exposition en réalité virtuelle a été étudiée, à ses débuts, dans les phobies spécifiques, comme la phobie des araignées, la peur de conduire une voiture, la peur de prendre l'avion et la claustrophobie.

La phobie sociale généralisée a été abordée avec succès (Légeron *et al.*, 2003), ainsi que l'agoraphobie avec ou sans antécédents de trouble panique (Pellisolo, 2010).

La TRV a fait l'objet d'une étude chez des survivants de l'attaque terroriste du World Trade Center, qui souffraient de stress post-traumatique ou de stress aigu. Les environnements virtuels développés comprenaient des avions virtuels survolant l'île de Manhattan, puis s'écrasant dans les tours du World Trade Center, des explosions, des personnes sautant des buildings, les tours qui brûlaient et qui s'écroulaient, et des nuages de poussière qui se répandaient sur le quartier. L'état des personnes traitées par une association de TCC classique et de TRV a été significativement amélioré par ce traitement (Defede, 2002). Le stress post-traumatique des militaires en Irak a également été traité par la TRV (Wiederhold, 2005). Plus récemment trois autres possibilités ont été explorées (Pull, 2007 ; Wiederhold, 2005).

Dans les troubles alimentaires – anorexie mentale, boulimie et obésité –, la personne présente une altération de la perception de son poids et/ou de la forme de son corps. La réalité virtuelle confronte le sujet à des personnages virtuels présentant différentes formes corporelles. Le thérapeute peut modifier les formes corporelles de ces personnages en fonction des mesures actuelles ou idéales de la personne ou de celles qu'elle souhaiterait présenter. L'exposition à ces personnages virtuels permet de discuter l'image du corps et aide à en avoir une perception plus juste.

Il est possible de réduire *les sensations douloureuses* par des techniques de distraction et de réorientation de l'attention. Le fait que la réalité virtuelle suscite une illusion de présence très forte a été utilisé pour détourner l'attention des personnes qui souffrent, par exemple, lors du changement de pansement chez les grands brûlés. Un monde de neige (Snow World) a été créé à leur intention : il s'agit d'un environnement froid, mais ludique, peuplé de lutins, qui renvoie à l'enfance et se situe à l'opposé de la situation vécue. Grâce à cette réalité virtuelle, non seulement les sensations douloureuses subjectives ont été diminuées, mais l'IRM fonctionnelle a montré une diminution de l'activité des régions connues pour intégrer la douleur (Hofman, 2005).

La technologie de la réalité virtuelle a été aussi appliquée aux addictions. Elle permet de plonger la personne dans un environnement virtuel où l'on fume et l'on boit : un bar virtuel. Il est possible aussi de configurer une pièce virtuelle où on consomme une drogue illicite – une « chambre virtuelle de crack ». Le sujet peut ensuite travailler sur son addiction avec le thérapeute et apprendre des techniques pour résister dans un environnement qui induit les comportements toxicomaniaques.

LES RÉSULTATS

Une méta-analyse (Powers et Emmelkamp, 2008) a repris 13 études ayant trait aux troubles anxieux et a retrouvé une supériorité nette par rapport aux conditions qui servaient de contrôles. En revanche, la différence avec la TCC classique était plus faible qu'avec les conditions contrôles, mais restait en faveur de la TRV (taille d'effet de .39). La TRV fait donc globalement partie des traitements à l'efficacité démontrée, bien qu'il faille d'autres études pour valider toutes ses indications.

LES POINTS FORTS ET LES POINTS FAIBLES

L'exposition en réalité virtuelle présente de nombreux avantages par rapport aux méthodes classiques de la TCC. Ce sont principalement la sécurité du patient, le contrôle de la situation par le thérapeute, la discrétion : pas besoin d'aller dans la foule tout de suite, les évitements sont moins faciles avec le casque qu'avec une exposition en imagination, la progression s'effectue au rythme du patient, le contexte du bureau du thérapeute est rassurant et, enfin, la réalité virtuelle a un aspect ludique et un style *geek* qui peut séduire patients et thérapeutes.

Le point faible est que certaines personnes ne parviennent pas à éprouver un sentiment de présence quand elles sont immergées dans un environnement virtuel : celles-ci vont demander une TCC classique en imagination, puis en réalité. D'autre part, certaines personnes font des « cybermalaises », qui surviennent pendant et/ou après les expositions en réalité virtuelle. Elles peuvent ressentir des sensations de vertige, des nausées, des vomissements, des céphalées, des douleurs oculaires, des difficultés d'accommodation, une sensation de désorientation, d'ataxie, une sensation d'oppression gastrique et/ou de « tête vide ». Ces sensations deviennent suffisamment importantes, chez certains, pour entraîner une interruption des expositions.

Un autre point faible de la réalité virtuelle est son coût, qui est encore élevé, surtout si l'on souhaite du bon matériel. Le prix des appareils diminue toutefois rapidement, et certains logiciels peuvent d'ores et déjà être téléchargés gratuitement à partir d'Internet, par exemple : http://www.cybertherapy.info.

Par ailleurs, un facteur particulièrement limitant vient de ce que les meilleurs concepteurs de logiciel sont, immédiatement après la fin de leurs études, embauchés par le cinéma et l'industrie du jeu vidéo. Aussi le marché du logiciel de soins est-il quelque peu délaissé par les ingénieurs de talent et les industriels, qui font de plus gros profits avec les jeux vidéo et en travaillant sur des films comme *Avatar* qu'en réfléchissant au moyen de mettre à la portée de tous des logiciels de traitement thérapeutique.

LA FORMATION DES THÉRAPEUTES

Les thérapeutes doivent tout d'abord avoir obtenu un diplôme de TCC et bien connaître les méthodes classiques d'exposition proposées par ces thérapies. Il leur faut ensuite suivre une formation approfondie d'une vingtaine d'heures avec les concepteurs du logiciel pour apprendre à l'utiliser au mieux. Doit ensuite être envisagée une pratique supervisée pour les quatre ou cinq premiers cas qu'ils auront à traiter. Il faut aussi que les thérapeutes aient un accès facile aux constructeurs des visiocasques et aux concepteurs du logiciel en cas de problèmes techniques, qui sont encore assez fréquents. Il est nécessaire que les thérapeutes aient un minimum de compréhension des problèmes et des solutions techniques simples avant de demander de l'assistance.

OÙ S'ADRESSER ?

Centres thérapeutiques

Hôpital de la Salpêtrière

Pr Roland Jouvent et Pr Antoine Pelissolo
UMR 7593 CNRS/Paris-VI/Centre Émotions

CHU du Luxembourg

Pr Charles Pull

Principaux centres de recherche

Pr Alain Berthoz

Collège de France
Laboratoire de physiologie et de perception de l'action (LPPA).
alain.berthoz@college-de-france.fr

Dr Évelyne Klinger

Entité Handicaps et innovations technologiques
Arts & Métiers ParisTech Angers
LAMPA, Équipe P&I
4, rue de l'Ermitage
53000 Laval
evelyne.klinger@angers.ensam.fr
Elle organise tous les ans à Laval un congrès, le Laval Virtual.

Laboratoire de cyberthérapie

Dirigé par le Pr G. Riva
http://www.cybertherapy.info

Laboratoire de réalité virtuelle de l'Université du Québec en Outaouais

Dirigé par les Dr S. Bouchard et P. Renaud.
http://www.uqo.ca/cyberpsy

Interactive Media Institute
Dirigé par le Dr M. Wiederhold
http://www.vrphobia.com

Laboratoire de réalité virtuelle
École polytechnique de Lausanne
Dirigé par le Pr D. Thalmann
http://vrlab.epfl.ch

Conclusion

La thérapie par la réalité virtuelle apporte un outil nouveau à la TCC classique et peut la compléter dans des situations où la TCC apparaît peu praticable ou encore difficile à mettre en place. Il est possible, également, qu'elle diminue la durée des TCC dans le traitement des troubles anxieux et qu'elle présente des résultats légèrement supérieurs à la TCC classique. Toutefois, des travaux plus poussés sont encore nécessaires pour confirmer cette première évaluation.

CHAPITRE 9

Relaxations occidentales et méditations orientales

Après un voyage dans un train bondé depuis Tokyo, je suis arrivé à Kamakura par un beau matin calme, pour contempler la statue du grand Bouddha qui domine la ville et le parc. Dans un vallon ombragé se tenait une école de Kyudo – littéralement « la voie de l'arc ». La seule activité des élèves de cette école consistait à rester immobiles et à bander leur arc sans tirer. Je restai dix minutes à contempler ces champions de la procrastination, sans qu'il se passe rien de plus.

La visée serait-elle donc plus importante que le but à atteindre et la retenue que l'envoi de la flèche ? Et l'apparente passivité des écoles orientales de méditation ne serait-elle que la préparation mentale la plus efficace à ce que le Bouddha appelle l'action juste, celle qui n'est pas juste une action ?

L'Occident compliqué ressent périodiquement le besoin de préceptes orientaux pour gérer avec simplicité le stress, l'anxiété et la dépression, comme en témoigne la vogue actuelle de la méditation en pleine conscience (*mindfulness*), qui succède à celle de la méditation transcendantale des années 1960.

Les méthodes de relaxation

Des méthodes occidentales de relaxation ont vu le jour dès le début du XXe siècle. Bien utilisé, l'entraînement à la relaxation peut entraîner une réduction des réactions physiologiques provoquées par le stress. Une fois la technique acquise, la relaxation peut être utilisée sous forme d'autocontrôle dans une multiplicité de situations susceptibles de provoquer une tension psychique et/ou physique.

LES ORIGINES

La relaxation est apparue en Occident comme un dérivé de l'hypnose au début du XXe siècle, à la suite des travaux de Johannes Heinrich Schultz (1884-1970), médecin et psychanalyste berlinois, qui a mis au point entre 1905 et 1932 une méthode qu'il a appelée le « training autogène », ou méthode de relaxation par autodécontraction concentrative. Schultz avait constaté que, durant l'hypnose, il existe une phase de décontraction musculaire et de calme. Il a donc présenté sa méthode comme un entraînement à l'autohypnose, qui permettait une réduction du stress par l'intermédiaire d'une déconnexion et d'un état altéré de conscience.

Par la suite, les diverses formes de relaxation ont mêlé des techniques venues d'Orient et d'Occident. Schultz, lui, ne semble avoir eu aucun contact avec les psychothérapies orientales. En tout état de cause, l'antériorité de la pratique de la relaxation est chinoise, comme l'a souligné une de mes collaboratrices, le Dr Sai Nan Ya, étonnée à son arrivée de Chine de voir la similitude entre la TCC et certains préceptes du qi gong (Yao, 1993).

Une approche psychosomatique, le qi gong – prononcez « *ch'in kong* » – a été décrite dans *Les Canons de médecine interne* de l'empereur Jaune, personnage mythique considéré comme le père de la civilisation chinoise, dont le nom vient de la couleur du lœss, la terre jaune, où il serait né d'un éclair qui aurait fécondé sa mère. Cet ouvrage, qui serait surgi de nulle part entre 1200 et 475 avant J.-C., est parvenu jusqu'à notre époque. Selon certaines sources, l'empereur Jaune aurait régné un siècle de 2697 à 2598 avant J.-C. et aurait mis en place l'administration chinoise, développé l'écriture et inventé l'acupuncture. L'empereur Jaune, qui est devenu une divinité en Chine, est aussi lié à la naissance du taoïsme, dont l'un des thèmes fondamentaux est le refus du dualisme âme/corps et l'absence de différenciation entre l'homme et la nature. Cette thématique écologiste avant la lettre lui donne un cachet de modernité et explique le retour vers les techniques orientales de méditation et de relaxation qui ont marqué les années 1960-1970 en Occident.

Les Canons de médecine interne proposent une méthode de gymnastique et de relaxation toujours populaire en Chine et qui a été diffusée également en Occident, où elle a connu de nombreuses variantes (Zöller, 1984 ; Yao, 1993). Il s'agit d'une approche globale de la maladie. En effet, on peut créditer cet ouvrage d'avoir décrit le premier système de psychothérapie complet qui ait jamais été publié. Le qi gong postule qu'il existe une unité entre le fonctionnement psychologique et les fonctions corporelles, et propose des méthodes de respiration et de gymnastique destinées à les améliorer. Il propose des interventions psychothérapiques en tous points comparables aux psychothérapies occidentales. Examinons ces similitudes.

• *Le traitement par domination mutuelle des émotions* : il s'agit de profiter d'une émotion pour en contrôler ou en dominer une autre. On ne peut ressentir deux émotions primaires à la fois. Par exemple, la colère domine le souci et la joie domine la tristesse, etc. Il s'agit d'un antécédent des thérapies par inhibition réciproque proposées par Joseph Wolpe (1975) au début des TCC.

• *La technique de soutien et de réconfort* : elle représente un ancêtre des thérapies de soutien prônées par Carl Rogers.

• *Le traitement par explication et suggestion* : il peut être rapproché des thérapies directives, qu'il s'agisse de l'hypnose ou des TCC.

• *La cure de prière* : elle trouve un équivalent dans des exercices spirituels d'Ignace de Loyola.

Plus frappant encore, le « qi gong du silence » propose les techniques que l'on retrouve dans toutes les relaxations modernes. Examinons ses recommandations.

• Sa pratique nécessite une régulation du geste. Le sujet est assis dans une pièce peu éclairée. Il doit réguler sa respiration thoracique et abdominale. Une régulation pacifique de l'esprit doit s'établir. Progressivement, le sujet doit se concentrer sur son corps, segment par segment, en commençant par les pieds. Enfin, le qi gong recommande une concentration sur des pensées et des images positives, par exemple des fleurs, des montagnes, la mer, les nuages.

• Une attention toute particulière doit être portée à l'abdomen, centre vital et agent de la respiration du fait des mouvements du diaphragme. Le qi gong insiste donc sur la respiration abdominale et suggère qu'un « centre de l'énergie » important, appelé *Dan Tian* en chinois, est situé à ce niveau – et que l'on retrouve également dans les arts martiaux japonais sous le nom de *Tanden*.

Malgré des explications préscientifiques sur l'énergie vitale qui correspondent au savoir de la médecine de l'époque, le qi gong est une technique toujours en usage non seulement en Chine, mais aussi en Europe et aux États-Unis, avec pour mission une meilleure répartition des énergies. D'une manière plus scientifique, on peut dire que c'est une méthode de relaxation comme une autre et qui peut aboutir à réduire l'anxiété et la dépression. Accroître l'activité physique, ce que fait le qi gong, est aussi un moyen de combattre la dépression et donc de retrouver un meilleur niveau énergétique. Par égard à ses conceptions ancestrales, la Chine a toujours voulu conserver dans sa classification des maladies mentales la neurasthénie (absence d'énergie nerveuse). Ce concept occidental, qui date de la fin du XIXe siècle, a été étudié en particulier par Pierre Janet sous le nom de « psychasthénie ». C'est ce que nous appelons aujourd'hui affect négatif ou neuroticisme, et qui constitue le trait de personnalité de base pour les troubles anxieux et dépressifs.

LA THÉORIE

Le stress est une réponse non spécifique de l'organisme qui se trouve débordé par rapport aux contraintes de l'environnement. Il se traduit par des réponses comportementales adaptatives qui peuvent être de trois types : fuir (*flight*), combattre (*fight*) ou s'immobiliser (*freeze*). Dans la vie moderne, c'est la troisième option qui est la plus fréquente devant le stress social, mais au prix de réponses physiques exacerbées et de maladies liées au stress. Car le stress a deux versants : psychique et physique. Il représente aussi l'état d'un organisme dont le bien-être est menacé et qui n'a pas de réponse immédiate pour réduire cette menace. Il s'agit donc d'une réaction défensive d'alarme qui évolue en trois phases :

• Une réaction d'alarme avec une sécrétion d'ACTH par l'hypophyse antérieure, stimulant la sécrétion d'hormones corticosurrénales.

• Un état de résistance, si le *stimulus* stressant continue à exercer sa contrainte. Il s'agit donc d'un syndrome général d'adaptation au stresseur.

• Enfin, le stress peut atteindre un stade d'épuisement où l'hypophyse antérieure et le cortex surrénal perdent leurs capacités de sécrétion adaptative. C'est ce que l'on observe dans les formes graves de stress post-traumatique, où l'enjeu vital est tellement important et la réponse physiologique tellement forte que le trauma s'inscrit dans le système nerveux et endocrinien.

À l'opposé se trouve l'état de relaxation. Les différentes méthodes de relaxation aboutissent à des effets psychiques et physiologiques communs qui ont été décrits par Herbert Benson (1976) sous le nom de « réponse de relaxation ». Benson était parti de l'étude de la méditation transcendantale alors très en vogue et que l'on doit à un gourou, le Maharishi Yogi (1963), maître spirituel des Beatles. Il prônait la méditation par la concentration sur des « mantras », sons issus du sanscrit qui seraient particuliers à chaque personne. Seul un yogi pouvait connaître le bon mantra de son disciple. Benson a conduit une expérience qui comparait des sujets qui méditaient sur leur mantra à des sujets qui méditaient sur un pseudo-mantra : le mot « *one* ». Il n'a observé aucune différence quant aux effets psychiques et physiologiques des deux formes de méditation. Il en a conclu que la gestion du stress par la relaxation obéissait à des conditions de pratique bien codifiées et qu'il suffisait de les appliquer pour obtenir l'effet recherché. Le tableau suivant résume la réponse de relaxation en l'opposant à la réponse de stress.

***Tableau 9.1.* Réponse de stress et réponse de relaxation.**

Réponse de stress	Réponse de relaxation
1. Augmentation de la tension artérielle	1. Relâchement musculaire
2. Augmentation du rythme cardiaque	2. Respiration lente
3. Augmentation du rythme respiratoire	3. Ralentissement cardiaque
4. Augmentation du débit sanguin musculaire	4. Diminution de la tension artérielle
5. Diminution des fonctions digestives	5. Chaleur et dilatation des vaisseaux
6. Contraction des vaisseaux des extrémités	5. Rythmes cérébraux ralentis à l'électroencéphalogramme
7. Sécrétion de cortisol	
8. Sécrétion d'adrénaline	

LA PRATIQUE

Elle s'effectue sur une dizaine de séances, mais il est surtout nécessaire d'appliquer la méthode à domicile tous les jours pendant une dizaine de minutes et dans les circonstances où elle peut s'avérer utile – par exemple, la préparation d'un exposé en public qui peut engendrer de l'appréhension. Quatre méthodes sont utilisées quotidiennement par les cliniciens : celle de Schultz et celle de Jacobson, les techniques vagales et l'apprentissage de la cohérence cardiaque.

Le training autogène de Schultz

La relaxation de Schultz (1965) doit être pratiquée dans un environnement calme. On recommande une attitude passive : le sujet, assis dans un fauteuil, a les yeux fermés. Toutefois, il ne faut pas qu'il s'endorme. Il peut également être installé sur un divan ou assis en « position du cocher » : les deux bras sur les genoux et la tête penchée en avant.

Le thérapeute procède par suggestions verbales qui amènent le patient à se concentrer mentalement sur les images inductrices de sensations. Successivement, il va porter son attention sur :

1. une scène calme de son choix ;
2. des sensations de pesanteur dans les diverses parties du corps en commençant par les mains puis les pieds ;
3. une sensation de chaleur dans les membres ;
4. un ralentissement respiratoire. On peut y ajouter une respiration abdominale lente et ample dérivée du yoga ;
5. la perception des battements cardiaques et artériels ;
6. le ralentissement volontaire du rythme cardiaque ;
7. une sensation de chaleur interne au niveau du plexus solaire qui irradie dans tout le corps ;
8. et, pour terminer, une sensation de front frais.

9. La reprise du contact avec le monde extérieur se fait en comptant jusqu'à 10 avant d'ouvrir les yeux. Le thérapeute indique au patient qu'il doit étirer trois ou quatre fois énergiquement ses bras. Cette manœuvre est destinée à faire remonter la tension artérielle à un niveau normal et éviter une chute du fait de l'hypotension.

De nombreux programmes enregistrés existent. L'exercice complet (10 à 20 minutes, pas plus) est pratiqué au cours d'une séance et doit être suivi d'une discussion à propos des sensations et des pensées, ainsi que des images qui ont pu émerger. Certains sujets ont du mal à se laisser aller, d'autant plus s'ils sont stressés. D'autres peuvent déclencher des attaques de panique. Il faut donc que le thérapeute sache les juguler par une technique de contrôle respiratoire et cardiaque.

Les techniques vagales

La manière la plus pratique pour enrayer une attaque de panique est de solliciter un réflexe qui passe par le nerf vague (ou pneumogastrique). On parle donc de technique vagale ou de réflexe de Valsalva (1666-1723), du nom du célèbre anatomiste qui l'a décrite pour la première fois. Le principe en est simple : il existe dans la carotide des récepteurs de pression qui envoient automatiquement au cœur un message de ralentissement. Pour solliciter ce réflexe, il suffit de respirer par le nez et de bloquer l'abdomen en inspiration forcée cinq secondes : le thérapeute dit au sujet de compter jusqu'à 5 mentalement en gonflant son ventre au maximum. Il est recommandé d'effectuer cet exercice une dizaine de fois et de ne l'arrêter que lorsque le patient se sent mieux. Une sensation de chaleur apparaît alors et le rythme cardiaque ralentit, tout comme la respiration, et l'attaque de panique s'arrête. Ainsi le patient peut acquérir une nouvelle compétence et s'exposer à des situations qu'il juge stressantes. Je pensais cette méthode issue des programmes de TCC (Sartory, 1988), jusqu'au jour où l'un de mes patients professeurs de yoga m'a fait observer qu'elle dérivait probablement du yoga qui la pratique sous le nom de *Koumbak*. Il n'osait pourtant pas se l'appliquer à lui-même, et c'est au cours de la thérapie qu'il parvint à la maîtriser.

Il existe plusieurs formes de relaxation abrégée, d'une durée de cinq à dix minutes. Elles sont mises en place dans des programmes à domicile qui se servent d'une cassette préenregistrée, ou enregistrée spécialement pour le patient au cours d'une séance.

À un stade ultérieur, le thérapeute conseille une relaxation sur indice verbal : un mot ou un son sera utilisé pour être associé mentalement à la relaxation et utilisé dans des situations de la vie quotidienne : par exemple « relaxe-toi ». Le suivi des séances de relaxation à domicile ou en situation stressante sera assuré par une fiche remplie par le patient et réévaluée avec le thérapeute.

La relaxation musculaire de Jacobson

Une autre méthode est représentée par la relaxation musculaire progressive de Jacobson (1980) qui est très utilisée aux États-Unis et dans les pays nordiques. Elle permet de prendre conscience des niveaux de tension dans différents groupes de muscles de son corps. Une fois la tension perçue, on utilise la relaxation pour la réduire dans la région affectée. La capacité de détecter les états de « tension » par rapport à ceux de « relaxation » est acquise par la tension et relaxation alternative de chacun des groupes musculaires.

Le programme de relaxation progressive de Jacobson s'effectue en position couchée et porte sur seize groupes musculaires. Il s'accompagne d'une relaxation mentale. L'essentiel de la méthode est de contracter d'abord les muscles avant de les relaxer complètement.

L'ordre de relaxation est le suivant : (1) la main droite, (2) l'avant-bras, (3) le bras droit, (4) le bras gauche, (5) la jambe droite, (6) la jambe gauche, (7) le tronc (le ventre, le thorax, le dos), (8) le cou, (9) le front, (10) les sourcils, (11) les paupières, (12) les yeux, (13) les images mentales, (14) les joues, (15) les mâchoires, (16) les lèvres. On y ajoutera (17) la langue, (18) les muscles phonateurs et (19) le discours intérieur : « Relaxe-toi. »

Chaque exercice doit se dérouler selon la séquence suivante : localiser l'attention sur un groupe musculaire ; contracter ce groupe musculaire ; se concentrer sur la sensation de tension dans ce groupe musculaire ; relaxer ce groupe musculaire ; se concentrer sur les sensations agréables de relaxation.

Le feed-back de la cohérence cardiaque

Le *biofeed-back* consiste, en dix à vingt séances, à entraîner un sujet à contrôler un paramètre physiologique qui est monitoré de façon continue par un appareil qui lui transmet une information en retour sur les variations de ce paramètre. L'exemple le plus simple est celui d'un son dont la hauteur est proportionnelle à l'intensité de la contraction musculaire ou du rythme cardiaque. Cependant, cette séduisante technique high-tech d'autocontrôle n'a pas tenu ses promesses : elle n'a pas pu se montrer supérieure aux méthodes de relaxation plus traditionnelles qui ne s'encombrent pas d'un appareil coûteux.

Plus récemment est apparu l'apprentissage de la cohérence cardiaque (Servant, 2009 ; Cungi et Deglon, 2010) qui se fonde sur l'analyse d'un paramètre fondamental de l'activité cardiaque. La facilité avec laquelle un individu parvient à passer d'un haut niveau et un bas niveau d'activation physiologique dépend de la capacité du système nerveux végétatif à modifier rapidement la fréquence cardiaque. Des études montrent chez des personnes stressées, ou chez des personnes qui sont sur le point d'avoir un accident coronarien (infarctus du myocarde), une diminution de la variabilité de la fréquence cardiaque. Celle-ci traduit une diminution du tonus vagal : le nerf vague (ou pneumogastrique, ou dixième paire des nerfs crâniens) transmet des influx qui assurent l'inhibition de l'activité cardiaque.

Il est aujourd'hui possible de mesurer la variabilité cardiaque à partir d'un électrocardiogramme et d'un logiciel de calcul qui va donner une évaluation quantitative de la variabilité de la fréquence cardiaque. Celle-ci peut être retransmise au patient sous la forme d'un son, d'une courbe ou d'une autre image. Le but du *feed-back* de la variabilité cardiaque est de rétablir le tonus, et ainsi des réponses « flexibles » et une réduction rapide de l'état physiologique et émotionnel, et de permettre une adaptation aux situations stressantes. Cette nouvelle technologie est en général associée à des méthodes de contrôle respiratoire, de relaxation et de méditation plus classiques.

LES RÉSULTATS

Les preuves en faveur d'une action des méthodes de relaxation dans l'hypertension apparaissent faibles (Dickinson *et al.*, 2008). En revanche, il existe une méta-analyse favorable à la relaxation dans la dépression : elle regroupe 11 études (Jorm *et al.*, 2008). Dans 5 études, la relaxation est apparue supérieure au groupe contrôle (liste d'attente ou traitement psychologique minime), mais inférieure à la TCC. Cependant, vu que la relaxation est plus facile à pratiquer que la TCC et moins coûteuse, elle pourrait être utilisée en cas de difficultés à mettre en place une TCC.

Dans les programmes de gestion du stress destinés aux patients souffrant de troubles coronariens dont l'efficacité est démontrée, la relaxation représente un module qui est associé à cinq autres : thérapie cognitive pour modifier les pensées anxieuses, amélioration des communications interpersonnelles, résolution de problème, adaptation au stress et changements de style de vie, gestion du stress quotidien. L'accent est mis en particulier sur une meilleure gestion de la colère et du temps.

Nous avons étudié un tel programme de gestion du stress effectué chez des patients portant un défibrillateur interne, et dont les troubles du rythme graves pouvaient s'avérer mortels. Deux groupes ont été constitués par tirage au sort des patients : un groupe suivait le programme de gestion du stress en plus du traitement médical habituel, l'autre le traitement médical seul. À la fin de l'étude, les patients qui avaient reçu le programme de gestion du stress recevaient moins de chocs électriques destinés à régulariser leur rythme et présentaient une meilleure cohérence cardiaque (Chevalier *et al.*, 2006).

Des études préliminaires du feed-back de la variabilité de la fréquence cardiaque ont été effectuées dans les problèmes coronariens, les troubles anxieux, la dépression et le stress. Leurs résultats demandent confirmation (Servant, 2009).

LES INDICATIONS

Elles correspondent aux états de stress quotidien, à la dépression, aux troubles anxieux. Les attaques de panique peuvent être améliorées avec les variations que nous avons indiquées grâce à l'utilisation de techniques vagales. Elles peuvent aussi être utiles dans l'hypertension artérielle et apporter une aide aux personnes souffrant de douleurs engendrées par une maladie coronarienne (angor et infarctus du myocarde).

Dans de nombreux cas, elles font partie de programmes thérapeutiques de TCC dont elles représentent une des composantes. Cependant, il n'est pas toujours facile de discerner l'effet spécifique de la relaxation isolée de ce contexte thérapeutique.

Finalement, la relaxation peut être recommandée comme seul traitement uniquement pour la gestion du stress quotidien et la préparation des sportifs aux compétitions et des étudiants aux examens.

LES POINTS FORTS ET LES POINTS FAIBLES

Paradoxalement, les effets de la relaxation sur la dépression sont mieux établis que dans le cas de l'anxiété.

Les méthodes de relaxation sont bien acceptées et seulement 10 % des sujets ne parviennent pas à effectuer les exercices jusqu'au bout. Il s'agit en particulier de patients présentant des obsessions-compulsions et qui, dans un très grand nombre de cas, ne supportent pas le lâcher-prise requis par la relaxation.

La relaxation est contre-indiquée en cas de schizophrénie en phase évolutive.

Par ailleurs, des exercices prolongés de relaxation (au-delà de vingt minutes) sont déconseillés, car ils peuvent induire un état de dépersonnalisation. Il existe dans la classification DSM internationale un trouble appelé « excès de gymnastique orientale » et qui correspond à ces perturbations.

LA FORMATION DES THÉRAPEUTES

La formation à la relaxation passe par l'apprentissage d'une méthode et par sa pratique régulière. Pour former les étudiants en TCC, j'ai mis au point un CD où un programme de relaxation est présenté sur un fond musical en sourdine. Après une première expérience de relaxation en groupe suivie d'une discussion, il leur est recommandé de pratiquer régulièrement en se servant du CD avant de commencer à relaxer des patients. Les effets de la relaxation sont ensuite discutés au cours des séances de supervision.

OÙ S'ADRESSER ?

Il n'y a pas de recommandation particulière, sinon que la relaxation, pour être efficace, doit faire partie, le plus souvent, d'un programme thérapeutique plus large. Les praticiens des TCC proposent tous des programmes qui incluent une pratique de la relaxation (*cf.* chapitre 4), spécifique pour chaque trouble anxieux.

CONCLUSION

La relaxation apparaît comme une méthode utile pour gérer le stress quotidien, l'anxiété et la dépression. Toutefois, elle est surtout efficace comme élément de programmes plus sophistiqués dont elle n'est qu'une composante. Elle représente néanmoins une alternative aux TCC et aux médicaments dans le traitement de la dépression en cas d'impossibilité de proposer les deux autres traitements.

La mindfulness *ou thérapie en pleine conscience*

Jon Kabat-Zinn a défini la pleine conscience comme un état de conscience qui résulte du fait de porter son attention intentionnellement, sur l'expérience qui se déploie dans le moment présent, sans la juger et en l'abordant avec bienveillance.

À l'opposé de la pleine conscience, on retrouve l'état de « pilote automatique » évoqué précédemment : l'activité d'un conducteur d'une voiture, qui se rend à son travail « comme un robot », sans avoir conscience de ces gestes, en pensant à autre chose, et qui est incapable de voir ce qu'il y a sur son chemin, car il est déconnecté de l'expérience sensible du monde qui l'entoure.

LES ORIGINES

La pratique de la méditation en pleine conscience est proposée par le bouddhisme depuis plus de deux mille cinq cents ans, pour lequel elle constitue une solution au malheur de l'homme. Rappelons les enseignements du bouddhisme qui, plus qu'une religion, est une voie. Ils se fondent sur les Quatre Nobles Vérités du Bouddha :

1. « La vie est remplie de souffrance. »
2. « La source de la souffrance est le désir insatiable et la dépendance. »
3. « La souffrance cesse quand le besoin insatiable cesse. »
4. « Le chemin pour en finir avec la souffrance et le désir insatiable est la voie aux huit sentiers. »

Les huit sentiers sont la compréhension exacte, la pensée juste, la parole juste, l'action juste, les moyens d'existence justes, l'effort juste, la conscience exacte et la concentration exacte.

Le moyen essentiel de changement est la méditation, qui va passer par les deux sentiers de la conscience et la concentration. C'est donc sur cette voie que la méditation en pleine conscience trouve son origine. Le fondateur de la méthode, Jon Kabat-Zinn, docteur en biologie moléculaire du MIT et professeur émérite de médecine à l'Université du Massachusetts, ne récuse pas cette filiation et n'hésite pas à rappeler ce qu'il doit à ses maîtres dans la pratique de la méditation. Mais il considère qu'elle peut être utile aux Occidentaux, sans pour autant qu'ils adhèrent à ses fondements spirituels.

Il s'agit donc du transfert d'une pratique orientale dans le contexte de la société occidentale, présentée comme une approche de développement personnel fondée sur la prise de conscience authentique du vécu personnel. En cela, elle est proche des thérapies humanistes (*cf.* chapitre 6), mais elle cherche à s'établir sur une démarche scientifique.

Jon Kabat-Zinn (2005, 2009, 2010) a été le premier à élaborer, en 1979, un programme de réduction du stress basé sur la pleine conscience, qui a été appliqué dans une clinique de réduction du stress au sein d'un hôpital. Ce programme a été testé par des travaux scientifiques qui ont donné naissance à un nouveau courant de psychothérapie. Développé dans un contexte thérapeutique laïque, il a servi de modèle pour la mise au point de la « thérapie cognitive fondée sur la pleine conscience » destinée à prévenir les rechutes dépressives réalisée avec la collaboration du John Teasdale de l'Université de Cambridge, en Angleterre.

LA THÉORIE

Elle emprunte beaucoup aux modèles cognitifs pour expliquer les effets de la méditation. Plusieurs processus sont invoqués.

La régulation de l'attention

Chaque problème psychologique possède une attention sélective sur un point névralgique. Par exemple, une personne qui souffre d'une phobie sociale attache une importance excessive à ce que les autres pourraient penser d'elle. Cette peur du jugement des autres va fixer son attention sur son propre comportement, au lieu de penser à avoir une relation agréable avec autrui. Plus elle va s'observer, plus elle sera maladroite, plus elle sera gauche, plus elle se jugera mal. Pour briser ce cercle négatif, la méditation de pleine conscience cherche à réguler l'attention et propose à la personne de devenir un observateur détaché de sa propre pensée pour en percevoir les distorsions. Elle propose le recentrage volontaire de l'attention sur l'ici et le maintenant, et plus particulièrement sur les données sensorielles, sans poser de jugement, tout en arrêtant l'action réflexe immédiate – le « pilote automatique ».

L'acceptation

La méditation cherche à promouvoir un processus d'acceptation active et non de résignation : s'accepter soi, accepter ses émotions, ses pensées et le monde. Ceci permet de décider si une action doit être entreprise ou s'il vaut mieux s'accommoder d'une situation sur laquelle nous n'avons aucun pouvoir.

L'exposition aux émotions évitées ou niées

La pleine conscience implique très certainement des processus d'exposition prolongée avec prévention de la réponse de fuite, évitement et non-acceptation de l'expérience. Par exemple, les patients anxieux ou déprimés sont invités à considérer de la même manière leurs pensées anxieuses ou tristes, et de ne pas nier par des évitements en imagination les émotions. Les pensées et les émotions sont des créations de notre esprit, elles sont impermanentes et il faut les considérer avec bienveillance et compassion. Ces pensées impermanentes sont des nuages qui passent ou glissent comme un œuf sur une poêle en Téflon. Cette acceptation émotionnelle rapproche donc la méditation de la pratique courante des TCC (Barlow *et al.*, 2004).

Les changements cognitifs

L'efficacité de la pleine conscience dans la prévention de la dépression tient au fait que l'entraînement de la focalisation attentionnelle volontaire permet de désamorcer les boucles de pensées automatiques négatives qui s'auto-entretiennent. La pleine conscience, en restant centrée sur l'expérience du moment présent, s'oppose aux ruminations anxieuses sur un futur forcément dangereux ou un passé rempli d'échecs. Un autre changement cognitif induit par la pratique de la pleine conscience est la relativisation des pensées et le questionnement de leur vérité. Cet aspect est proche du questionnement socratique de la thérapie cognitive (Philippot, 2009).

La régulation des comportements impulsifs

L'observation de ses réactions émotionnelles automatiques conduit le patient à mieux se connaître et à mieux réguler ses comportements. La méditation permet d'imaginer des alternatives et de réduire l'impulsivité en développant des comportements moins destructeurs pour soi et pour les autres.

C'est pourquoi la méditation en pleine conscience est intégrée dans les programmes de TCC qui ont à traiter des patients instables, souffrant par exemple de troubles de personnalité borderline (Linehan, 2000) et d'addictions (Bowen, 2010).

La relaxation

Le but explicite des exercices de pleine conscience n'est pas de se relaxer, mais ils peuvent néanmoins générer un état de détente, surtout quand ils sont pratiqués régulièrement. Cet effet secondaire et non recherché entraîne une réduction des effets négatifs de l'anxiété et du stress.

LA PRATIQUE

Le programme de réduction du stress basé sur la pleine conscience

Il a été développé dans un contexte hospitalier, à l'origine pour aider des patients souffrant de douleurs chroniques et de troubles liés au stress. Il s'agit d'un programme structuré en huit séances hebdomadaires, appliqué en groupe de vingt à trente personnes présentant des troubles divers. Les séances durent entre deux heures et deux heures et demie, à l'exception de la sixième séance qui consiste en une journée entière d'exercices.

Chaque séance débute directement et sans introduction préalable par un exercice pratique de pleine conscience qui dure généralement quarante minutes. Puis les participants partagent leurs impressions. Les participants sont renvoyés à leur expérience immédiate sans intellectualisation. Les participants parlent ensuite des exercices qu'ils ont effectués durant la semaine écoulée. À partir de ces échanges, l'animateur du groupe fixe le thème spécifique de la séance. Un nouvel exercice est alors pratiqué. Celui-ci constituera en général une des tâches à effectuer à domicile pour la semaine suivante. La séance se termine par la discussion et l'établissement des tâches à reproduire à domicile qui sont identiques pour tous les participants. Celles-ci correspondent *à quarante-cinq minutes de pratique quotidienne de la pleine conscience, six jours sur sept, auxquelles se sont engagés les patients au départ*.

Les séances consistent à exécuter et à programmer des exercices formels et informels. Les exercices formels sont principalement de type méditatif. Le premier à être enseigné est le balayage corporel (*body scan*). Il se pratique couché ou assis. Après une prise de conscience des points de contact avec le sol et de la respiration, le participant est invité à centrer son attention sur les sensations qui se déroulent dans une partie du corps. L'attention est ensuite guidée sur différentes parties du corps. L'exercice s'achève par une prise de conscience du corps comme un tout.

Chaque fois que l'attention est distraite par une pensée, une image, une sensation, un bruit ou un quelconque élément distracteur, les participants sont invités à prendre le plus pleinement possible conscience du distracteur et à ensuite rediriger leur attention sur l'exercice. Les distractions sont présentées comme normales.

Dès la seconde séance, un exercice de méditation est proposé. Les participants sont invités à trouver une position assise et à centrer leur attention sur leur respiration, en commençant par les mouvements du ventre.

Lors des séances suivantes, la méditation va se centrer sur les sensations corporelles, les sons ou les pensées qui surviennent spontanément.

Lors de la cinquième séance, les participants sont invités à évoquer une situation personnelle difficile et à en observer les effets sur leurs pensées et leur vécu corporel.

D'autres exercices corporels sont également proposés : exercices de yoga ou d'étirement, ou encore marche en pleine conscience pratiquée dans le zen.

Un autre exercice peut se pratiquer en une à trois minutes : l'espace respiratoire ou « mini-méditation ». Il se déroule en trois temps :

1. les participants prennent conscience de leur état émotionnel ici et maintenant ;
2. ensuite, ils se focalisent sur leur respiration ;
3. enfin, ils se reconcentrent sur leur corps et leur environnement.

Les exercices informels consistent à faire consciemment des activités banales habituellement automatiques parce que fastidieuses. Il est recommandé de les effectuer avec ouverture et bienveillance.

La thérapie cognitive de la dépression basée sur la pleine conscience

La thérapie cognitive basée sur la pleine conscience comporte une partie psychoéducative centrée sur l'explication de ce qu'est la dépression et sur les stratégies existant pour faire face aux rechutes. Certaines méthodes de thérapie cognitive sont incluses dans le programme. Elles sont destinées à apprendre au sujet comment distinguer les faits de leur interprétation et à augmenter ses activités plaisantes. Le nombre de participants est souvent moindre (au maximum une douzaine).

La prévention des rechutes alcooliques basée sur la pleine conscience

L'absence d'autocontrôle des personnes présentant une addiction a été traitée par la méditation. Une autre forme de méditation que celle de Kabat-Zinn a été utilisée par l'expert en alcoolisme américain Gordon Marlatt. Il s'agit de la méditation Vipassana, qui en sanscrit signifie « voir les choses telles qu'elles sont réellement » et qui est enseignée par le maître yogi S. N. Goenka. Gordon Marlatt, après être parvenu à traiter son propre stress professionnel grâce à cette méthode, a eu l'idée de l'appliquer aux addictions sous la forme d'un programme de huit semaines, également structuré par la thérapie comportementale et cognitive, et intitulé « Prévention des rechutes fondé sur la *mindfulness* » (ou MBRP, *Mindfulness Based Relapse Prevention*).

Appliquée depuis 1977, cette méthode a obtenu des résultats encourageants dans plusieurs études (Bowen *et al.*, 2010). L'idée essentielle de ce programme est d'accepter les besoins addictifs et de les observer sans les juger, ni les punir, ni leur céder, et de différer les passages à l'acte addictif. Un échec de l'autocontrôle ne doit pas entraîner de sanction morale ou de dépression : ce n'est qu'un simple faux pas qu'il convient de considérer avec bienveillance et qui doit inciter à poursuivre le programme et à pratiquer tous les jours.

LES RÉSULTATS

Les mauvaises nouvelles d'abord : une méta-analyse de l'ensemble des méthodes de méditation orientale, incluant la méditation en pleine conscience, et de leurs effets dans le traitement de l'anxiété aboutit à la conclusion que les études sont de faible qualité méthodologiques. Elles montrent néanmoins un léger avantage de la méditation sur les conditions contrôles (Krisanaprakornkit *et al.*, 2006). Le département de santé américain a commandité une méta-analyse très complète (AHRQ, 2007) incluant toutes les méthodes de méditations (yoga, qi gong, méditation transcendantale, méditation de pleine conscience, méditation zen, relaxation) qui sont pratiquées par 10 millions d'Américains ; 813 études ont été passées au crible. Ce rapport de plus de 300 pages aboutit à la conclusion que rien n'est prouvé, étant donné la mauvaise qualité des études et le flou des définitions des traitements. Il semble malgré tout à ces exégètes très jansénistes que les méthodes de méditation augmentent la créativité des personnes « normales ».

Les bonnes nouvelles maintenant : la méta-analyse la plus récente (Hofman *et al.*, 2010) a inclus 39 études et 1 140 patients qui étaient traités pour cancer, trouble anxieux généralisé, dépression ou pour d'autres problèmes médicaux et psychiatriques. Les résultats ont montré un effet modéré sur l'anxiété et la dépression. En limitant l'analyse aux patients qui présentaient une dépression ou un trouble anxieux (anxiété généralisée le plus souvent), les tailles d'effet étaient importantes (proches de 1).

Une étude bien conduite a mis en évidence que la thérapie cognitive basée sur la méditation en pleine conscience avait des effets préventifs sur les rechutes dépressives chez des patients qui avaient eu au moins trois épisodes dépressifs antérieurs (Ma et Teasdale, 2004). Une autre étude contrôlée est venue confirmer ce résultat (Godfrin, 2010).

Il est donc prudent de considérer, au vu du caractère encore controversé des travaux les plus récents, que les effets de la thérapie cognitive fondée sur la pleine conscience a une présomption d'efficacité dans la dépression, de même que la méditation de pleine conscience dans les troubles anxieux et la prévention des rechutes alcooliques.

LES INDICATIONS

Les domaines où la méditation en pleine conscience a présenté un certain succès sont la gestion du stress, les troubles anxieux, la dépression et les troubles des conduites alimentaires, la douleur chronique, le psoriasis, la fybromyalgie, les acouphènes, l'aide aux patients cancéreux, les addictions et les problèmes de couple (Baer, 2003 ; Philippot, 2007).

Il faut pour cela que la personne accepte d'effectuer quotidiennement quarante-cinq minutes d'exercice, ce qui implique un bon niveau de motivation et peut décourager beaucoup de candidats.

Une personne trop déprimée risque de ne pas pouvoir centrer son attention pendant une durée assez longue et de se décourager. Mieux vaut alors envisager une autre approche. La thérapie en pleine conscience est à déconseiller aux personnes présentant une tendance à la dépersonnalisation, des attaques de panique et surtout un état psychotique. En effet, de nombreux exercices impliquent une focalisation prolongée sur le corps qui peut exacerber des tendances à se dissocier de la réalité. Ces personnes relèvent d'autres formes d'intervention, en particulier les TCC.

LES POINTS FORTS ET LES POINTS FAIBLES

Le point fort est la démonstration d'efficacité de la thérapie cognitive fondée sur la pleine conscience dans la prévention des rechutes dépressives et de la mise au point d'une méthode de gestion du stress facile à appliquer en groupe. Néanmoins, la longueur des exercices prescrits (quarante-cinq minutes par jour) peut ne pas être bien acceptée et orienter le sujet vers des psychothérapies moins contraignantes. Il reste à déterminer les caractéristiques de ceux qui adhèrent au modèle de cette thérapie.

Il faut aussi remarquer que les effets positifs de la *mindfulness* ont été validés lorsqu'elle faisait partie de programmes de TCC qui comprenaient de nombreuses autres composantes – comportementales, cognitives et émotionnelles. Nous ne savons pas, pour le moment, ce que vaut la *mindfulness* à elle toute seule : instrument de développement personnel et de mieux-être pour la souffrance ordinaire ou psychothérapie valable pour des troubles graves ?

LA FORMATION DES THÉRAPEUTES

Elle se fait préférentiellement lors de séminaires/retraites de sept jours pour professionnels et animée par les fondateurs de cette discipline, comme Jon Kabat-Zinn. Elle est également enseignée sous la forme de séminaires de deux jours dans le cadre de diplômes de TCC comme celui de l'Ifforthecc (Ifforthecc.org), pour ceux qui souhaitent intégrer la méditation en pleine conscience dans des programmes plus larges de TCC.

OÙ S'ADRESSER ?

Il existe une Association pour le développement de la *mindfulness* (ADM), dont le siège est à Paris et qui s'est constituée en 2009. Elle comprend des psychiatres, des psychologues et des psychothérapeutes.
http://www.association-mindfulness.org/

CONCLUSION

Ce chapitre montre plus de similitudes que de différences entre les différentes pratiques de relaxation et de méditation, que celles-ci viennent d'Europe, de Chine ou d'Inde. Elles montrent aussi que leur efficacité est pour une part liée à leur application dans des programmes élargis de TCC. Il serait certainement judicieux d'entreprendre des travaux plus poussés sur un nombre important d'individus issus de la population générale, et de voir si, par exemple, la méditation en pleine conscience a un effet préventif à long terme sur la dépression et l'anxiété. Une telle approche rejoindrait les intentions des véritables fondateurs de ces méthodes, le mythique empereur Jaune et le Bouddha qui se préoccupaient avec compassion de la souffrance humaine ordinaire.

CHAPITRE 10

Valeurs et psychothérapies

Ce ne sont pas des hommes qui sont au pouvoir, mais les idées qui les animent. Elles prennent la forme impérative de valeurs, qui nous tracent un chemin vers des buts. Les deux sources principales de nos valeurs sont les religions et les philosophies. Il nous faut donc tout d'abord remonter la pente de l'histoire car, avant le siècle des Lumières, psychothérapie et religion ont été intimement liées. Dans un deuxième temps, nous envisagerons la laïcisation des valeurs par la psychologie positive. Enfin, nous montrerons comment deux concepts philosophique et religieux, l'acceptation et la compassion, se traduisent dans des psychothérapies innovantes.

La religion a-t-elle un pouvoir psychothérapique ?

Les tenants des vérités religieuses n'aiment guère les trublions que sont les scientifiques qui cherchent à tout mesurer. Il est néanmoins possible de décrire et d'évaluer les modes d'intervention et les effets latéraux psychothérapiques des religions.

QUI DÉTIENT LA VÉRITÉ ?

Nous avons vu au chapitre précédent que les psychothérapies venues d'Extrême-Orient s'ancraient dans la pensée du Bouddha et auparavant dans le taoïsme : l'un comme l'autre sont la recherche d'une voie (*Do* ou *Tao* signifient « voie ») et ne sont pas sous l'emprise d'une vérité religieuse révélée par un prophète. C'est sans doute ce qui fait l'attrait et la modernité de la méditation, car elle représente un accès aux sources personnelles de la créativité sans l'intervention trop pesante d'un psychothérapeute qui aura forcément une idéologie ou un système d'interprétation de la problématique du patient. La méditation constitue du temps pour soi seul à la recherche de sa vérité intérieure.

À ses disciples qui lui demandaient à la fin de sa vie de leur laisser quelques conseils, Bouddha répondit : « Soyez votre propre flambeau ! » Autrement dit, n'attendez pas de moi une révélation sur vous-mêmes. Cette réponse souligne le fait que la vérité ne se situe nulle part, si ce n'est au fond de nous.

On notera le contraste avec le christianisme, dans lequel le Christ se présente comme le Chemin, la Vérité et la Vie, et demande aux apôtres de communier avec lui avec le pain qui représente son corps et le vin qui symbolise son sang. Dans cette religion, on ne peut donc accéder à la vérité que par l'intermédiaire du messager de la parole divine. Ainsi ce dialogue énigmatique entre Ponce Pilate et le Christ donne la mesure du choc entre deux systèmes de valeurs : « Pilate lui dit : "Tu es donc roi ?" Jésus répondit : "Tu le dis, je suis roi. Je suis né et je suis venu dans le monde pour rendre témoignage à la vérité : quiconque est de la vérité écoute ma voix." "La vérité : quelle est-elle et qui la connaît ?" dit Pilate avec ironie. Et il sortit à nouveau » (Évangile selon saint Jean, XVIII).

Pilate, l'homme qui doute, pense avec raison que la vérité n'est jamais qu'une construction mentale plus probable que les autres et qu'elle n'a pas de valeur absolue. En cela, il est proche de la pensée bouddhiste qui propose une tout autre démarche : se connaître et réguler au mieux ses actions en développant le plus possible sa conscience par la méditation. Pilate pense avoir trouvé la voie moyenne, celle de la clémence en proposant aux prêtres de relâcher Jésus, mais il doit céder devant l'intolérance de deux partis qui prétendent connaître la vérité, et il s'en lave les mains : il a fait ce qui était en son pouvoir, en bon stoïcien.

LES MIRACLES SONT-ILS DES PSYCHOTHÉRAPIES RÉUSSIES ?

Outre la résurrection dans un monde meilleur, l'Église nous annonce la guérison des âmes et des corps en ce bas monde. Cependant, si nous examinons, avec un regard scientifique, les miracles attestés par les Évangiles, une série de questions se posent. Charcot (*in* Trillat, 1971) avait, à la fin du XIXe siècle, rapproché la guérison des manifestations hystériques qu'il obtenait par l'hypnose des guérisons miraculeuses qui avaient été rapportées par les chroniques du XIIIe siècle. Ces « miracles » consistaient en la guérison de paralysies devant le tombeau de Saint Louis. Tout comme chez les hystériques de la fin du XIXe siècle, les symptômes étaient apparus chez des femmes jeunes frappées subitement de contractures de l'un des membres inférieurs ou des deux membres du même côté du corps avec une perte considérable de la sensibilité dans cette région. Ces femmes furent guéries en un clin d'œil grâce à un « miracle », tout comme le furent les hystériques du service de Charcot par des méthodes d'hypnose et de suggestion. Néanmoins, l'Église, tout en ayant eu besoin des miracles pour asseoir son emprise sur la société, n'est pas totalement dupe de sa propre propagande.

J'ai assisté à Rome à un congrès de psychosomatique en 1975, où l'ensemble des participants était reçu en audience par Sa Sainteté le pape Paul VI. Le Saint-Père, après avoir condamné, en français, l'IVG, alors en débat dans notre pays, présenta le Nouveau Testament comme un véritable traité de psychosomatique – ce qui relevait d'une habile stratégie jésuitique : un point de vue particulièrement progressiste succédait à une affirmation parfaitement réactionnaire. Chacun pouvait repartir content et dans la paix du Seigneur... Le point de vue scientifique du successeur de saint Pierre prit un caractère officiel, car il fut publié le lendemain par l'*Osservatore Romano* (1975) : « La cure spirituelle, psychologique ou morale peut faire du bien et renouveler les forces corporelles. Sur ce point, nous avons des exemples dans les récits évangéliques : interprétés avec prudence et sagesse, ils peuvent appuyer votre pensée, qui est aussi la nôtre. Oui, même les remèdes psychologiques ou spirituels peuvent apporter sinon la guérison au sens strict, du moins un grand réconfort à l'être humain aussi sous son aspect corporel (l'Évangile nous offrirait des exemples caractéristiques de ce point de vue ; moyennant une prudente exégèse, ils pourraient commenter favorablement vos études scientifiques : *cf.* l'épisode du possédé de Gafsa : Marc V, 1-20). »

EXORCISMES

En effet, l'exorcisme du possédé que Jésus délivre de sa légion de démons en les envoyant dans le corps de pourceaux qui se précipitent dans la mer, possède un caractère soignant. Le possédé de Gafsa – j'ose une prudente exégèse – souffre d'une forme particulière d'obsession-compulsion. Au

Moyen Âge, de nombreuses personnes qui se croyaient possédées par le démon ont été exorcisées. Et les troubles obsessionnels compulsifs ont été décrits par les confesseurs bien avant de l'être par les psychiatres, en particulier, au XVIIIe siècle, dans le *Traité des scrupules* du révérend père Duguet qui ne recommande l'exorcisme que lorsque les méthodes de persuasion classiques ont échoué et que le patient blasphème (Duguet, 1717).

Jésus était, d'ailleurs, en avance sur ses successeurs, car, au Moyen Âge, de nombreuses personnes victimes d'hystérie ou d'obsession-compulsion ont péri sur le bûcher, car elles étaient considérées comme possédées du démon. Certaines ont été guéries de leur supposée possession par des exorcismes.

L'exorcisme est une méthode qui fonctionne à condition d'y croire. Il peut avoir des effets psychothérapeutiques observables, car il entraîne des changements psychologiques importants, de nos jours encore. David Barlow, une des figures de proue des TCC, a rapporté le suivi qu'il fit en tant qu'observateur scientifique d'un transsexuel, qui reçut un exorcisme destiné à rétablir son identité sexuée première. Le patient était un travesti, qui avait pris un prénom féminin et était venu pour une évaluation psychologique en vue d'une chirurgie de réassignation sexuelle. Il changea d'idée sous l'influence d'un médecin généraliste, un protestant fondamentaliste qui lui avait affirmé qu'il était possédé par vingt-deux démons différents, que sa vie était falsifiée et que Jésus pouvait assurer sa rédemption. Il accepta trois séances d'exorcisme de trois heures chacune, avec ce médecin, comportant des prières, l'imposition des mains et l'expulsion verbale des vingt-deux démons. Au cours de ces séances, le patient dit ressentir des vagues d'amour divin se déversant sur lui. Le patient reprit une identité sexuée « normale » et masculine, qui s'était maintenue à un suivi de deux ans et demi sur toutes les mesures effectuées (Barlow *et al.*, 1977).

Il m'est arrivé d'avoir à faire face à des problèmes similaires lors du traitement de patients présentant des obsessions-compulsions associées à ce que l'on appelle en psychiatrie des idées schizotypiques, c'est-à-dire des idées surinvesties et inébranlables de possession démoniaque ou de persécution par des démons.

Habités par Satan

Une de mes patientes, qui présentait des obsessions-compulsions, croyait dur comme fer à la nécessité d'un exorcisme, car elle se pensait envoûtée par une jeteuse de sorts. Elle refusait la TCC qu'elle trouvait scientiste et peu à même de l'aider face à des forces spirituelles. Je voulus la confier à l'exorciste et suivre le résultat, mais l'exorciste du diocèse de Lyon refusa, au terme d'une longue conversation téléphonique que j'eus avec lui, d'appliquer le grand exorcisme qu'il estimait moyenâgeux. Il se contenta de quelques prières de délivrance qui restèrent sans effet.

En revanche, j'ai traité avec succès un patient obsessionnel compulsif avec des idées de possession démoniaque, qui étaient apparues après avoir vu le film *L'Exorciste*. Ce qu'il cherchait manifestement était un « scientiste » inébranlable, car il me demanda si je croyais ou non en Dieu et au démon. Je le laissais deviner la réponse à sa question. Après avoir jugé que je devais être athée, il entreprit une TCC dont une des phases clés fut la réexposition au film *L'Exorciste*. Tout au long de cette réexposition, il avait peur que je ne sois contaminé par des idées démoniaques et ne puisse plus l'aider. Il demanda à ce que je m'adjoigne un cothérapeute au cas où nous serions tous les deux devenus fous. Le visionnage de *L'Exorciste* eut donc lieu en présence de deux thérapeutes et fut précédé et suivi de séances destinées à réduire le système de croyances démoniaques (vingt-deux séances réparties sur une période de six mois). Le patient ne prit aucun médicament. Le résultat fut convaincant et s'était maintenu quatre ans après la fin de la thérapie (Cottraux et Blackburn, 2008).

Ces deux cas montrent clairement comment le choix du thérapeute se fait en fonction de son système de valeurs. En l'occurrence, les valeurs de la science dont le thérapeute est porteur peuvent soit le rendre incapable de traiter un patient, soit faire qu'il soit choisi justement parce que sa pensée est à l'opposé de celle du patient.

Paul VI présentait donc, avec raison, le Christ comme un précurseur des psychothérapeutes modernes. De fait, les manuscrits de la mer Morte, découverts à Qumrân, ont mis en évidence le fait que Jésus appartenait à la secte des Esséniens qui pratiquaient, avec habileté, la médecine. Les miracles attestés pourraient bien en réalité n'être que le résultat des bienfaits de la pure et bonne médecine. Un « paralytique » biblique souffrait peut-être en réalité d'une simple luxation de l'épaule ou de la hanche, qu'un médecin habile parvint à réduire sans trop de difficultés par une manœuvre de traction

---

Laissez-moi dormir

J'ai ainsi suivi, en hospitalisation à domicile, une femme qui restait couchée chez elle, dans un état faussement comateux, depuis deux mois, dans une banlieue de Lyon. Elle restait là, les yeux fermés et résistait quand on tentait de lui ouvrir les paupières – ce qui constitue un signe classique de pseudo-coma hystérique –, et sans s'alimenter selon son entourage (manifestement, elle s'alimentait une fois son mari parti travailler). Elle ne présentait par ailleurs aucun signe neurologique objectif.
Accompagné d'une infirmière psychiatrique, je lui rendis régulièrement visite pour lui parler, sans qu'elle réponde, et la materner. Au bout de quelques semaines, elle a fini par se lever et par reprendre sa vie difficile – elle travaillait sur les marchés. Elle ne donna aucune explication de son pseudo-coma. L'équipe de psychiatrie n'eut pas pour autant l'outrecuidance de se prendre pour Jésus-Christ.

---

adaptée ; ou alors peut-être qu'il présentait une pseudo-paraplégie hystérique. La mort apparente de Lazare était peut-être un état cataleptique hystérique et sa résurrection un effet de suggestion proche de ce qu'obtiennent les hypnotiseurs et les psychothérapeutes, qui sait ?

Un miracle, ce peut être tout simplement l'amélioration de l'état d'un patient dépressif ou anxieux, dont l'estime de soi se trouve renforcée par l'imitation d'un personnage charismatique, qui annonce le salut de l'humanité. Il est réconfortant d'avoir sa place au royaume d'un père qui vous aime, surtout si l'on fait partie, en ce bas monde, des pauvres, des humiliés et des rejetés. Le Christ d'ailleurs après chaque miracle ajoutait modestement : « C'est ta Foi qui t'a sauvé. » Il mettait donc l'accent sur ce qu'Albert Bandura et les psychologues modernes appellent les « attentes d'efficacité et de résultats » (*cf.* chapitre 4). Néanmoins, la question de l'authenticité des miracles provoque toujours des polémiques parmi les médecins.

La « miraculée »

J'ai participé, il y a longtemps, à un colloque organisé à Lyon sur le thème « Psychiatrie et Religion ». L'un de nos collègues, médecin des hôpitaux et très croyant, qui faisait partie de la commission qui validait les miracles à Lourdes, raconta un miracle attesté, vérifié et dûment certifié par la science. Il s'agissait d'une personne qui présentait des attaques de panique et une agoraphobie et qui fut emmenée dans une procession à Lourdes. Celle-ci lui fit parcourir la ville pendant deux heures, après quoi la patiente se déclara très améliorée et, progressivement, reprit de l'autonomie et fut capable de vaincre son anxiété.
Je me risquai à faire observer à ce collègue qu'on pouvait douter de ce miracle, dans la mesure où la patiente avait été guérie par une méthode courante : la thérapie comportementale. Celle-ci, en effet,

consiste à encourager par tous les moyens le patient à s'exposer aux situations anxiogènes jusqu'à ce qu'il s'y habitue – ce qui prend, en général, quarante-cinq minutes, après quoi l'anxiété retombe. Il est ensuite encouragé par ce résultat à affronter de nouveau la situation qui lui faisait peur. Une procession de deux heures ne pouvait que faciliter ce réapprentissage. Inversement, j'avais pu observer le cas d'une patiente claustrophobe et agoraphobe qui avait été emmenée sans ménagement dans la grotte de Lourdes et y avait déclenché une attaque de panique. Elle avait dû aussitôt sortir de la grotte, ce qui l'avait considérablement aggravée. Or tous les comportementalistes savent qu'une immersion trop brutale et trop brève dans une situation phobique aggrave l'état des patients.

Le collègue, après quelques secondes de silence, me répondit : « Effectivement, ce que vous dites est troublant. » Néanmoins, dans l'assistance, j'entendis des remous hostiles provenant de personnes qui faisaient partie du mouvement du Renouveau charismatique. Ce qui me surprit le plus fut que deux collègues m'attendaient à la sortie pour me reprocher d'avoir mêlé la foi avec la thérapie comportementale. Le seul qui vint me féliciter de mon intervention fut un psychanalyste catholique, qui pensait que la vraie foi n'avait pas besoin de miracles.

ISLAM ET PSYCHOTHÉRAPIE[1]

Les valeurs et les vertus de l'islam sont partagées, pour la plupart, avec les deux autres religions monothéistes. Il s'agit principalement de la solidarité, de l'entraide et de la fraternité observées au sein du groupe social et de la « communauté islamique » : la *Oumma*. Le mot *hakim* qui en arabe désigne le médecin signifie à la fois le savant, le sage et l'homme animé

---

1. Ce texte a été rédigé en collaboration avec le Pr Youcef Merdji (2007) de l'Université de Constantine, qui a bien voulu répondre à mes questions sur les relations entre l'islam et la psychothérapie.

par la compassion. Le Coran valorise le savoir, comme l'évoque entre autres ce fameux hadith : « Si tu n'as pas la science va la chercher jusqu'en Chine. »

L'acceptation de sa destinée, le *Mektoub*, rejoint la soumission aux arrêts de la Divine Providence dans le christianisme, l'acceptation de soi dans le bouddhisme et la notion commune dans les psychothérapies occidentales que la connaissance et l'acceptation de soi, présentent une valeur thérapeutique.

La maladie n'est pas perçue comme une « punition » ou une « malédiction », mais comme une « épreuve », imposée au croyant pour tester sa foi, voire comme une expérience douloureuse à travers laquelle il expie ses fautes et ses péchés. Comme l'a montré Belkacem Bensmaïl, de là provient la profonde conviction que Dieu seul est capable de guérir, et que le médecin, ou le thérapeute, n'est que l'instrument de la volonté divine (Bensmaïl, *in* Merdji, 2007). La sagesse musulmane rejoint donc celle d'Ambroise Paré (1510-1590), qui fut un des fondateurs de la chirurgie française et qui avait coutume de dire : « Je le pansai, Dieu le guérit. »

La certitude que la mort n'est pas une fin, mais une transition vers une vie meilleure, la rend plus sereine, car elle permet de rencontrer Dieu et d'accéder au Paradis.

La patience est une valeur cardinale de l'islam, qui permet d'assumer, d'intégrer et de dépasser tous les malheurs qu'on peut endurer durant sa vie. Il s'agit là d'attitudes et de croyances collectives qui rejoignent, dans un certain sens, les principes sur lesquels se fonde la psychologie positive.

Par ailleurs, les *cinq piliers de l'islam* et leurs prescriptions ont un effet psychothérapique. *Le premier pilier est de témoigner que nul autre que Dieu ne peut être adoré et que Mohamed est son prophète* : cette affirmation d'allégeance permet d'avoir le sentiment rassurant de faire partie d'une communauté.

La prière nécessite la concentration et le détachement d'avec le milieu ambiant. Les mouvements de flexion/extension du tronc, génuflexions et prosternation qui la composent sont à même de procurer des sensations d'apaisement et de détente similaires à celles produites par la relaxation et les différentes techniques de méditation et de relaxation orientales ou occidentales.

Le zakat, qui consiste à distribuer, volontairement, aux pauvres et aux nécessiteux 2,5 % des bénéfices de l'année représente un acte de compassion qui permet de ressouder davantage les liens entre les membres de la communauté.

Le ramadan est lui aussi une fête compassionnelle, car il permet d'éprouver la faim et la privation qui est le lot quotidien des démunis.

Le pèlerinage à La Mecque, où tous les pèlerins sont vêtus d'une simple étoffe blanche non cousue illustre l'esprit d'égalité et de justice devant régner entre tous les musulmans, quelles que soient leur race et la couleur de leur peau. Il permet de retisser les liens de la communauté.

En pays islamique, le Coran est considéré, en lui-même, comme un remède pour les croyants. La récitation répétitive et attentive du texte sacré permet d'éprouver soulagement et quiétude morale – ce qui représente un point commun avec les autres religions monothéistes, qui toutes récitent des textes sacrés lors de leurs exercices spirituels.

De plus, les versets coraniques auraient une action protectrice, voire curative contre les effets malfaisants du « mauvais œil » et des *djinns* (les diables). Le Coran affirme qu'il existe un monde parallèle peuplé de *djinns,* créatures totalement invisibles au commun des mortels, plus ou moins malveillantes, pouvant frapper ou brutaliser, posséder, voire épouser les êtres humains qu'ils désirent (Kacha, 1993). Aujourd'hui, nous assistons au développement de certaines pratiques médicales recommandées par le prophète Mohamed, en particulier la *rokia,* ou *exorcisme.* Il a pour objectif, à travers un certain nombre de séances basées sur la lecture réitérée de versets du

Coran, à contraindre, en cas de « possession » avérée, le *djinn* à quitter le corps de la personne où il s'est réfugié. La séance est animée par un *raki* qui pose son diagnostic : le sujet est soit « normal », soit « atteint » par le « mauvais œil » d'autrui ou « ensorcelé » par une tierce personne, soit « touché » ou « habité » par un « *djinn* ».

Ce diagnostic est fait en fonction de la réaction comportementale observée chez le patient : apaisement et quiétude, lors de la lecture du texte sacré, ou, au contraire, opposition, tremblements, contorsions, crises, transes, voire agressivité. Signalons que le *djinn* peut être de sexe masculin ou féminin, de confession chrétienne, juive ou même musulmane. Il peut parler en utilisant les organes phonatoires de sa victime, parfois en modifiant la tonalité ou le timbre de sa voix, et en se servant d'une ou de plusieurs langues vivantes ou mortes.

Les théologiens authentiques de l'islam recommandent, lorsqu'on est un vrai musulman, pieux et pratiquant, d'exercer la *rokia* sur soi-même, sans recourir à aucun *raki*. En effet, de nos jours, ce domaine, autrefois réservé aux personnalités du monde religieux, talebs ou marabouts, est investi par des charlatans et des escrocs qui profitent de la crédulité et de l'ignorance de la population. Le recours anarchique, quasi systématique, aux thérapies traditionnelles représente un obstacle majeur à l'accès aux soins de santé mentale au Maghreb. Il retarde de plusieurs mois, voire de plusieurs années le diagnostic et la prise en charge des psychoses et compromet gravement leur pronostic.

Quelles sont les preuves d'efficacité psychothérapique des religions ?

Elles sont pour l'instant modestes et surtout apparentes dans le domaine de la dépression. Des effets négatifs existent dans d'autres domaines.

Une étude (Koenig, 1992) a montré qu'une foi authentique dans une religion monothéiste aidait à affronter la maladie. Une autre étude du même auteur suggère que la foi authentique facilite la récupération après un état dépressif (Koenig, 1998). Une réduction significative du taux de suicide chez des personnes hospitalisées ayant une affiliation religieuse apparaît (Dervic, 2004). Une autre étude va dans le même sens, mais suggère que le soutien social joue un rôle important pour diminuer les idées suicidaires. Cependant, la présence aux offices religieux diminue le taux de tentatives de suicide sans que le soutien social joue un rôle dans cette réduction (Rasic, 2009).

Lorsqu'on quitte le domaine de la dépression et du suicide, les résultats sont nettement moins significatifs. Chez des personnes ayant présenté un stress post-traumatique, la croyance en des valeurs spirituelles était associée à un état psychologique moins bon, alors que la colère était associée à un meilleur état. Mais ni la haine ni le pardon des violences subies n'étaient associés à un résultat positif ou négatif (Connor, 2003).

Une étude réalisée chez des personnes présentant des maladies rhumatologiques chroniques a montré qu'une perception d'un Dieu tout-puissant qui ne laissait aucune place à l'initiative humaine aboutissait à un plus mauvais ajustement à la maladie et à des émotions négatives (Wallston, 1999).

Une autre étude va dans le même sens. Elle a été réalisée en Suisse chez 328 chrétiens pratiquants, de confession réformée, catholique et évangélique, qui avaient en commun d'avoir tous traversé une épreuve au cours de ces dernières années : conflit social, maladie grave, traumatisme, deuil. L'étude (Winter, 2009) a montré une relation significative entre une image négative de Dieu et des signes de dépression, d'angoisse et de mal-être. D'autre part, aucun effet positif de la religion sur les troubles psychologiques n'est apparu. Cette étude, menée dans un pays à dominante calviniste, suggérerait que les personnes qui ont une représentation d'un Dieu impitoyable et d'une porte étroite pour accéder à son paradis auraient tendance à considérer la maladie ou la perte d'un proche comme une punition de leurs péchés. Ce qui accroît leur souffrance psychique.

Psychologie positive et valeurs philosophiques

La psychologie positive a renouvelé un domaine quelque peu négligé par les psychothérapies : celui des valeurs. Elle se définit comme la science de ce qui va bien dans le fonctionnement psychologique humain. Elle dépasse le cadre traditionnel de la médecine et de la psychothérapie pour s'appliquer au développement personnel.

Les domaines abordés se regroupent autour de trois thèmes fondamentaux qui peuvent être facilement articulés à la pratique des psychothérapies (Seligman, 2005) :

1. *Les expériences subjectives positives*, en particulier le bonheur et le bien-être qui, au-delà de la simple réduction des symptômes, représentent le but de toute thérapie.

2. *Les traits positifs de caractère* : une étude mondiale effectuée par Peterson (2006) a isolé six valeurs en action baptisées « vertus » qui sont la recherche du savoir, le courage, l'huma-

nité, la justice, la modération et la transcendance – autrement dit, le dépassement de soi. Ce qui va nous amener à envisager les valeurs et les vertus de patients et des psychothérapeutes.

3. *Les institutions positives* qui gèrent l'organisation du travail ou la vie sociale en général : les conflits d'entreprise et les erreurs de gestion, ou le mésusage du leadership au travail, représentent des grands pourvoyeurs de troubles psychologiques. Essayer d'en faire la prévention par des interventions institutionnelles de gestion du stress professionnel et des conflits représente une tâche qui peut être menée à bien par des psychothérapeutes formés à ce type d'intervention.

Ce courant transversal s'est intéressé depuis quinze ans à l'origine des valeurs qui orientent nos comportements et qui sont héritées, pour une grande part, de la tradition religieuse et philosophique. Elles participent à la fondation des schémas cognitifs par lesquels nous interprétons le monde. Par exemple, une personne déprimée voit le monde en noir parce qu'elle ressent un sentiment d'échec par rapport à une valeur : la réussite au travail, qu'elle a appris des normes sociales et familiales concernant ce qui est beau et bien. Inversement, une personne, humble au départ, peut faire sienne des valeurs de pouvoir et demander au thérapeute de l'aider à se réaliser dans ce domaine particulier.

La psychothérapie a donc forcément affaire, à un moment ou à un autre, aux valeurs. Qu'est-ce que signifient les valeurs du patient et ne serait-il pas utile d'en trouver de nouvelles pour mieux vivre ? Ne vaut-il pas mieux oublier les valeurs modernes de profit, pour retourner vers des valeurs religieuses et philosophiques « intemporelles », qu'elles soient esthétiques ou humanistes ? Comment réussir à vivre avec ceux qui n'ont pas les mêmes valeurs que vous ? Comment habiter un monde sans cesse plus brutal sous des dehors de haute civilisation ? Comment concilier l'univers bureaucratique avec les désirs individuels ? Comment concilier les valeurs familiales avec la réussite personnelle ?

Accepter la réussite

Une de mes patientes n'osait ambitionner un poste prestigieux à Paris, où elle aurait pu donner la mesure son talent. Il lui suffisait pourtant de passer un concours tout à fait à sa portée. Cependant, elle avait peur de perdre son mari très attaché à la région où vivait sa mère et à son travail : il risquait de ne pas vouloir la suivre. Ainsi, elle craignait de briser un fragile consensus familial et de se retrouver seule avec ses enfants dans une nouvelle ville. Elle opposait les valeurs de bienveillance et d'empathie vis-à-vis de son mari à sa recherche d'accomplissement d'elle-même. Il résultait de ce conflit une importante anxiété, des stratégies d'évitement et un doute obsédant : y aller ou pas ?

Finalement, après un travail de résolution de problème pendant une dizaine de séances, elle a pris la décision de gérer le stress de son concours au cours de la thérapie et de tenter de le réussir. Son succès lui a permis de réaliser ses ambitions en acceptant le poste proposé. Son mari l'a suivie et peut-être n'était-il pas si fâché que cela de se dégager de l'emprise de sa mère et de choisir de suivre sa femme !

Deux thèmes psychothérapiques et philosophiques universels : acceptation et compassion

Ces deux thèmes se retrouvent à des degrés divers dans les psychothérapies efficaces que nous avons étudiées. Ils sont actuellement mieux définis et ont suscité des recherches qui parfois articulent la neurobiologie avec la psychothérapie.

ACCEPTATION ET PSYCHOTHÉRAPIE : DE MARC AURÈLE À LA THÉRAPIE COGNITIVE

L'acceptation est un des thèmes les plus constants de la philosophie, de la religion et de la psychothérapie. Rappelons simplement la soumission aux desseins de Dieu qui ponctue la conversation en pays musulman : *Inch'Allah*, « Si Dieu le veut », qui fait écho au « À la grâce de Dieu » des chrétiens. Ou encore le « Que philosopher, c'est apprendre à mourir » de Montaigne. Une des premières formulations de l'acceptation se trouve dans la méditation bouddhique en pleine conscience qui demande d'observer avec bienveillance même la douleur, les pensées négatives et la peur. Un des courants de la TCC, la thérapie d'acceptation et d'engagement (*Acceptance and Commitment Therapy*, ou ACT ; Hayes *et al.*, 1999 ; Schoendorff, 2009) a insisté sur l'importance de ce processus psychothérapique, sans apporter de grande nouveauté par rapport à une réflexion vieille de plus de deux mille ans. Elle n'apporte pas non plus de meilleurs résultats que les autres formes de traitement et serait même moins efficace dans l'anxiété et la dépression, comme le montre une méta-analyse récente (Powers *et al.*, 2009).

En réalité, l'une des racines philosophiques de la thérapie cognitive, bien avant l'ACT, est l'acceptation. Elle consiste à aider le patient à distinguer les faits de leur interprétation pour modifier les émotions négatives et le relancer sur le chemin de l'action positive et agréable. Il est habituel de faire remonter la thérapie cognitive à la morale stoïcienne, celle de l'esclave Épictète et de l'empereur Marc Aurèle (121-180).

Cet empereur philosophe professait que les hommes sont moins émus par les faits eux-mêmes que par l'interprétation qu'ils en donnent. Marc Aurèle ne supportait pas le « fanatisme des chrétiens » et leur « fétichisme » pour le Christ. Il les persécutait car ils représentaient, selon lui, une menace pour l'unité de l'empire. Selon lui, le christianisme se sert des passions pour installer une morale en rupture avec la nature et sans réflexion philosophique de fond.

Voici une des maximes stoïciennes issues de son livre *Pensées pour moi-même* : « Si quelque objet extérieur te chagrine, ce n'est pas lui, c'est le jugement que tu portes sur lui qui te trouble. Il ne tient qu'à toi d'effacer ce jugement de ton âme. Si c'est ta disposition propre qui te chagrine, qui t'empêche de rectifier ton dessein ? »

Elle représente un antécédent de ce que la psychologie moderne appelle le « modèle constructiviste ». La pensée stoïcienne de Marc Aurèle nous suggère que le monde est une construction de notre esprit, par laquelle nous créons les sentiments de bonheur ou de malheur. Il propose aussi une distinction entre « les choses qui sont en notre pouvoir et celles qui nous dépassent ». L'empereur, qui suivait en cela les maximes de son maître en philosophie, l'esclave Épictète, recommande, pour éviter le malheur, de ne désirer que les choses qui sont à notre portée. Il serait possible d'interpréter ces maximes comme un appel à la résignation, mais elles montrent surtout la nécessité d'une appréciation réaliste des buts par rapport aux moyens. Selon Marc Aurèle, il faut agir avec une « clause de réserve », c'est-à-dire en étant conscient que des obstacles peuvent survenir. Ce qui compte, c'est l'authenticité et la sincérité de l'intention : celui qui rencontre des difficultés en pratique ne doit pas s'en affliger, car elles ne dépendent pas de lui. Ainsi, l'échec éventuel est mieux accepté, car il ne doit pas amener le sujet à se blâmer en se l'attribuant totalement. Externaliser la responsabilité personnelle dans ce qui va mal ou bien, et l'évaluer correctement, est une des pratiques habituelles de la thérapie cognitive de la dépression.

LES SEPT DOMAINES DE L'ACCEPTATION

La souffrance du patient qui entreprend une psychothérapie provient souvent de ses illusions sur lui-même, les autres, le futur, le monde, la vérité, le bien et le mal. Accepter ses limites est le premier pas de toute psychothérapie.

Nous avons vu, aussi, que l'acceptation des émotions négatives était l'une des bases des méthodes d'exposition employées par les TCC dans les phobies, les obsessions-compulsions et le stress post-traumatique. Dans cette méthode, le sujet doit accepter de passer par une phase d'exacerbation de l'anxiété, qui, après un plateau d'habituation, va décroître et se stabiliser plus bas. Le paradoxe inhérent à la TCC est qu'il faut accepter de souffrir pour espérer guérir un jour.

C'est donc l'un des processus centraux des psychothérapies efficaces qui se rattache à un concept philosophique, utilisé par les stoïciens comme une forme d'autothérapie. Cependant, le terme d'« acceptation » est un mot-valise dont je préfère distinguer sept domaines d'application, qui correspondent chaque fois à une problématique différente. Je vais donc essayer de clarifier les différents types d'acceptation – et de refus d'acceptation – que l'on peut rencontrer en thérapie cognitive.

1. *L'acceptation de soi augmente l'estime pour soi* : c'est l'un des buts de la psychothérapie. Néanmoins, le thérapeute doit accepter le patient tel qu'il est pour qu'il s'accepte lui-même. Il en va de même dans toute relation d'amitié, d'amour ou de vie professionnelle. *Il s'agit donc d'une acceptation en miroir.*

2. *L'acceptation de nos limites conduit à n'engager des actions que dans des domaines qui dépendent de nous*. Mais comment savoir exactement ce qui dépend de nous ? Seule une bonne analyse de la situation sur le terrain permet de le faire

pour déterminer si une bataille peut être gagnée. *Il s'agit donc d'une acceptation stratégique.*

3. *L'acceptation de nos émotions consiste à les vivre au lieu de les nier et de vouloir les contrôler à tout prix.* C'est ce que recommande l'ensemble des psychothérapies efficaces. *Il s'agit donc d'une acceptation par exposition au mal-être temporaire pour un mieux-être ultérieur.*

4. *L'acceptation des autres permet de mieux vivre avec eux.* En particulier, comme le recommandent le bouddhisme et le christianisme, il est bon d'avoir de l'empathie pour ses ennemis, car la haine nous fera encore plus souffrir que le dommage causé par l'ennemi. *C'est donc l'acceptation par le pardon.*

5. *L'acceptation du monde tel qu'il est.* Mais qu'est-ce que le monde ? Il est parfois sain de vouloir le changer malgré des forces contraires. Machiavel, en 1532, a repris la distinction latine entre la vertu et la fortune. La fortune est ce qui nous arrive de bien ou mal sans l'avoir voulu. L'accepter est la première phase avant une deuxième phase qui consiste à rebondir. La vertu latine dont parle Machiavel s'appelle le courage ; c'est l'attitude positive devant la mauvaise fortune : « Je juge qu'il peut être vrai que la fortune soit l'arbitre de la moitié de nos actions, mais aussi que l'autre moitié, ou à peu près, elle nous la laisse gouverner. » L'acceptation stratégique est souvent utilisée dans les techniques de résolution de problème : interrompre un combat qui risque fort d'être perdu, lâcher prise, prendre de la distance, réanalyser la situation et inventer une nouvelle solution. Accepter un échec ou un traumatisme et la dangerosité du monde permet de mieux rebondir et de le changer. *C'est donc l'acceptation résiliente.*

6. *L'acceptation de la condition humaine.* Elle consiste à vivre en se disant qu'à tout moment la vie peut s'arrêter, sans que ce que nous avions commencé puisse aboutir sous nos yeux. *C'est donc l'acceptation de l'angoisse existentielle.*

7. *L'acceptation de la mort*. Elle consiste à ne l'envisager que comme un passage et à considérer qu'elle seule a pitié de la souffrance humaine. *C'est donc l'acceptation compassionnelle de ce que de toute manière, un jour nous ne pourrons pas fuir. Il faut donc accepter de ne connaître ni le lieu ni le moment.*

Le rendez-vous de Samarcande

Un conte oriental illustrera ce point. Il en existe de nombreuses versions (Deval, 1950), mais il serait l'œuvre du poète persan Farid Al-Dîn Attar de Nichapur (1140-1230), qui appartenait à la branche soufie de l'Islam.

« Il était une fois, dans la ville de Boukhara, un calife vieux et sage et son jeune vizir... Un jour, le vizir arriva devant le calife, pâle et tremblant : "Pardonne mon épouvante, mais devant le palais, une femme m'a heurté dans la foule. Je me suis retourné et cette femme au teint pâle, aux cheveux sombres, à la gorge voilée par une écharpe rouge était la Mort. Et en me voyant, elle a fait un geste vers moi. Puisque la Mort me cherche ici, Seigneur, permets-moi de fuir me cacher loin d'ici, à Samarcande. En me hâtant, j'y serai avant ce soir." Sur quoi, il s'éloigna au grand galop de son cheval, et disparut dans un nuage de poussière vers Samarcande. Le Calife sortit alors de son palais, pour rencontrer la Mort : *"Pourquoi avoir effrayé mon Vizir qui est jeune et bien portant ?"* demanda-t-il. Et la Mort répondit : *"Je n'ai pas voulu l'effrayer, mais en le voyant dans Boukhara, j'ai eu un geste de surprise, car je l'attends ce soir, à Samarcande..." »*

L'absence d'acceptation représente une forme de déni qui peut se porter aussi bien de notre monde interne que sur les contingences de l'environnement et les contraintes biologiques qui nous contrôlent.

Le tableau ci-dessous résume ces quelques réflexions et peut être utilisé pour évaluer vos propres difficultés. La définition d'un domaine d'acceptation facilite le travail psychothérapique. Après tout, nous n'avons pas à accepter n'importe quoi, mais le refus d'acceptation, dans certaines situations, peut nous rendre inacceptables par les autres.

Tableau 10.1. **Où en êtes-vous dans les sept domaines d'acceptation ?**

Domaines d'acceptation	Difficulté de 0 (pas de problème) à 5 (une difficulté maximum)	Processus thérapeutique à mettre en œuvre
Acceptation de moi		Acceptation en miroir
Acceptation de mes limites		Acceptation stratégique
Acceptation de mes émotions		Acceptation par exposition et habituation
Acceptation des autres		Acceptation par le pardon
Acceptation du monde tel qu'il est		Acceptation résiliente
Acceptation de la condition humaine		Acceptation de l'angoisse existentielle
Acceptation de la mort		Acceptation compassionnelle

COMPASSION ET PSYCHOTHÉRAPIE : DE BOUDDHA À LA MÉDITATION EN PLEINE CONSCIENCE

« Les hommes n'eussent jamais été que des monstres, si la nature ne leur eût donné la pitié à l'appui de la raison », écrivait Jean-Jacques Rousseau dans son *Discours sur l'origine et les fondements de l'inégalité parmi les hommes*. Et Darwin a été probablement influencé par le bouddhisme pour sa théorie sur la nécessité de la coopération et l'empathie pour assurer la survie des groupes humains (Darwin, 1998). Il se pourrait donc que l'empathie et la compassion soient dans nos gènes comme un ferment de socialisation et de survie en groupe.

L'auteur qui a le plus travaillé sur le problème de la compassion en psychothérapie est Paul Gilbert (2005, 2010). Il a apporté des données nouvelles qui ouvrent des pistes psychothérapiques intéressantes. Il propose un modèle fondé sur l'étude neuroscientifique de l'empathie et de la compassion. Définir l'empathie n'est pas une tâche simple. On peut la décrire comme un processus de traitement de l'information qui permet de simuler à l'intérieur de soi ce que ressent l'autre. On a identifié des zones cérébrales pariétales et frontales qui gèrent les représentations partagées (Decety et Chaminade, 2003). Néanmoins, il existe plusieurs types d'empathie : *l'empathie émotionnelle,* qui désigne la capacité à comprendre les états affectifs d'autrui ; *l'empathie cognitive,* c'est-à-dire la capacité à comprendre les états mentaux d'autrui et de construire une théorie de l'esprit des autres ; *l'empathie motrice,* qui reproduit les mouvements à valeur socio-émotionnelle de l'autre. Il peut aussi exister une *empathie perverse,* froide, sans compassion, qui permet de comprendre autrui pour le faire souffrir ou le manipuler. Ainsi, l'objet de l'empathie est la compréhension, mais l'objet de la sympathie (littéralement « souffrir avec ») et de la compassion est le bien-être de l'autre.

Selon Gilbert, il existe trois systèmes qui gèrent nos relations avec le monde :

1. *Un système est lié à la détection et à la réponse aux menaces*. Il associe des émotions défensives variées comme la peur, l'anxiété, la colère, le dégoût.

2. *Un système lié à l'instinct, la motivation et la recherche de récompense*. Il nous permet de réaliser des actions positives qui procurent un sentiment de bien-être du fait de l'action réussie et de l'euphorie que cette réussite provoque.

3. *Un système de sécurité et d'apaisement qui opère par l'intermédiaire des opiacés et du système de l'ocytocine.* Les sentiments positifs qui découlent de ce système sont le calme, le sens du bien-être, un état de paix et le sentiment d'être lié aux autres. Ce système est stimulé dans la relation d'affection. Il correspond à la relation d'attachement précoce décrite par John Bowlby (1988). Il est stimulé quand un parent calme un enfant et apaise sa détresse. Le système de sécurité et d'apaisement permet de réguler les deux autres systèmes : le *système instinctuel* et le *système de gestion de la menace*. Il correspond à un développement harmonieux du cortex frontal dans l'enfance.

Le schéma qui suit résume ce modèle.

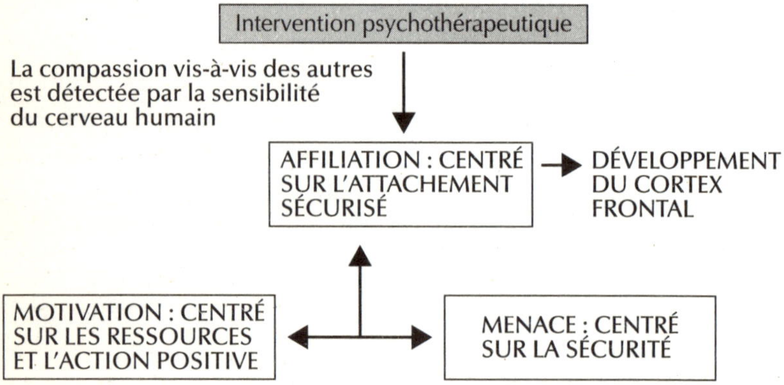

Figure 10.1. **Trois systèmes : le modèle de compassion selon Gilbert.**

L'établissement d'une relation apaisante avec un thérapeute qui suggérerait, comme dans la méditation en pleine conscience, des images de personnes compassionnelles que le patient laisse émerger au cours d'une méditation guidée par le thérapeute pourrait réduire l'anxiété, activer le système motivationnel et assurer le retour d'actions positives qui facilitent le bien-être. L'obstacle thérapeutique est souvent la peur de la compassion que ressentent aussi bien les patients que les thérapeutes.

On peut éviter la compassion, envers soi-même et envers les autres, par peur de ressentir des émotions négatives, comme le deuil ou la tristesse. Certains peuvent avoir honte de la compassion qui peut être considérée comme une humiliation et une pitié dangereuse pour l'estime de soi. D'autres craignent la critique ou développent une autocritique exagérée de leur faiblesse. Enfin, certaines personnes évitent des émotions positives, car elles ont été suivies de sanctions dans le passé.

Le recours aux images compassionnelles permettrait de vaincre ces résistances. Pour ce faire, le thérapeute suggère au patient d'imaginer un lieu sûr et de créer une image de compassion « parfaite et idéale » qui émerge dans ce lieu : « Une personne, un animal, un arbre, un être humain dont vous discernez la voix. D'un fond bleu émerge une image visuelle ou sonore qui désire vous aider. Elle vous comprend car elle a vécu des expériences similaires à la vôtre. Elle a des forces de caractère et ne se laisse pas submerger par la douleur. Elle est chaleureuse. »

Le thérapeute demande ensuite au patient d'examiner les qualités visuelles, sonores et sensorielles de l'image, et d'identifier les relations qu'il établit avec l'image et la manière dont il voudrait être traité par l'image. Cette expérience est faite plusieurs fois, jusqu'à ce que le patient se sente mieux.

Une autre méthode consiste à écrire une lettre pleine de compassion et de se l'adresser à soi-même : la lettre doit faire preuve de sympathie, de tolérance et ne porter aucun jugement. Cette lettre peut être lue à haute voix ou entendue sous la forme d'une voix intérieure.

Il reste bien entendu à valider ce nouvel ensemble à la fois théorique et pratique ; des recherches sont actuellement en cours dans ce sens.

Conclusion

Les valeurs guident nos choix existentiels et nos actions. Est-il possible de changer de destination, et donc de destinée, et de faire au mieux, en dépit de ce que l'on a voulu faire de nous ? Abandonner un cahier des charges d'autant plus pernicieux qu'il est implicite et inculqué de longue date pour choisir d'autres valeurs représente souvent l'enjeu d'une psychothérapie, qui passe par le changement du scénario de vie répétitif.

CONCLUSION

Le moment du choix

« Ce qui importe n'est pas ce qu'on a fait de nous, mais ce que nous faisons nous-mêmes de ce qu'on a fait de nous. »

Jean-Paul SARTRE,
Saint Genet, comédien et martyr (1952).

Les formes diverses de psychothérapie sont le produit de la culture où elles s'exercent. Leur ascension et leur chute correspondent à des lames de fond sociales qui font émerger de nouvelles façons de comprendre les relations entre les individus et des individus avec eux-mêmes.

Les trois moments de l'histoire des psychothérapies

Il est possible de distinguer trois moments depuis les débuts de la psychothérapie.

1. L'AXE VIENNE/PARIS : DE MESMER À FREUD

Le premier moment est celui de l'axe Vienne/Paris : il va du magnétisme animal de Mesmer à la psychanalyse, *via* Charcot et Janet. Il se situe dans le temps entre 1784 et 1960. Il va de la monarchie absolue à la société industrielle et tente de concilier les désirs individuels avec la pression sociale de conformité. Son apogée est le freudisme triomphant. Il a connu son épanouissement aux États-Unis à l'époque d'Eisenhower et du triomphe des classes moyennes, réclamant moins d'hypocrisie sexuelle. La psychanalyse américaine devint de plus en plus une psychologie du « moi » à visée adaptative, dénoncée comme une trahison de Freud par Jacques Lacan. Plus tardivement, elle prit le statut d'icône culturelle en Europe et submergea la France au début des années 1960. La France après avoir été confite en religion, fut confite en psychanalyse de 1960 à 1990. Aujourd'hui est venue l'heure de la déconfiture.

2. LA CONTRE-CULTURE HUMANISTE : LE MOMENT DE LA NÉGATION

Le deuxième moment est le moment californien de la thérapie humaniste des années 1960-1980. Il n'y a pas d'axe à proprement parler, mais un mouvement de contestation qui s'étend sous la forme d'une toile tissée entre les campus américains en révolte contre la guerre du Vietnam, et les universités européennes qui furent le creuset des mouvements de 1968. Ce mouvement conteste la psychanalyse dont les racines bourgeoises furent dénoncées par les leaders charismatiques de la thérapie humaniste, en particulier Wilhelm Reich et Fritz Perls. Cette époque voit la fragmentation des courants psychothérapeutiques en 200 à 400 écoles au nom de la créativité, de la liberté et du culte du moi. Le courant humaniste se voulait le contraire de la société de consommation, mais cette dernière ne tarda pas à le récupérer et à l'instrumentaliser pour optimiser le fonctionnement des entreprises en gérant au mieux le potentiel humain. À chacun de juger s'il s'agit d'un progrès véritable ou d'une régression sociale dont l'humanisme n'est que l'alibi.

3. LA TCC : LE MOMENT DE LA GLOBALISATION

Le troisième moment est le développement des TCC, à partir des années 1970. Le nouvel axe de la psychothérapie se situe entre les États-Unis et l'Europe du Nord qui développent cette forme nouvelle de psychothérapie au nom de la science et du service rendu aux personnes et à la communauté. Il est contemporain de la globalisation progressive du monde et des savoirs. La TCC part des modèles issus des théories de l'apprentissage et des neurosciences, autrement dit ce que, au-delà des variations culturelles, les hommes ont le plus en commun. Elle va progressivement intégrer dans son melting-pot des courants divers, y compris les thérapies venues d'Orient comme la méditation de pleine conscience. Elle va également utiliser comme vecteur Internet et la réalité virtuelle. Plus récemment, à travers la psychologie positive, la TCC s'est intéressée aux « valeurs », autrement dit aux croyances stables qui donnent un sens à la vie. Ainsi les TCC peuvent se fonder, aujourd'hui, sur deux types d'universaux :

- les universaux biologiques, qui sont la matrice biologique des apprentissages et des émotions ;
- et les universaux cognitifs que sont les valeurs qui guident nos vies et qui font partie de nos schémas cognitifs.

Le mouvement des TCC a posé la question : qu'est-ce qu'une thérapie efficace ? Ainsi la TCC s'obligeait elle-même à être efficace ou à périr. Désormais, toutes les écoles de psychothérapie sont obligées d'y répondre. Les bonnes questions ouvrent des chemins sans retour.

Les psychothérapies « Me too »

La prolifération des psychothérapies est très comparable à ce qui existe dans l'industrie pharmaceutique et que l'on appelle le phénomène des *Me too* (« Moi aussi ») : « Moi aussi, je peux le faire. » Pour une firme pharmaceutique, plutôt que d'inventer une nouvelle molécule aux effets inconnus, il est plus facile de demander à ses biochimistes de fabriquer une nouvelle molécule proche d'une molécule connue, dont les effets positifs sont déjà bien validés. Une fois cette molécule mise au point, si elle n'est pas dangereuse, elle sera mise sur le marché après des études comparatives qui montreront, sans surprise, une efficacité voisine de celles qui existent déjà. Ensuite, il faudra lui trouver un créneau de marketing oublié, ou négligé, par les autres firmes où elle prouvera son effet. Enfin, pour conquérir tous les autres créneaux, il suffira à la force de vente d'affirmer que la nouvelle molécule a plus d'effets que les autres et de surfer sur l'attrait de la nouveauté.

Il en va de même pour la psychothérapie : au cours de ce livre, nous avons rencontré deux psychothérapies « *Me too* » fameuses aux États-Unis. Tout d'abord la *thérapie interpersonnelle* – qui se distingue peu de la TCC de la dépression. L'autre est l'*EMDR*, qui est un simple « *repackaging* » de la TCC avec un zeste d'hypnose et qui revendique sa part du marché dans le traitement du stress post-traumatique[1]. Certes, il y a une

1. Avec raison d'ailleurs, car l'EMDR intègre les mêmes ingrédients que la TCC, comme l'a souligné le rapport Inserm (2004) et l'Association psychiatrique américaine (2004).

place pour chaque thérapie, mais cela ne fait pas avancer la recherche sur des thérapies vraiment nouvelles pour les patients les plus difficiles. Et à quoi bon fabriquer des *Me too*, à moins d'avoir l'ambition cachée de devenir riche et célèbre comme Sigmund Freud ?

Les composantes fondamentales des psychothérapies efficaces

La recherche sur ces processus communs aux thérapies à l'efficacité démontrée devrait aboutir au dépassement des querelles de clocher entre écoles de psychothérapie rivales.

Voyons maintenant les ingrédients que l'on retrouve dans toute thérapie dont l'efficacité a été prouvée. Une thérapie efficace se définit par douze caractéristiques qui représentent, sous des appellations diverses, des douze fondamentaux incontournables, quels que soient le trouble diagnostiqué et la méthode utilisée.

LES DOUZE FONDAMENTAUX DE LA PSYCHOTHÉRAPIE

1. Il existe un manuel de la psychothérapie auquel chacun peut se référer.

2. La psychothérapie suscite des espoirs de changement et des attentes positives d'efficacité, restaure le moral et fait appel à l'optimisme.

3. Une alliance thérapeutique positive se noue entre le patient et le thérapeute, et cette collaboration va faciliter l'acceptation des méthodes proposées et leur mise en œuvre.

4. La psychothérapie commence par une psychoéducation : en particulier, elle précise ses modalités et donne une information concernant le trouble en cause. Ainsi, elle offre au patient la possibilité d'agir sur son propre problème.

5. Le rôle des expériences précoces dans le façonnement des problèmes actuels est reconnu et étudié avec le patient par une analyse historique précise. La mise au jour et la modification des schémas cognitifs dysfonctionnels inconscients sont une partie significative de la thérapie.

6. Les systèmes de croyances dysfonctionnels et les interprétations erronées de la réalité sont modifiés progressivement.

7. La psychothérapie propose un affrontement progressif du malaise et favorise l'acceptation des émotions, qu'elles soient positives ou négatives.

8. La psychothérapie met en place des stratégies de résolution de problème qui permettent au patient de mieux gérer sa vie et de prendre des décisions.

9. Des plans d'action sont mis en place, en accord avec le patient : expériences comportementales ou tâches à accomplir.

10. Le but ultime de la thérapie est de changer la vie du patient en fonction de ses valeurs personnelles et d'accroître son bien-être.

11. Il est possible de déterminer si la psychothérapie a échoué ou réussi.

12. La psychothérapie présente des effets neurobiologiques mesurables par les techniques de neurosciences, en particulier grâce à la neuro-imagerie cérébrale.

Le choix d'une thérapie efficace

Comme l'ont démontré les travaux de psychologie sociale sur la prise de décision et le choix, il vaut mieux avoir le choix entre six sortes de confiture qu'entre vingt-quatre (Iyengar, 2000). Sans la tyrannie d'un trop large éventail de choix, la confiture sera mieux acceptée et le consommateur plus satisfait. Il en va de même pour la masse de deux cents à quatre cents formes de psychothérapie, j'ai donc extrait six formes de psychothérapie en prenant pour critères l'efficacité démontrée ou potentielle, reconnue par les agences officielles d'évaluation, en particulier le rapport Inserm de 2004, ou validée par l'ensemble des travaux plus récents qui ont été cités tout au long de cet ouvrage. Voici, dans le tableau suivant, un résumé de ce que sont ces six thérapies.

***Tableau 1.* Les six formes de psychothérapie efficaces.**

Thérapie	Description
Thérapie psychodynamique	Psychothérapie d'inspiration psychanalytique mais brève, en face à face et centrée sur la modification des conflits psychologiques par une expérience correctrice vécue lors du transfert de ces conflits sur le thérapeute.
Thérapie comportementale et cognitive	Psychothérapie brève fondée sur la modification positive des apprentissages comportementaux, émotionnels et des schémas cognitifs qui provoquent des symptômes et des dysfonctionnements relationnels et la promotion des valeurs personnelles et de la qualité de vie.

Thérapie	Description
Thérapie interpersonnelle	Thérapie individuelle brève centrée sur l'analyse et la modification des rôles sociaux et familiaux par des méthodes éclectiques de psychothérapie individuelle.
Thérapie familiale	Thérapie centrée sur le couple ou la famille considérés comme un système. Elle vise à en modifier les interactions dysfonctionnelles et les conflits familiaux et à aménager des relations plus positives entre les personnes.
Thérapie humaniste	Thérapie centrée sur la personne et son développement à travers soit un soutien, soit la confrontation à ses impasses existentielles et la mise au jour de son potentiel caché.
Thérapie ou méditation de pleine conscience (*mindfulness*)	Thérapie fondée sur le développement de la pleine conscience qui consiste à porter son attention sur le moment présent sans le juger et à observer ses émotions et ses sensations en les acceptant avec bienveillance, moment après moment.

Deux grades sont attribués aux six formes de psychothérapie dans les troubles psychologiques les plus fréquents : le grade A quand l'efficacité a été démontrée, le grade B quand on a constaté une présomption d'efficacité ou un traitement potentiellement efficace dans certaines conditions. Si la psychothérapie n'obtient ni un grade A ni un grade B, la case est vide car elle n'a pas donné de preuves de son efficacité. Les résultats sont représentés ci-dessous (tableau 2, p. 310-311). Ce tableau ne représente que les troubles psychologiques bien définis et qui nécessitent l'intervention d'un soignant formé à une pratique psychothérapique spécifique.

Psychothérapie et réalisation de soi

La psychothérapie ne prétend pas répondre à l'ensemble des problèmes existentiels. Les arts, les religions, les sciences, les philosophies ne sont pas des psychothérapies, mais peuvent faciliter la réalisation de soi. Même si la psychothérapie doit intégrer une dimension de développement personnel, en aidant le patient à agir selon ses valeurs personnelles, elle n'est pas le seul moyen qui permette d'y parvenir.

La psychothérapie n'est ni le chemin, ni la vérité, ni la vie. Comme le réveil après un mauvais rêve, elle est simplement l'aide qui permet à celui qui s'était perdu de retrouver son chemin.

***Tableau 2.* Thérapies efficaces et problèmes psychologiques.**

	Thérapie psychodynamique ou psychanalytique	**Thérapie comportementale et cognitive**
Phobies et attaques de panique	B (attaques de panique seulement)	A
Obsessions-compulsions		A
Anxiété généralisée	B	A
Stress post-traumatique	B	A
Dépression d'intensité moyenne	B	A
Troubles bipolaires avec médicaments		A
Schizophrénie chronique avec médicaments		A
Schizophrénie aiguë avec médicaments		B
Addictions		A
Boulimie		A
Anorexie mentale		B
Troubles de la personnalité	A	A
Problèmes sexuels		A
Problèmes de couple	A (thérapie analytique de couple)	A
Hyperactivité de l'enfant		A
Autisme infantile et autres TED		A
Troubles des conduites de l'enfant		A
Dépression de l'enfant et de l'adolescent		A
Troubles anxieux de l'enfant et de l'adolescent		A

TED : trouble envahissant du développement. *Mindfulness* : méditation en pleine conscience. *Trouble des*

Thérapie interpersonnelle	Thérapie humaniste de Carl Rogers	Thérapie familiale	Thérapie de pleine conscience (*mindfulness*)
	B		B
A			B
B		B	
		A	
		A	
		A (alcoolisme seulement)	B (alcoolisme seulement)
A		B	
B		B	
		A	
		A	
		A	
		A	
A			

conduites de l'enfant : comportement répétitivement violent, cruel, antisocial et prédélinquant de l'enfant.

ANNEXE

Les 230 principales formes de psychothérapie

1. Actualizing therapy
2. Acupression sur les méridiens d'acupuncture
3. Acupuncture
4. Aesthetic realism
5. Affirmation de soi
6. Alcooliques anonymes (AA) et groupes de soutien par des pairs dans les diverses addictions
7. Analyse du destin par le test de Szondi
8. Analyse psycho-organique de Paul Boyesen
9. Analyse psychoénergétique
10. Analyse psychoaffective
11. Analyse psychologique de Pierre Janet
12. Analyse transactionnelle
13. Approche structurée de gestion
14. Arica callisthénie
15. Art-thérapie
16. Biodynamique
17. Bioénergie néoreichiennne
18. Bioénergie reichienne

19. Biofeed-back : rétroaction biologique
20. Biogenèse
21. Biosynthèse
22. Coconseil/soutien mutuel
23. Cohérence cardiaque
24. Conditionnement couvert ou sensibilisation interne
25. Core energetics
26. *Counselling* (conseil)
27. Creative aggression
28. Cri primal
29. Danse selon Brolde-Miller
30. Danse selon Roth
31. Danse selon Sheleen
32. Dasein analyse
33. Débriefing immédiatement après un événement traumatique
34. *Defusing* : désamorçage de la réaction à un traumatisme
35. Deprogramming
36. Désensibilisation par les mouvements oculaires et retraitement de l'information (EMDR) : stress post-traumatique
37. Désensibilisation systématique de Joseph Wolpe
38. Dynamique mentale
39. Éducation du subconscient
40. Éducation holistique
41. Egopsychologie
42. Ego state therapy
43. Encounter tapes
44. Énergétique du centre vital
45. Erhard Seminar Training (EST) devenu « The Forum » en 1985
46. Eurythmie
47. Eutonie
48. Gestalt-thérapie
49. Gestion du stress
50. Gestion psychiatrique générale

51. Groupe de rencontre
52. Groupe sans moniteur
53. Groupes nus
54. Haptonomie
55. Hypnose classique
56. Hypnose ericksonienne
57. Illumination intensive
58. Impasse/*priority therapy*
59. Intégration par les mouvements oculaires (IMO) : pour le stress post-traumatique
60. Intégration posturale
61. Integrative therapy
62. Integrity groups
63. Interpersonal process recall
64. Isolation sensorielle
65. Jeu de rôle
66. Karaté sophrologique
67. Leonard *energy training*
68. Logothérapie de Victor Frankl
69. Mainstreaming
70. Marathon
71. Massage californien
72. Massage Gunther
73. Massage Trager
74. Médiation
75. Méditation tibétaine
76. Méditation transcendantale
77. Méthode ABA pour l'autisme infantile (*applied behavioral analysis*)
78. Méthode d'Alexander (conscience du mouvement)
79. Méthode Coué
80. Méthode Findhorn
81. Méthode Garburg
82. Méthode TEACCH pour l'autisme infantile (Treatment and education of autistic and related communication handicapped children)

83. Méthode Gordon
84. Méthode Mézières
85. Méthode Vittoz
86. *Mindfulness training :* thérapie de pleine conscience
87. Mon pote thérapie (*my therapy buddy*) pour le stress post-traumatique
88. Modification de comportement
89. Morpho-analyse
90. Multiple family therapy
91. Multiple impact training
92. Musicothérapie
93. Mutual need therapy
94. Natural high therapy
95. Neurolinguistique
96. Programmation neurolinguistique (PNL)
97. Nouvelle thérapie primitive
98. Orgonomie
99. *Plissit therapy* (sexothérapie)
100. Polarité
101. Primary relationship therapy
102. Programmation
103. Provocative therapy
104. Psychanalyse adlérienne
105. Psychanalyse culturaliste
106. Psychanalyse dynamique
107. Psychanalyse freudienne
108. Psychanalyse jungienne ou psychologie analytique jungienne
109. Psychanalyse kleinienne
110. Psychanalyse lacanienne
111. Psychanalyse non directive
112. Psychanalyse existentielle de Ludwig Binswanger
113. Psychiatrie radicale
114. Psychosomatothérapie

115. Psychosynthèse
116. Psychobiologie biodynamique
117. Psychocinétique
118. Psychodrame de Moreno
119. Psycho-imagination therapy
120. Psychologie contemplative
121. Psychologie du moi (*ego psychology*)
122. Psychologie éidétique
123. Psychologie existentielle
124. Psychologie existentielle catholique
125. Psychologie existentielle chrétienne
126. Psychologie humaniste
127. Psychologie neurophysiologique
128. Psychologie transpersonnelle
129. Psychothérapie analytique à médiation corporelle
130. Psychothérapie centrée sur le corps
131. Psychothérapie fonctionnelle
132. Psychothérapie holotropique
133. Psychothérapie Morita (Japon)
134. Psychothérapie Naïkan (Japon)
135. Psychothérapie personnelle
136. Psychothérapie unitive
137. Psychohérapie psychodynamique imaginative des traumas (PITT)
138. Psychothérapies d'inspiration psychanalytique (PIP)
139. Psychothérapies d'orientation analytique (POP)
140. Qi gong (Chine)
141. Radix
142. Reality therapy
143. Rebirth
144. Re-evaluation counseling
145. Relation essentielle
146. Relaxation appliquée de Jansson Öst

147. Relaxation selon Ajuriaguerra
148. Relaxation selon Jacobson
149. Relaxation selon Jarreau et Klotz
150. Relaxation selon Martenot
151. Relaxation selon Schultz (training autogène)
152. Relaxation Stokvis
153. Research movement
154. Résolution de problème
155. Rêve éveillé dirigé selon Desoille
156. Rêve éveillé dirigé selon Leuner
157. *Rolfing :* intégration structurale par le massage
158. Roy Harl Theater
159. SAGE
160. Scénothérapie : utilise l'intérêt pour des textes littéraires
161. Self-image therapy
162. Sémantique générale
163. Séminaires Tavistock
164. Sensory awareness
165. Sexothérapie
166. Social influence therapy
167. Somato analyse
168. Somatothérapie
169. Somatothérapie analytique
170. Sophrologie
171. Structured learning
172. Synanon
173. Système psychothérapique d'analyse cognitivo- comportementale (CBASP)
174. *Systems training for emotional predictability and problem solving* (STEPPS)
175. T-group Taï do
176. Tai-chi-chuan
177. Thalassothérapie
178. Thérapie centrée sur le client de Carl Rogers
179. Thérapie cognitive d'Aaron T. Beck

180. Thérapie cognitive analytique
181. Thérapie cognitive et comportementale
182. Thérapie comportementale
183. Thérapie comportementale et cognitive par exposition (stress post-traumatique, phobies)
184. Thérapie comportementale par exposition et prévention de la réponse (obsessions-compulsions)
185. Thérapie comportementale dialectique (TCD) pour le trouble de personnalité borderline
186. Thérapie constructiviste
187. Thérapie de mentalisation
188. Thérapie d'acceptation et d'engagement (ACT) : *Acceptance and commitment therapy*
189. Thérapies de couple comportementale et cognitive
190. Thérapies de couple systémique
191. Thérapie de couple psychanalytique ou psychodynamique
192. Thérapie d'échange et développement pour l'autisme infantile (TED)
193. Thérapie de décision
194. Thérapie de soutien : aide à l'expression des problèmes psychologiques, soutien moral et renforcement de l'optimisme
195. Thérapie des schémas
196. Thérapie du bien-être
197. Thérapie du champ de pensée (pour le stress post-traumatique)
198. Thérapie du traitement cognitif (pour le stress post-traumatique)
199. Thérapie des premières relations
200. Thérapie humaniste
201. Thérapie immédiate
202. Thérapie interpersonnelle
203. Thérapie motivationnelle
204. Thérapie multimodale
205. Thérapie narrative
206. Thérapie par la réalité virtuelle (TRV)
207. Thérapie par le cri ou « cri primal »
208. Thérapie rationnelle émotive d'Albert Ellis

209. Thérapie sexuelle
210. Thérapies d'intention paradoxale
211. Thérapies des rôles fixés
212. Thérapies éclectiques (d'inspiration multiple)
213. Thérapies familiales systémiques
214. Thérapies familiales psychanalytiques
215. Thérapies par la réalité virtuelle (TRV)
216. Thérapies stratégiques
217. Trancendance therapy
218. Transterpsychore-thérapie
219. Transe thérapie
220. Transe thérapie de Monnerot
221. Triad counseling
222. Twenty-four-hour therapy
223. Two-process attachment
224. Végéto-thérapie
225. Verbal behavior therapy
226. Vidéo-Gestalt
227. Vidéo-thérapie
228. Visualisation
229. We psychology
230. Yoga

Cette liste n'est pas limitative.
Sources : Marc E., *Les Nouvelles Thérapies*, Paris, Retz, 1981 ; Ferrero F., Besson J., Despland J.-N., « Nouvelles thérapies. Origines et développements récents », *Encyclopédie médico-chirurgicale*, 1995 ; Cottraux J., *Les Visiteurs du soi*, Paris, Odile Jacob, 2004.

NOTA BENE : LE CHOIX D'UNE THÉRAPIE POUR UN PROBLÈME TRAUMATIQUE

On remarquera le nombre de vraies thérapies et de pseudo-thérapies qui travaillent sur le souvenir traumatique. Du fait que la mémoire n'est pas une simple reproduction de ce qui s'est passé, il est parfois difficile d'arriver à une corroboration parfaite entre un fait et un souvenir. Dans ce cas, on travaille sur ce que vit le patient sans porter de jugement sur l'authenticité des faits. Cependant, il existe des thérapeutes et des thérapies qui implantent de « faux souvenirs », vis-à-vis desquels il convient d'être particulièrement vigilants (Loftus, 1997). Pour le traitement du stress post-traumatique, une seule thérapie présente un grade A (efficacité prouvée) : la TCC par exposition, dont l'EMDR fait partie, et une seule thérapie présente un grade B (présomption d'efficacité) : la thérapie psychanalytique (ou psychodynamique). Le débriefing dans les soixante-douze heures qui suivent un traumatisme est une méthode dangereuse actuellement déconseillée (Wessely *et al.*, 1998 ; Rose, 2002).

Références bibliographiques

Ablon J. S. et Jones E. J., « Validity of controlled trials of psychotherapy : Findings from the NIMH treatment of depression collaborative research program », *Archives of General Psychiatry*, 2002, 159, p. 775-783.

Ackermann N. W., *The Psychodynamics of Family Life*, New York, Basic Books, 1958.

Adler A., *The Science of Living*, New York, Harper and Row, 1959.

Agence nationale d'accréditation et d'évaluation en santé (ANAES), *Diagnostic et prise en charge en ambulatoire du trouble anxieux généralisé. Recommandations pour la pratique clinique*, Paris, 2002. http://www.has-sante.fr/

Agency for Health Care Research and Quality (AHRQ), « Meditation pratice for health : State of the research », *Evidence Report/Technology Assessment*, 2007, n° 155. www.ahrq.gov

Agras W. S., Walsh T., Fairburn C. G. *et al.*, « A multicenter comparison of cognitive-behavioral therapy and interpersonal psychotherapy for bulimia nervosa », *Archives of General Psychiatry*, 2000, 57, 5, p. 459-466.

Alford B. A., Beck A. T., *The Integrative Power of Cognitive Therapy*, New York, The Guilford Press, 1997.

American Psychiatric Association, *DSM-IV. Manuel diagnostique et statistique des troubles mentaux*, trad. fr. de J.-D. Guelfi, Paris, Masson, 1996.

American Psychiatric Association, *Practice Guideline for the Treatment of Patients with Substance Use Disorders*, Washington DC, APA, 2006, 2e édition.

American Psychiatric Association, *Practice Guidelines for the Treatment of Patients with Acute Stress Disorder and Posttraumatic Stress Disorder*, APA, Washington DC, 2004.

Anderson M. C., Ochsner K., Kuhl B. *et al.*, « Neural system underlying suppression of unwanted memories », *Science*, 2004, 303, p. 234-235.

Andrews G., Harvey R., « Does psychotherapy benefit neurotic patients ? A reanalysis of the Smith, Glass and Miller data », *Archives of General Psychiatry*, 1981, 38, p. 1203-1208.

Baer R. A., « Mindfulness training as a clinical intervention : A conceptual and empirical review », *Clinical Psychology : Science and Practice*, 2003, 10, p. 125-143.

Balint M., Ornstein P. H. et Balint E., *Focal Therapy. An example of applied psychoanalysis*, Londres, Tavistock Publications, Lippincott, 1972.

Bandura A., *Auto-efficacité. Le Sentiment d'efficacité personnelle*, Louvain-la-Neuve, De Boeck Université, 2007.

Bandura A., *Social Learning Theory*, New Jersey, Prentice Hall, Englewood Cliffs, 1977.

Barlow D. H., Allen L. B. et Choate M. L., « Toward a unified treatment for emotional disorders », *Behavior Therapy*, 2004, 35, p. 205-230.

Barlow D. H., Abel G., Blanchard E. B., « Gender identity change in transsexual : an exorcism », *Archives of Sexual Behavior*, 1977, 6, 5, p. 387-395.

Bateman A. et Fonagy P., « The effectiveness of partial hospitalization in the treatment of borderline personality discorder : A randomized controlled trial », *American Journal of Psychiatry*, 1999, 156, p. 1563-1569.

Bateman A. et Fonagy P., « Treatment of borderline personality with psychoanalytically oriented partial hospitalization : An 18-month follow-up », *American Journal of Psychiatry*, 2001, 158, p. 36-42. 10, 1563-1569.

Bateman A. et Fonagy P., « Health service utilization costs for borderline personality discorder patients treated with psychoanalytically oriented partial hospitalization versus general psychiatric care », *American Journal of Psychiatry*, 2003, 160, 1, p. 169-171.

Bateman A. et Fonagy P., « 8-year follow-up of patients treated for borderline personality disorder : mentalization-based treatment versus treatment as usual », *American Journal of Psychiatry*, 2008, 165, p. 631-638.

Bateman A. et Fonagy P., « Randomized controlled trial of outpatient mentalization-based treatment versus structured clinical management for borderline personality disorder », *American Journal of Psychiatry*, 2009, 166, p. 1355-1364.

Bateson G., « Minimal requirements for a theory of schizophrenia », *Arch. Gen. Psychiat.*, 1960, 2, p. 477-491.

Bateson G., *Steps to an Ecology of Mind*, Saint Albans, Frogmore, Paladin Books, 1973 ; trad. fr., *Vers une écologie de l'esprit*, Paris, Seuil, 1977.

Baxter L., Schwartz J., Bergman K. *et al.*, « Caudate glucose metabolic rate changes with both drug and behavior therapy for obsessive-compulsive disorder », *Archives of General Psychiatry*, 1992, 49, p. 681-689.

Beck A. T., *Love Is Never Enough*, Londres, Penguin Books, 1988.

Beck A. T., « The current state of cognitive therapy : A 40-year retrospective », *Archives of General Psychiatry*, 2005, 62, p. 953-959.

Beck A. T., Rush J., Shaw B. F. et Emery G., *Cognitive Therapy of Depression*, New York, The Guilford Press, 1979.

Bensmaïl B., « Le sens de la maladie dans la culture maghrébine arabo-islamique », *in* Y. Merdji (éd.), *Un pionnier de la psychiatrie algérienne*, Constantine, Belkacem Bensmaïl, Khyam, 2007.

Benson H., *The Relaxation Response*, New York, Avon Books, 1976.

Berne E., *Analyse transactionnelle et psychothérapie*, Paris, Payot, 1971.

Berne E., *Des jeux et des hommes*, Paris, Stock, 1975.

Beutel M. E., Stark R., Pan H., Silbersweig D. *et al.*, « Changes of brain activation pre- post short-term psychodynamic inpatient psychotherapy : An fMRI study of panic disorder patients », *Psychiatry Res.*, 2010, 184 (2), p. 96-104.

Blass R. B., Carmeli Z., « The case against neuropsychoanalysis. On fallacies underlying psychoanalysis' latest scientific trend and its negative impact on psychoanalytic discourse », *Int. J. Psychoanal.*, février 2007, 88 (Pt 1), p. 19-40.

Blum N., St. John D., Pfohl B. *et al.*, « Systems Training for Emotional Predictability and Problem Solving (STEPPS) for outpatients with borderline personality disorder : A randomized controlled trial and 1-year follow-up », *American Journal of Psychiatry*, 2008, 165, p. 468-478.

Borch-Jacobsen M., Cottraux J., Pleux D., Van Rillaer J., *Le Livre noir de la psychanalyse*, ouvrage collectif sous la direction de Catherine Meyer, Paris, Les Arènes, 2005, p. 817-819.

Bornstein P. H., Bornstein M. T., *Marital Therapy. A Behavioral-Communication Approach*, New York, Pergamon Press, 1986.

Bouchara C., Mazet P. et Cohen D., « Jean-Martin Charcot (1825-1893) : Did he anticipate Freud's first topology ? », *American Journal of Psychiatry*, 2010, 167, 4, p. 387.

Bouvard M. et Cottraux J., *Protocoles et échelles d'évaluation en psychiatrie et psychologie*, 5e édition, Paris, Masson, 2010.

Bowen S. W., Chawla N., Marlatt G. A., *Mindfulness-Based Relapse Prevention for Addictive Behaviors : A Clinician's Guide*, New York, Guilford, 2010.

Bowlby J., *A Secure Base. Clinical application of attachment theory*, Londres, Routledge, 1988.

Bradley R., Greene J., Russ E. *et al.*, « A multidimensional meta-analysis of psychotherapy for PTSD », *American Journal of Psychiatry*, 2005, 162, p. 214-227.

Brody A. L., Saxena S., Stoessel P. *et al.*, « Regional brain metabolic changes in patients with major depression treated with either paroxetine or interpersonal therapy. », *Archives of General Psychiatry*, 2001, 58, p. 631-640.

Brom D., Kleber R. J. et Defares P. B., « Brief psychotherapy for post-traumatic stress disorders », *J. Consult. Clin. Psychol.*, 1989, 57, p. 607-612.

Brown G. K., Tenhave T., Henriques G. R. *et al.*, « Cognitive therapy for the prevention of suicide attempts. A randomized controlled trial », *JAMA*, 2005, 294, p. 563-570.

Brown G. W., Harris T. O., *Social Origins of Depression*, Londres, Tavistock Press, 1978.

Brown G. W., Harris T. O., Hepworth C., « Life events and endogenous depression. A puzzle reexamined », *Archives of General Psychiatry*, 1994, 51, p. 525-534.

Bry A., *Sixty Hours that Transform your Life. Ehrard Seminar Training*, New York, Avons Books, 1976.

Butler A. C., Chapman J. E., Forman E. M., Beck A. T., « The empirical status of Cognitive-Behavior Therapy. A review of metaanalyses », *Clinical Psychology Review*, 2006, 26, p. 17-31.

Carrel A., *L'Homme, cet inconnu*, Paris, Plon, 1935 (édition non expurgée), p. 363.

Carroll K. M., Ball S. A., Martino S. *et al.*, « Computer-assisted delivery of cognitive-behaviorial therapy for addiction : A randomized trial of CBT4CBT », *Am. J. Psychiatr.*, 2008, 165, p. 881-888.

Chambless D. L., Hollon S. D., « Defining empirically supported therapies », *J. Consult. Clin. Psychol.*, 1998, 66 (1), p. 7-18.

Charcot J.-M., *L'Hystérie*, textes choisis et présentés par E. Trillat., Toulouse, Privat, 1971.

Chevalier P., Cottraux J., Mollard E. *et al.*, « Prevention of implantable-defibrillator shocks by cognitive behavioral therapy. A pilot trial », *American Heart Journal*, 2006, 151, 191, e.1.191e6.

Christensen H., Griffiths K. M., Jorm A. F., « Delivering interventions for depression by using Internet : A randomised controlled trial », *British Medical Journal*, 2004, 328, p. 265-270.

Clark D. A., Hollifield M., Leahy R., « Theory of cognitive therapy », *in* G. O. Gabbard, *Psychotherapeutic Treatments*, Washington, American Psychiatric Publishing, 2009, p. 165-200.

Clarkin J. F., Levy K. N., Lenzenweger M. F., « Evaluating three treatments for borderline personality disorder : A multiwave study », *American Journal of Psychiatry*, 2007, 164, p. 922-928.

Cochrane Organisation, http://www.cochrane.org/

Cohidon C., Imbernon E., Gorldberg M., « Prevalence of common mental disorders and their work consequences in France, according to occupational category », *Am. J. Industrial Med.*, 2009, 52 (2), p. 141-152.

Compagnon A. et Schneider M., « Économie et marché de la psychanalyse en France », *Critique*, 1975, 31, 333, p. 101-129.

Connor K. M., Davidson J. R. T. et Lee L. C., « Spirituality, resilience and anger in survivors of violent trauma », *Journal of Post-Traumatic Stress*, 2003, p. 487-494.

Cottraux J., *La Répétition des scénarios de vie. Demain est une autre histoire*, Paris, Odile Jacob, 2001.

Cottraux J., *Les Visiteurs du soi. À quoi servent les psys ?*, Paris, Odile Jacob, 2004.

Cottraux J., « Le virtuel contre les phobies », *La Recherche*, 2005a, 384, p. 40-44.

Cottraux J., Berthoz A., Jouvent R. *et al.*, « A comparative controlled study of Virtual Reality Therapy and Cognitive Behaviour Therapy in panic disorder with agoraphobia : Design and methodological issues », *in* S. Richir et B. Taravel (éd.), *Proceedings VRIC- Laval Virtual 7th Virtual Reality International Conference*, 2005b, p. 125-130.

Cottraux J. (dir.), *Thérapie cognitive et émotions. La troisième vague*, Paris, Masson, 2007.

Cottraux J., « The debate on antidepressants' effectiveness and missing studies in meta-analysis », *Acta Psychiatrica Scandinavica*, 2008, 118, 98.

Cottraux J., *La Force avec soi. Pour une psychologie positive*, Paris, Odile Jacob, 2007.

Cottraux J. (dir.), *TCC et neurosciences*, Paris, Masson, 2009.

Cottraux J., *À chacun sa créativité. Einstein, Picasso, Mozart... et nous*, Paris, Odile Jacob, 2010.

Cottraux J., *Les Psychothérapies comportementales et cognitives*, Paris, Masson, 2011, 5e édition.

Cottraux J. et Blackburn I. M., *Psychothérapies cognitives des troubles de la personnalité*, Paris, Masson, 2006.

Cottraux J., Note I. D., Cungi C. *et al.*, « A controlled study of cognitive-behavior therapy with buspirone or placebo in panic disorder with agoraphobia. A one year follow-up », *Br. J. Psychiatry*, 1995, 167, p. 635-641.

Cottraux J., Note I., Yao S. N. *et al.*, « A randomised controlled comparison of Cognitive Behaviour Therapy with Rogerian Supportive Therapy in chronic PTSD : A two-year follow-up », *Psychotherapy and Psychosomatics*, 2008, 77, p. 101-110.

Cottraux J., Note I. D., Boutitie F. *et al.*, « Cognitive therapy versus rogerian supportive therapy in borderline personality disorder : A two-year follow-up of a controlled pilot study », *Psychotherapy and Psychosomatics*, 2009, 78, p. 307-316.

Cottraux J. et Cungi C., *TCC : formation e-learning*, Paris, Retz, 2011.

Crespelle I., « L'analyse transactionnelle », *in* M. Elkaïm, *À quel psy se vouer ?*, Paris, Seuil, 2003, p. 139-168.

Cuijpers P., Van Straten A., Warmerdam L., « Behavioral activation treatments of depression : A meta-analysis », *Clin. Psychol. Rev.*, 2007, 27 (3), p. 318-326.

Cungi C., *L'Alliance thérapeutique*, Paris, Retz, 2006.

Cungi C. et Deglon C., *Cohérence cardiaque. Nouvelles techniques pour faire face au stress*, Paris, Retz, 2010.

Darnton R., *La Fin des Lumières : le mesmérisme et la Révolution*, Paris, Odile Jacob, 1995.

Darwin C. [1872], *The Expression of the Emotions in Man and Animals*, préface et postface de Paul Ekman, Oxford, Oxford University Press, 1998.

Dattilio F. M., Padesky C. A., *Cognitive Therapy With Couples*, Sarasota, Professional Resource Exchange Inc., 1990.

Davidson K., Norrie J., Tyrer P. *et al.*, « The effectiveness of cognitive behavior therapy for borderline personality disorder : Results from the borderline personality disorder study of cognitive therapy (BOSCOT) trial », *Journal of Personality Disorders*, 2006, 20, p. 450-465.

Davidson P. R. et Parker K. C. H., « Eye movement desensitization and reprocessing (EMDR) : A meta-analysis », *Journal of Consulting and Clinical Psychology*, 2001, 69, 2, p. 305-316.

Decety J. et Chaminade T., « Neural correlates of feeling sympathy », *Neuropsychologia*, 2003, 41, p. 127-138.

Department of Health, *Treatment Choice in Psychological Therapies and Counselling. Evidence based practice guideline*, Londres, février 2001, www.doh.gov.uk/mentalhealth/treatmentguideline/.

Dervic K., Oquendo M. A., Grunebaum E. S. *et al.*, « Religious affiliation and suicide attempts », *American Journal of Psychiatry*, 2004, 161, p. 2303-2308.

Deval J., *Ce soir à Samarcande*, pièce créée au théâtre de la Renaissance (1950).

Dickinson H. O., Beyer F. R., Ford G. A. *et al.*, « Relaxation therapies for the management of primary hypertension in adults », *Cochrane Database of Systematic Reviews*, 2008, 1, CD004935. DOI : 10.1002/14651858.CD004935.pub2.

Difede J., Hoffman H. et Jaysinghe N., « Innovative use of virtual reality technology in the treatment of PTSD in the aftermath of September 11 », *Psychiatric Services*, 2002, 53 (9), p. 1083-1085.

Driessen E., Cuipers P., De Maat S. C. M. *et al.*, « The efficacy of short-term dynamic psychotherapy for depression : A meta-analysis », *Clinical Psychology Review*, 2010, 30, p. 25-36.

Dunn R. L. et Schwebel A. I., « Meta-analytic review of marital therapy outcome research », *Journal of Family Psychology*, 1995, 9, p. 58-68.

Durham R. C., Chambers J. A., Power K. G. *et al.*, « Long term outcomes of cognitive behaviour therapy in clinical trials in central Scotland », *Health Technology Assessment*, 2005, 9, 42.

Einstein A. et Freud S. [1933], *Pourquoi la guerre ?*, Paris, Rivages, 2005.

Elkaïm M., *À quel psy se vouer ?*, Paris, Seuil, 2003.

Elkin I., Shea T., Watkins J. *et al.*, « National Institute of Mental Health Treatment of Depression Collaborative Research Program. General effectiveness of treatments », *Archives of General Psychiatry*, 1989, 46, p. 971-983.

Ellenberger H. F. [1970], *Histoire de la découverte de l'inconscient*, Paris, Fayard, 1994.

Ellenberger H. F., *Médecine de l'âme*, Paris, Fayard, 1995.

Emmelkamp P. M., Benner A., Kuipers A. *et al.*, « Comparison of brief dynamic and cognitive-behavioural therapies in avoidant personality disorder », *British Journal of Psychiatry*, 2006, 189, p. 60-64.

Engel G. F., « The need for a new medical model : A challenge for biomedicine », *Science*, 1977, 196, p. 129-136.

Epp A. M., Dobson K. S., Cottraux J., « Applications of Cognitive-Behavioral Therapy to specific disorders. Efficacy and indications », *in* G. O. Gabbard, *Psychotherapeutic Treatments*, Washington, American Psychiatric Publishing, 2009, p. 239-262.

Etkin A., Wager T. D., « Functional neuroimaging of anxiety : A meta-analysis of emotional processing in PTSD, Social anxiety disorders and specific phobia », *Am. J. Psychiatry*, 2007, 164, p. 1476-1488.

Eysenck H. J. et Wilson G. D., *The Experimental Study of Freudian Theory*, Londres, Methuen, 1973.

Fairburn C. G., Jones R., Peveler R. C. *et al.*, « Psychotherapy and bulimia nervosa : longer-term effects of interpersonnel psychotherapy, behavior therapy, and cognitive behavior therapy », *Archives of General Psychiatry*, 1993, 50, p. 419-428.

Falloon I. R., Boyd J. L., Mcgill C. W. *et al.*, « Family management in the prevention of exacerbations of schizophrenia : A controlled study », *N. Engl. J. Med.*, 1982, 306, p. 1437-1440.

Falloon I. R., Boyd J. L., McGill C. W., *Family Care of Schizophrenia*, New York, The Guilford Press, 1984.

Fisher S. et Greenberg R. P., *Freud Scientifically Reappraised. Testing the theory and therapy*, New York, Wiley, 1996.

Fonagy P. et coll., « An open door review of outcome studies in psychoanalysis », 2002, document disponible : ipa@ipa.org.uk/ puis taper « Research ».

Frank E., Kupfer D. J., Perel J. M. *et al.*, « Three-year outcomes for maintenance therapies in recurrent depression », *Archives of General Psychiatry*, 1990, 47, p. 1093-1099.

Frank E., Kupfer D. J., Wagner E. F. *et al.*, « Efficacy of interpersonal psychotherapy as a maintenance treatment of recurrent depression : Contributing factors », *Archives of General Psychiatry*, 1991, 48, p. 1053-1059.

Frank E., Kupfer D. J., Thase M. E. *et al.*, « Two-year outcomes for interpersonal and social rhythm therapy in individuals with bipolar I disorder », *Archives of General Psychiatry*, 2005, 62, 9, p. 996-1004.

Frank E., *Treating Bipolar Disorder : A Clinician's Guide to Interpersonal and Social Rhythm Therapy*, Guilford Press, New York, 2005.

Frank E., Kupfer D. J., Buysse D. J. *et al.*, « Randomized trial of weekly, twice-monthly, and monthly interpersonal psychotherapy as maintenance treatment for women with recurrent depression, *Am. J. Psychiatry*, 2007, 164, p. 761-767.

Freeman A. et Nolan M., « Revisiting Prochaska and DiClemente's stages of change theory : An expansion and specification to aid in treatment planning and outcome evaluation », *Cognitive and Behavioral Practice*, 2001, 8, p. 224-234.

Freud S. [1909], *Cinq psychanalyses*, Paris, PUF, 1966.

Freud S. [1913], « On beginning the treatment : Further recommendations on the technique of psychoanalysis », *in The Standard Edition of the Complete Psychological Works of Sigmund Freud*, Londres, Hogarth Press, 1964.

Freud S. [1915], « Deuil et mélancolie », *in Métapsychologie*, Paris, Gallimard, 1968.

Freud S. [1916], *Introduction à la psychanalyse*, Paris, Payot, 2004.

Freud S. [1919], « Lines of advance in psychoanalytical psychotherapy », *in The Standard Edition of the Complete Psychological Works of Sigmund Freud*, Londres, The Hogarth Press, 1964.

Freud S. [1925], *Ma vie et la psychanalyse*, Paris, Gallimard, 1975.

Freud S. [1927], « The future of an illusion », *in The Standard Edition of the Complete Psychological Works of Sigmund Freud*, Londres, The Hogarth Press, 1964.

Freud S. [1929-1930], « Civilization and its discontents », *in The Standard Edition of the Complete Psychological Works of Sigmund Freud*, Londres, The Hogarth Press, 1964.

Freud S. [1938], « Analysis terminable and interminable », *in The Standard Edition of the Complete Psychological Works of Sigmund Freud*, Londres, The Hogarth Press, 1964.

Freud S. et Breuer J. [1895], *Études sur l'hystérie*, Paris, PUF, 1956.

Furmark T., Tillfors M., Marteinsdottir I. *et al.*, « Common changes in cerebral blood flow in patients with social phobia treated with Citalopram or cognitive-behavioral therapy », *Archives of General Psychiatry*, 2002, 59, 5, p. 425-433.

Gardiner M., *The Wolf-Man and Sigmund Freud*, Londres, The Hogarth Press, 1972.

Gasquet I., Nègre-Pagès L., Fourrier A. *et al.*, « Psychotropic drug use and mental psychiatric disorders in France. Results of the general population ESEMeD/MHEDEA 2000 epidemiological study », *L'Encéphale*, mars-avril 2005, 31 (2), p. 195-206.

Gauthier U., « Sexe, mensonge et libido. La double vie de Sigmund », *Le Nouvel Observateur*, n° 2201, 11 janvier 2007.

Gerber A. J., Kocsis J. H., Milrod B. L., « A quality-based review of randomized controlled trials of psychodynamic psychotherapy », *Am. J. Psychiatry*, 2011, 168 (1), p. 19-28.

Gibbons M. B., Crits-Christoph P., Hearon B., « The empirical status of psychodynamic therapies », *Annu. Rev. Clin. Psychol.*, 2008, 4, p. 93-108.

Giesen-Bloo J., Van Dyck R., Spinhoven P. *et al.*, « An outpatient psychotherapy for borderline personality disorder randomized trial of schema-focused therapy *vs.* transference-focused psychotherapy », *Archives of General Psychiatry*, 2006, 63, p. 649-658.

Gilbert P., *Compassion. Conceptualisation, research and use in psychotherapy*, New York, Routledge, 2005.

Gilbert P., *Compassion Focused Therapy*, Londres, Routledge, 2010.

Ginger S. et A., *Guide pratique du thérapeute humaniste*, Paris, Dunod, 2008.

Godfrin K. A. et Van Heeringen C., « The effects of mindfulness-based cognitive therapy on recurrence of depressive episodes, mental health and quality of life : A randomized controlled study », *Behaviour Research and Therapy*, 2010, 48, p. 738-746.

Gould R. A., Otto M. W., Pollack M. H., Yap L., « Cognitive behavioral and pharmacological treatment of generalized anxiety disorder : A preliminary meta-analysis », *Behav. Ther.*, 1997, 28, p. 285-305.

Grassi L. et Magnani K., « Psychiatric morbidity and burnout : An Italian study in général practictioners and hospital physicians », *Psychotherapy and Psychosomatics*, 2000, 69, p. 329-334.

Gréard N., Bessières P., Brochard P. *et al.*, « Le harcèlement moral au travail », *Annales médico-psychologiques*, 2004, 162, p. 565-568.

Greenberg L., Eliott R. et Lietaer G., « Research on experiential psychotherapies », *in* A. Bergin et S. L. Garfield, *Handbook of Psychotherapy and Behavior Change*, New York, Wiley, 1994, p. 509-539.

Greenson R. R., « The non-transference relationship in the psychoanalytic situation », *International Journal of Psychoanalysis*, 1969, 50, p. 27-40.

Haley J., *Uncommon Therapy*, New York, Norton, 1973.

Hariri A. et Holmes A., « Genetics of emotional regulation : The role of the serotonin transporter in neural function », *Trends in Cognitive Sciences*, 2006, 10, 14, p. 182-191.

Hariri A. R., Drabant E. M., Munoz K. E. *et al.*, « A suceptibility gene for affective disorder and the response of human amygdala », *Archives of General Psychiatry*, 2005, 62, p. 146-152.

Hauswirth M., « De l'analyse bionénergétique aux thérapies psychocorporelles analytiques », *in* N. Duruz et M. Gennart, *Traité de psychologie comparée*, Genève, Médecine et Hygiène, 2002.

Hayes S., Stroshal K. D., Wilson K. G., *Acceptance and commitment therapy*, New York, The Guilford Press, 1999.

Hofman H. et Patterson D., « Virtual reality pain distraction », *American Pain Society Bulletin*, 2005, 15, 2. http://www.ampainsoc.org/pub/bulletin/spr05/inno1.htm

Hofman S. G., Sawyer A. T., Witt A. A., « The effect of Mindfulness-based Therapy on anxiety and depression : A meta-analytic review », *J. Consult. Clin. Psychol.*, 2010, 78 (2), p. 169-183.

Holden C., « French psychoflap », *Science*, 2005, 307, p. 1197.

Horvath A. O. et Symonds B. D., « Relation between working alliance and outcome in psychotherapy : A meta-analysis », *Journal of Consulting Psychology*, 1991, 38, 2, p. 136-149.

Hovaguimian T., *La Psychothérapie interpersonnelle de la dépression*, Genève, Médecine et Hygiène, 2003

Inserm (expertise collective : O. Canceil, J. Cottraux, B. Falissard, M. Flament, J. Miermont, J. Swendsen, M. Teherani, J. M. Thurin), *Psychothérapie : trois approches évaluées*, Inserm, 2004. Synthèse en ligne : www.inserm.fr/content/download/1420/13020/file/psychotherapie_synthese

Iyengar S. S. et Lepper M. R., « When choice is demotivating : Can one desire too much of a good thing ? », *Journal of Personality and Social Psychology*, 2000, 79, 6, p. 995-1006.

Jacobs A., « Théorie, idéologie et reparentage », *Actualités en analyse transactionnelle*, 77, 1996, p. 20-39.

Jacobson E., *Savoir relaxer pour combattre le stress*, Montréal, Éditions de l'homme, 1980.

Jacobson N. S., Margolin G., *Marital Therapy : Strategies based on social learning and behavior exchange principles*, New York, Brunner & Mazel, 1979.

Janet P., *L'Automatisme psychologique*, Paris, Alcan, 1889 ; réédition Paris, Odile Jacob, 1998.

Janet P., *Les Médications psychologiques*, Paris, Flammarion, 1919 ; réédition Paris, CNRS, 1980.

Jorm A. F., Morgan A. J., Hetrick S. E., « Relaxation for depression », *Cochrane Database of Systematic Reviews,* 2008, 4, CD007142. DOI : 10.1002/14651858.CD007142.pub2.

Joulé R.-V. et Beauvois J.-L., *Petit traité de manipulation à l'usage des honnêtes gens*, Grenoble, Presses universitaires de Grenoble, 1987.

Jung C. G. [1933], *Dialectique du moi et de l'inconscient*, Paris, Gallimard, 1964.

Kabat-Zinn J., Williams M., Teasdale J., Segal Z., *Méditer pour ne plus déprimer. La pleine conscience, une méthode pour mieux vivre* (avec un CD de méditation enregistré par Christophe André), Paris, Odile Jacob, 2009.

Kabat-Zinn J., *Méditer : 108 leçons de pleine conscience* (avec un CD de méditation enregistré par Bernard Giraudeau), Paris, Les Arènes, 2010.

Kabat-Zinn J., *L'Éveil de sens*, Paris, Les Arènes, 2009.

Kabat-Zinn J., *Où tu vas tu es : apprendre à méditer, pour se libérer du stress et des tensions profondes*, Paris, J'ai Lu, 2005.

Kacha F. et Hammoudi A., « Le sens du symptôme dans les thérapies traditionnelles », *in* B. Bensmaïl (éd.), *La Psychiatrie aujourd'hui*, Alger, OPU, 1993, p. 353-358.

Kandel E., *In Search of Memory : The emergence of a new science of mind*, New York, W.W. Norton & Company Inc., 2006 ; trad. fr. *À la recherche de la mémoire, une nouvelle théorie de l'esprit*, Paris, Odile Jacob, 2007.

Karpman S. (1968), « Fairy tales and script drama analysis », *Transactional Analysis Bulletin*, 7 (26), p. 39-43.

Kaufman W., « An anatomy of the primal révolution », *Journal of Humanistic Psychology*, 1974, 14, p. 49-62.

Kessler R. C., Chiu W. T., Demler O. *et al.*, « Prevalence, severity, and comorbidity of 12-month DSM-IV disorders in the National Comorbidity Survey Replication », *Arch. Gen. Psychiatry*, juin 2005, 62 (6), p. 617-627.

Kirsch I., Deacon B. J., Huedo-Medina T. B. *et al.*, « Initial severity and antidepressant benefits : A meta-analysis of data submitted to the Food and Drug Administration », *PLoS Med* 5 (2), e45. doi : 10.1371/journal.pmed.0050045 ; http://www.plosmedicine.org/article/info:doi/10.1371/journal.pmed.0050045.

Klein M., *Envie et gratitude et autres essais*, Paris, Gallimard, 1978.

Klerman G. L., Weisman M. M., Rounsaville B. J. *et al.*, *Interpersonal Psychotherapy of Depression*, New York, Basic Books, 1984.

Knight R. P., « Evaluation of the results of the psychoanalytic therapy », *American Journal of Psychiatry*, 1941, 96, p. 434-446.

Kochman F., Meynard J. A., Jacquesy L. *et al.*, *La Psychothérapie interpersonnelle pour adolescents TIP-A : un traitement efficace et rapide de la dépression de l'adolescent*, Poster, Congrès de *L'Encéphale*, 2010 ; document disponible sur Internet.

Koenig H. G., Cohen H. J., Blazer D. G. *et al.*, « Religious coping among elderly hospitalized medically ill men », *American Journal of Psychiatry*, 1992, 149, p. 1693-1700.

Koenig H. G., George L. K. et Peterson B. L., « Religiosity and remission of depression in medically ill older patients », *American Journal of Psychiatry*, 1998, 155, 4, p. 536-552.

Krisanaprakornkit T., Sriraj W., Piyavhatkul N. *et al.*, « Meditation therapy for anxiety disorders », *Cochrane Database of Systematic Reviews* 2006, 1, CD004998. DOI : 10.1002/14651858.CD004998.pub2.

Kupfer D. J., Franck E., Perel J. M. *et al.*, « Five-year outcome for maintenance therapies in recurrent depression », *Arch. Gen. Psychiatry*, 1992, 49, p. 769-773.

Lacan J., *Écrits*, Paris, Seuil, 1966.

Lacan J., *Le Triomphe de la religion*, précédé du *Discours aux catholiques*, Paris, Seuil, 2005.

Lam D., Hayward P. T., Watkins E. R. *et al.*, « Relapse prevention in patients with bipolar disorder : Cognitive therapy outcome after two years », *Archives of General Psychiatry*, 2005, 62, p. 324-329.

LeDoux J., *Neurobiologie de la personnalité*, Paris, Odile Jacob, 2002.

LeDoux J., *The Emotional Brain*, Simon & Schuster, New York, 1998 ; trad. fr., Paris, Odile Jacob, 2005.

Leff J. et Vaughn C., *Expressed Emotions in Families*, Londres, The Guilford Press, 1985.

Légeron P., Roy S., Klinger E. *et al.*, « Thérapie par la réalité virtuelle dans la phobie sociale : étude préliminaire auprès de 36 patients », *Journal de thérapie comportementale et cognitive*, 2003, 13, 3, 113-127.

LeGrange D., Crosby R. D., Rathouz P. J. *et al.*, « A randomized controlled comparison of family-based treatment and supportive psychotherapy for adolescent bulimia nervosa, *Arch. Gen. Psychiat.*, 2007, 64 (9), p. 1049-1056.

Leichsenring F., Salzer S., Jaeger U. *et al.* « Short-term psychodynamic psychotherapy and cognitive-behavioral therapy in generalized anxiety disorder : a randomized, controlled trial », *Am. J. Psychiatry*, 2009, 166 (8), p. 875-881.

Leichsenring F., Leibing E., « The effectiveness of psychodynamic. Therapy and cognitive behavior therapy in the treatment of personality discorder : A meta-analysis », *American Journal of Psychiatry*, 2003, 160, 7, p. 1223-1232.

Lewinsohn P. M., Munoz R., Youngren M. A. *et al.*, *Control your Depression.* Englewood Cliffs, Prentice Hall, NJ, 1978, révisé 1986 ; New York, Simon & Schuster, 1992.

Liberman R. P., *Réhabilitation psychiatrique des malades mentaux chroniques*, trad. fr. de F. Lelord, Paris, Masson, 1991.

Linehan M. M., Comtois K. A., Murray A. M. *et al.*, « Two-year randomized controlled trial and follow-up of dialectical behavior therapy *vs.* therapy by experts for suicidal behaviors and borderline personality disorder », *Archives of General Psychiatry*, 2006, 63, p. 757-766.

Linehan M. N., *Traitement cognitivo-comportemental du trouble de personnalité état-limite* (traduction de P. Wehrlé et D. Page), Zurich, Médecine et Hygiène, 2000.

Loftus E. et Ketchman K. (1994), *Le Syndrome des faux souvenirs*, Paris, Éditions Exergue, 1997.

Lorenz K., *Évolution et modification du comportement : l'inné et l'acquis*, Paris, Payot, 1967.

Luborsky L., Barber J. P., Siqueland L. *et al.*, « The revised helping alliance questionnaire (Haq-II) : Psychometric properties », *J. Psychother. Pract. Res.*, 1996, 5, p. 260-271.

Luborsky L., McLellan A. T., Woody G. E. *et al.*, « Therapist success and its determinants », *Arch. Gen. Psychiatry*, 1985, 42, p. 602-611.

Lynn D. J. et Vaillant G. E. V., « Anonymity, neutrality and confidentiality in the actual methods of Sigmund Freud. A review of 43 cases : 1907-1939 », *American Journal of Psychiatry*, 1998, 155, 2, p. 163-171.

Ma S. H., Teasdale J. D., « Mindfulness-based cognitive therapy for depression : Replication and exploration of differential relapse prevention effects », *J. Consult. Clin. Psychol.*, 2004, 72 (1), p. 31-40.

Machiavel N. [1532], *Le Prince*, Paris, Garnier-Flammarion, 1980.

Maharishi Mahesh Yogi, *Transcendental Meditation*, New York, Signet Book, 1963.

Mahoney M. et Thoresen C., *Self-control : Power to the person*, Monterey Brooks/Cole, 1974.

Maina G., Rosso G., Rigardetto S., « No effect of adding brief dynamic therapy to pharmacotherapy in the treatment of obsessive-compulsive disorder with concurrent major depression », *Psychother. Psychosom.*, 2010, 79, p. 295-302.

Marc Aurèle, *Pensées pour moi-même suivi du Manuel d'Épictète*, Paris, Flammarion, 1964.

Marks I., *Fears, Phobias And Rituals : Panic, Anxiety, And Their Disorders*, New York University Press, Oxford, 1987.

Martin S. D., Martin E., Rai S. S. *et al.*, « Brain blood flow changes in depressed patients treated with interpersonal psychotherapy or Venlafaxine hydrochloride. Preliminary findings », *Archives of General Psychiatry*, 2001, 58, p. 641-648.

Maslow A. H., *Personality and Motivation*, New York, Harper and Row, 1970, 2e édition.

Maslow A. H., *The Farther Reaches of Human Nature*, Londres, Penguin, 1973.

Masson J. M., *The Assault on Truth, Freud Suppression of the Seduction Theory*, New York, Penguin Books, 1984.

May P. R., Tuma A. H. et Dixon W. J., « Schizophrenia : A follow-up study of results of treatment. I. Design and other problems », *Arch. Gen. Psychiatry* 1976, 33, p. 474-478.

Mayberg H. S., Silva J. A., Brannan S. K. *et al.*, « The functional neuroanatomy of the placebo effect », *American Journal of Psychiatry*, 2002, 159, p. 728-737.

McCrone P., Knapp M., Proudfoot J. *et al.*, « Cost-effectiveness of computerised cognitive-behavioural therapy for anxiety and depression in primary care : Randomised controlled trial », *British Journal of Psychiatry* (2004), 185, p. 55-62.

McFarlane W. R., Lukens E., Link B. *et al.*, « Multiple-family groups and psychoeducation in the treatment of schizophrenia », *Arch. Gen. Psychiatr.*, 1995, 52, p. 679-687.

McIntosh V. V., Jordan J., Carter F. A. *et al.*, « Three psychotherapies for anorexia nervosa : A randomized, controlled trial », *American Journal of Psychiatry*, 2005, 162, 4, p. 741-747.

McMain S. F., Links P. S., Gnam W. H. *et al.*, « A randomized trial of dialectical behavior therapy versus general psychiatric management for borderline personality disorder », *American Journal of Psychiatry*, 2009, 166, p. 1365-1374.

Merdji Y. (dir.), *Un pionnier de la psychiatrie algérienne : Belkacem Bensmaïl*, Constantine, Khyam, 2007.

Mergl R., Henkel V., Allgaier A. K. *et al.*, « Are treatment preferences relevant in response to serotonergic antidepressants and Cognitive-Behavioral Therapy in depressed primary care patients ? Results from a randomized controlled trial including a patients' choice arm », *Psychother. Psychosom.*, 2011, 80, p. 39-47.

Mesmer F. A. [1779], *Mémoire sur la découverte du magnétisme animal*, document Wikisource, 2010.

Miermont J., *Dictionnaire des thérapies familiales*, Paris, Payot, 2001, 2e édition.

Miermont J., *Psychothérapies contemporaines*, Paris, L'Harmattan, 2000.

Miermont J., « Thérapies en couple et en famille », EMC, 2, *Psychiatrie*, 2005, p. 145-168.

Miller W. R. et Rollnick S., *L'Entretien motivationnel. Aider la personne à engager le changement*, Paris, InterÉditions-Dunod, 2006.

Milrod B., Leon A. C., Busch F. *et al.*, « A randomized controlled clinical trial of psychoanalytic psychotherapy for panic disorder », *Am. J. Psychiatry*, 2007, 164 (2), p. 265-272.

Minuchin S. [1974], *Familles en thérapie*, Toulouse, Érès, 1998.

Mitchell J. T., « When disaster strikes... the critical incidents stress debriefing process », *J. Emerg. Med. Serv.*, 1983, 8, 1, p. 36-39.

Mohr D. C., Hart S. L., Julian L. *et al.*, « Telephone-administered psychotherapy for depression », *Archives of General Psychiatry*, 2005, 62, p. 1007-1014.

Mollard E. et Cottraux J., « Changements positifs de l'inventaire multiphasique de personnalité du Minnesota (MMPI) chez 70 sujets traités par thérapie comportementale », *Psychologie médicale*, 1984, 16, 14, p. 2385-2394.

Morin C. M., Culbert J.-P., Schwartz S. M., « Nonpharmacological interventions for insomnia : A meta-analysis of treatment efficacy », *American Journal of Psychiatry*, 1994, 151, p. 1172-1180.

Mufson L., Pollack Dorta K., Wickramaratne P. *et al.*, « A randomized effectiveness trial of interpersonal psychotherapy for depressed adolescents », *Archives of General Psychiatry*, 2004, 61, p. 577-584.

Obholzer K., *Entretiens avec l'homme aux loups. Une psychanalyse et ses suites*, Paris, Gallimard, 1981.

Obler M., « Systematic desensitization in sexual disorders », *Journal of Behavior Therapy and Experimental Psychiatry*, 1973, 4, p. 93-101.

Onfray M., *Le Crépuscule d'une idole. L'affabulation freudienne*, Paris, Grasset, 2010.

Organisation mondiale de la santé, *CIM-10/ICD-10. Classification des troubles mentaux et des troubles du comportement. Critères diagnostiques pour la recherche*, Paris, Masson, 1994.

Paquette V., Levesque J., Mensour B. *et al.*, « Change the mind and you change the brain : Effects of cognitive-behavioral therapy on the neural correlates of spider phobia », *NeuroImage*, 2003, 18, p. 401-409.

Paul G., « Insight *versus* desensitization in psychotherapy two years after termination », *Journal of Consulting Psychology*, 1967, 31, 4, p. 333-348.

Pavlov I. [1926], *Réflexes conditionnels et inhibition*, Paris, Gonthier, 1963.

Pelissolo A., Zaoui M., Aguayoc G. *et al.*, « Virtual reality exposure therapy versus cognitive behavior therapy for panic disorder with agoraphobia : A randomized comparison study » (soumis pour publication).

Perls F., *Gestalt Therapy Verbatim*, 1969 ; trad. fr. *Rêves et existence en Gestalt-thérapie*, Paris, Éditions de l'Épi, 1972.

Perls F., *In and Out the Garbage Pail*, Lafayette, Californie, Real People Press, 1969.

Perroud M., *Note sur l'agoraphobie*, Lyon Médical, 1873, 11, p. 80-90.

Peterson C., *A Primer in Cognitive Psychology*, New York, Oxford University Press, 2006.

Philippot P., « La thérapie basée sur la pleine conscience : *mindfulness*, cognition et émotion », *in* J. Cottraux (éd.), *Thérapie cognitive et émotion. La troisième vague*, Paris, Masson, 2007, p. 67-82.

Platon [*circa* 406 av. J.-C.], *Phèdre*, trad. fr. E. Chambry, Paris, Flammarion, 1964, p. 130-136.

Popper K., *Conjectures and Refutations. The growth of scientific knowledge*, Londres, Routledge & Kegan Paul, 1963, p. 33-35.

Poulain-Colombier J., Christophe P., *Le Patient de la psychanalyse*, Paris, L'Harmattan, 2007.

Powers M. B. et Emmelkamp P. M., « Virtual reality exposure therapy for anxiety disorders : A meta-analysis », *Journal of Anxiety Disorders*, 2008, 22, p. 561-569.

Powers M. B., Zum Worde sive Vording M. B., Emmelkamp P. M. G., « Acceptance and commitment therapy : A meta-analytic review », *Psychotherapy Psychosomatics*, 2009, 78, p. 73-80.

Prochaska J. O. et DiClemente C. C., « Toward a comprehensive model of change », *in* W. Miller et N. Heather (éd.), *Treating Addictive Behaviors*, New York, Plenum Press, 1986, p. 3-27.

Proudfoot J., Ryden C., Everitt B. *et al.*, « Clinical efficacy of computerised cognitive-behavioural therapy for anxiety and depression in primary care : Randomised controlled trial », *British Journal of Psychiatry*, 2004, 185, p. 46-54.

Pull C. B., « Illusion de présence et émotions : traitement des troubles anxieux par exposition en réalité virtuelle », *in* J. Cottraux (dir.), *Thérapie cognitive et émotions. La troisième vague*, Paris, Masson, 2007, p. 175-203.

Rachman S., Wilson G. T., « Expansion in the provision of psychological treatment in the United Kingdom », *Behav. Res. Ther.*, mars 2008, 46 (3), p. 293-295.

Rasic D. T., Belik S., Elias B. *et al.*, « Spirituality, religion and suicidal behavior in a nationally representative sample », *Journal of Affective Disorders*, 2009, 114, p. 32-40.

Reich W., *La Fonction de l'orgasme*, Paris, L'Arche, 1970.

Rogers C., *Le Développement de la personne*, trad. Fr. E. L. Herbert, Paris, Dunod, 1968.

Rollé S., « Comment la scientologie nous piège », *Psychologie Magazine*, juillet-août 2010, p. 107.

Rose S., Bisson J., Churchill R. *et al.*, « Psychological debrieng for preventing post traumatic stress disorder (PTSD) », *Cochrane Database of Systematic Reviews* 2002, Issue2, art. n°CD000560. DOI : 10.1002/14651858.CD000560.

Roth A. et Fonagy P., *What Works for Whom ?*, New York, The Guilford Press, 2005, 2e édition.

Rothbaum B. O., Hodges L. F., Kooper R. *et al.*, « Effectiveness of computer-generated (virtual reality) graded exposure in the treatment of acrophobia », *Am. J. Psychiatr.*, 1995, 152 (4), p. 626-628.

Sartory G. et Olajide D., « Vagal innervation techniques in the treatment of panic disorder », *Beh. Res. Ther.*, 1988, 26, 5, p. 431-434.

Satir V., *Conjoint Family Therapy*, Palo Alto, Science and Behavior Books, 1964.

Schmidt U., Lee S., Beecham J. *et al.*, « A randomized controlled trial of family therapy and cognitive behavior therapy guided self-care for adolescents with bulimia nervosa and related disorders », *Am. J. Psychiatry*, 2007, 164 (4), p. 591-598. http://www.ncbi.nlm.nih.gov/pubmed/17403972

Schneider M., *Marilyn, dernières séances*, Paris, Grasset, 2006.

Schoendorff B., *Faire face à la souffrance*, Paris, Retz, 2009.

Schramm E., Van Calker D., Dykierek P. *et al.*, « An intensive treatment program of interpersonal psychotherapy plus pharmacotherapy for depressed inpatients : Acute and long-term results », *Am. J. Psychiatry*, 2007, 164, p. 768-777.

Schultz J. H., *Le Training autogène*, Paris, PUF, 1965.

Schutz W. C., « Encounter », *in* R. Corsini, *Current Psychotherapies*, Itasca, Peacock Publishers, 1973.

Segal Z. V., Williams J. M. G. et Teasdale J. D., *Mindfulness-based Cognitive Therapy for Depression : A New Approach to Preventing Relapse*, New York, Guilford, 2002 ; trad. fr. *La Thérapie cognitive basée sur la pleine conscience pour la dépression. Une nouvelle approche pour prévenir la rechute*, Louvain, De Boeck, 2006.

Seligman M. E. P., *Helplessness. On Development, Depression and Death*, San Francisco, Freeman, 1975.

Seligman M. E. P., « Positive psychology, positive prevention and positive therapy », *in* C. R. Snyder et S. J. Lopez, *Handbook of Cognitive Psychology*, New York, Oxford University Press, 2005, p. 3-9.

Selmi P., Klein M., Greist J. *et al.*, « Computer administered cognitive-behavioral therapy for depression », *Am. J. Psychiatr.*, 1990, 147 (1), p. 51-56.

Servant D., « Stress biofeed-back et variabilité cardiaque », *in* J. Cottraux (éd.), *TCC et Neurosciences*, Paris, Masson, 2009, p. 165-202.

Shadish R. W., Matt G. E., Navarro A. M. *et al.*, « Evidence that therapy works in clinically representative conditions », *Journal of Consulting and Clinical Psychology*, 1997, 65, p. 355-365.

Shadish R. W., Matt G. E., Navarro A. M. *et al.*, « The effects of psychological therapies under clinically representative conditions : a meta analysis », *Psychological Bulletin*, 2000, 126, 4, p. 512-529.

Shapiro F., *Eye Movement Desensitization and Reprocessing. Basic principles, protocols and procedures*, New York, Guilford Press, 1995.

Shea T., Elkin I., Imber S. *et al.*, « Course of depressive symptoms over follow-up : findings from the NIMH of depression collaborative research program », *Arch. Gen. Psychiatry*, 1992, 49, p. 782-787.

Skinner B. F., *L'Analyse expérimentale du comportement*, Bruxelles, Dessart, 1971.

Sloane R. B., Staples F., Cristol A. H. *et al.*, *Psychotherapy versus behavior therapy*, Cambridge (Mass.), Harvard University Press, 1975.

Smith M. L. et Glass G. V., « Meta-analysis of psychotherapy out-come studies », *American Psychologist*, 1977, 32, p. 752-760.

Spek V., Cuijpers P., Nyklicek I. *et al.*, « Internet-based cognitive behaviour therapy for symptoms of depression and anxiety : A meta-analysis », *Psychological Medicine*, 2007, 37 (3), p. 319-328.

Sperry L., « Adlerian psychotherapy and cognitive therapy : An adlerian perspective », *Journal of Cognitive Psychotherapy*, 1997, 11, 3, p. 157-164.

Spinhoven P., Giesen-Bloo J., Van Dyck R. *et al.*, « The therapeutic alliance in schema-focused therapy and transference-focused psychotherapy for borderline personality disorder », *J. Consult. Clin. Psychol.*, 2007, 75 (1), p. 104-115.

Stewart R. E. et Chambless D. L., « Cognitive-behavioral therapy for adult anxiety disorders in clinical practice : A meta-analysis of effectiveness studies », *J. Consult. Clin. Psychol.*, 2009, 77 (4), p. 595-606.

Strupp H. H., Sandell J. A., Waterhouse G. J. *et al.*, « Psychodynamic therapy : Theory and research », *in* A. J. Rush (éd.), *Short Term Psychotherapies for Depression*, New York, Guilford Press, 1982.

Sullivan H. S., *The Interpersonal Theory of Psychiatry*, New York, W. W. Norton, 1953.

Svartberg M., Stiles T. C., Seltzer M. H., « Randomized controlled trial of the effectiveness of short-term dynamic psychotherapy and cognitive therapy for cluster C personality disorder », *American Journal of Psychiatry*, 2004, 161, p. 810-817.

Tarrier N. et Sommerfeld C., « Treatment of chronic PTSD by cognitive therapy and exposure : A 5-year followup », *Behavior Therapy*, 2004, 35, p. 231-246.

Thase M. E., Greenhouse J. B., Reynolds C. F. *et al.*, « Treatment of major depression with psychotherapy or psychotherapy-pharmacotherapy combination », *Arch. Gen. Psychiatry*, 1997 ; 54, p. 1009-1015.

The Expert Consensus Panel for Obsessive-Compulsive, « Treatment of obsessive-compulsive disorder », *The Journal of Clinical Psychiatry*, 1997, 58, supplément 4, p. 3-72.

Tolin D. F., « Is cognitive-behavioral therapy more effective than other therapies ? », *Clinical Psychology Review*, 2010, 30, p. 710-720.

Truax C. B., « Reinforcement and nonreinforcement in Rogerian psychotherapy », *Journal of Abnormal Psychology*, 1966, 71, p. 1-9.

Tryon W. W., « Whatever happened to symptom subsitution ? », *Clinical Psychology Review*, 2008, 28, p. 963-968.

Turner E. H., Matthews A. M., Linardatos E. *et al.*, « Selective publication of antidepressant trial and its influence on apparent efficacy », *The New England Journal of Medicine*, 2008, 358, p. 252-260.

Uhl G. R. et Grow R. W., « The burden of complex genetics in brain disorders », *Arch. Gen. Psychiatry*, 2004, 61, p. 223-229.

Van Rillaer J., *Les Illusions de la psychanalyse*, Bruxelles, Mardaga, 1980.

Vernmark K., Lenndin J. et Bjarehed J., « Internet administered guided self-help versus individualized e-mail therapy : A randomized trial of two versions of CBT for major depression », *Behaviour Research and Therapy*, 2010, 48, p. 368-376.

von Bertalanffy L. [1947], *Théorie générale des systèmes*, Paris, Dunod, 1973.

Wallston K. A., Malcarne V. L., Flores L., Hansdottir I. *et al.*, « Does God determine your health ? The God locus of health control », *Cognitive Therapy and Research*, 1999, 23, p. 131-142.

Watson J. B. [1925], *Le Béhaviorisme*, Paris, CEPL, 1972.

Watzlawick P., Beavin J. H. et Jackson D. J., *Pragmatics of human communication. A study of interactional patterns, pathologies and paradoxes*, 1967 ; trad. fr. *Une logique de la communication*, Paris, Seuil, 1972.

Watzlawick P., *How Real is Real ? Confusion, disinformation, communication*, New York, Random House, 1976 ; trad. fr. *La Réalité de la réalité*, Paris, Seuil, 1978.

Watzlawick P., Weakland J., Fisch R., *Changement, paradoxe et psychothérapie*, Paris, Seuil, 1975.

Weissman M. M., Fox K., Klerman G. L., « Hostility and depression associated with suicide attempts », *Am. J. Psychiatry*, 1973, 130 (4), p. 450-455.

Weissman M. M., « Cognitive therapy and interpersonal psychotherapy : 30 years later », *American Journal of Psychiatry*, 2007, 164, 5, p. 693-696.

Weissman M. M., Markowitz J. C., Klermann G. L., *Comprehensive Guide to Interpersonal Psychotherapy*, New York, Basic Books, 2000 ; trad. fr. par S. Patry, D. Allaire et B. Ouellet, *Guide de psychothérapie interpersonnelle*, Montréal, Aquarium Media, 2006.

Wessely S., Rose S. et Bisson A., *Systematic review of brief psychological interver-vention (debriefing) for the treatment of immediate trauma related symptoms and the post-traumatic stress disorder*, Cochrane Library, 1998.

West F., Sanders M. R., Cleghorn G. J. *et al.*, « Randomised clinical trial of a family-based lifestyle intervention for childhood obesity involving parents as the exclusive agents of change », *Behav. Res. Ther.*, 2010, 48 (12), p. 1170-1179.

Wiederhold B. et Wiederhold M., « Virtual reality for anxiety disorders. Advances in evaluation and treatment », *American Psychological Association*, 2005.

Wiener N. [1952], *Cybernétique et société*, Paris, Payot, 1971.

Wilfley D. E., Welch R. R., Stein R. I. *et al.*, « A randomized comparison of group cognitive-behavioral therapy and group interpersonal psychotherapy for the treatment of overweight individuals with binge-eating disorder », *Archives of General Psychiatry*, 59, 8, p. 713-721.

Wilson G. T., Wilfley E. W., Agras S. *et al.*, « Psychological treatments of binge eating disorder », *Arch. Gen. Psychiatry*, 2010, 67 (1), p. 94-101.

Winnicott D. W., « La distorsion du moi en termes de vrai et faux soi », *in Processus de maturation chez l'enfant*, trad. fr. de J. Kalmanovitch, Paris, Payot, 1974.

Winter U., Hauri D., Huber S. *et al.*, « The psychological outcome of religious coping with stressful life events in a Swiss sample of church attendees », *Psychother. Psychosom.*, 2009, 78, p. 240-244.

Wittels F., *Freud. L'homme, la doctrine, l'école*, Paris, Alcan, 1929.

Wolitzky-Taylor K. B., Horowitz J. D., Powers M. B. *et al.*, « Psychological approaches in the treatment of specific phobias : A meta-analysis », *Clinical Psychology Review*, 2008, 28, p. 1021-1037.

Wolpe J., *La Pratique de la thérapie comportementale*, Paris, Masson, 1975.

Woody G. E., Mc Lellan T., Luborsky L. et O'Brien C. P., « Sociopathy and psychotherapy outcome », *Archives of General Psychiatry*, 1985, 42, p. 1081-1086.

Yalom M. et Lieberman M. A., « A study of encounter group casualties », *Archives of General Psychiatry*, 1971, 25, p. 16-30.

Yao S. N., « Le qi gong en Chine et la relaxation occidentale », *Journal de thérapie comportementale et cognitive*, 1993, 3, 4, p. 119-124.

Young J., Klosko J., Weishaar M., *La Thérapie des schémas. Approche cognitive des troubles de la personnalité* (traduction de B. Pascal, préface de J. Cottraux), Louvain, De Boeck Université, 2005.

Zanarini M. C., Williams A. A., Lewis R. E. *et al.*, « Reported pathological childhood experiences associated with the development of borderline personality disorder », *American Journal of Psychiatry*, 1997, 154, p. 1101-1106.

Zöller J., *Qi Gong*, Saint-Jean-de-Braye, Dangles, 1990.

Table

CHAPITRE 2

Évaluer l'efficacité des psychothérapies

DEUXIÈME PARTIE

LES CINQ COURANTS PRINCIPAUX DE PSYCHOTHÉRAPIE

CHAPITRE 3

La psychanalyse et les thérapies psychodynamiques

CHAPITRE 4
Les psychothérapies cognitives et comportementales

CHAPITRE 5
La thérapie interpersonnelle

CHAPITRE 6

Les psychothérapies humanistes

CHAPITRE 7
Les psychothérapies familiales

TROISIÈME PARTIE
OÙ VONT LES PSYCHOTHÉRAPIES ?

CHAPITRE 8
Psychothérapie et nouvelles technologies : les e-thérapies et les thérapies par la réalité virtuelle

CHAPITRE 9

Relaxations occidentales et méditations orientales

CHAPITRE 10

Valeurs et psychothérapies

CONCLUSION
Le moment du choix

DU MÊME AUTEUR
CHEZ ODILE JACOB

À chacun sa créativité. Einstein, Mozart, Picasso... et nous, 2010.
La Force avec soi, 2007.
Les Visiteurs du soi, 2004.
La Répétition des scénarios de vie, 2001.
Les Ennemis intérieurs, 1998.

Cet ouvrage a été transcodé et mis en pages
chez Nord Compo (Villeneuve-d'Ascq)

Achevé d'imprimer en mars 2011 sur rotative offset Variquik
par l'Imprimerie Sagim à Courtry (Seine et Marne).

Dépôt légal : mars 2011
N°d'édition : 7381-2602-X
N° d'impression : 12279

Imprimé en France

L'imprimerie Sagim est titulaire de la marque
Imprim'vert® depuis 2004